Michel Winock, professeur émérite à l'Institut d'études politiques de Paris, est l'auteur de nombreux ouvrages sur l'histoire politique des XIXe et XXe siècles.

Michel Winock

La République se meurt

1956-1958

NOUVELLE ÉDITION

Éditions du Seuil

La seule gloire de mes origines est ma date de naissance : fin mars 1937. Si vous comptez bien, vous découvrirez avec respect que j'ai été conçu en juin 1936 – au beau milieu du grand mouvement de grèves du Front populaire. Comme j'étais le sixième enfant de parents qui, depuis neuf ans, croyaient achevée leur carrière de géniteurs, j'aime à imaginer que c'est dans l'euphorie de la fête ouvrière qu'à nouveau, en témoignage de leurs espérances, ils se sont abandonnés, confiants, aux invites de la nature. Malgré ce retour de flamme éphémère, il faut avouer que notre génération n'est pas pléthorique. Les six enfants de ma famille étaient moins dus aux diverses victoires du syndicalisme qu'à une bonne tradition catholique et nataliste que mon père avait apportée de son Pas-de-Calais natal et qu'il avait perpétuée dans diverses communes de la banlieue parisienne, suivant l'itinéraire de son ménage ambulant, à la grande surprise des prolétaires et au mépris affiché des petits-bourgeois malthusiens. Le vrai est que nous sommes une génération clairsemée, ce fut particulièrement sensible lors de la guerre d'Algérie. Les conscrits durent accomplir jusqu'à trente mois de service militaire. Quant à ceux qui manifestaient dans les rues leur désapprobation, il leur fallait donner de la voix, car ils ne formaient pas de gros bataillons. Du moins, nous eûmes la chance d'échapper au chômage, de passer des concours sans coups de coude excessifs – bref, de nous installer dans la vie, comme on dit, sans trop de mal.

Je note encore que notre génération fut la dernière génération d' « après-guerre ». Nés avant la guerre, enfants grandis pendant la guerre, nous avons encore connu les temps de restriction et de pénurie d'après la guerre. De ce point de vue, nous sommes peut-être plus proches de nos parents que des générations qui ont suivi. Au moment de notre adolescence, l'automobile restait un luxe; le réfrigérateur, la télévision n'étaient pas encore des objets de consommation de masse. Les études secondaires étaient réservées aux rejetons des classes bourgeoises et aux plus « méritants » des classes populaires par le biais de l'examen d'entrée en sixième. Il faut avoir en tête ce paysage social de la IVe République pour comprendre certaines de nos attitudes mentales.

Cela dit, j'ai intitulé le récit qui suit « chronique », pour avertir d'emblée mon lecteur qu'il n'a pas entre les mains un livre d'histoire. L'histoire est une discipline qui a ses exigences : quand bien même le haïssable « moi » arrive toujours, quoi qu'on fasse, à se mêler de la partie (un concours de sciences soupçonneuses en fait chaque jour la démonstration), c'est tout de même un des devoirs de l'historien que de lui refuser sa porte du mieux qu'il peut. De ce devoir il découle une certaine méthode – la confrontation des sources – et un certain style, fait de retenue, de modération, j'allais dire de neutralité. Ce livre-ci, on le verra, est rien moins qu'un livre d'histoire. Je ne m'en excuse pas. Je l'ai voulu ainsi. Je me crois seulement tenu de le préciser, pour avoir fait ailleurs de l'histoire par profession.

Dans cette chronique de trois ans, j'ai voulu raconter comment je voyais la France politique lors de mes vingt ans. On me dira que c'est une vue bien partielle. Je ne prétends pas le contraire. J'ai même borné la quête de ma documentation aux carnets que je remplissais à peu près quotidiennement à cette époque. Je n'ai donc pas cherché à comprendre les autres points de vue; j'ai tout de même corrigé l'enflure de ces sources personnelles, soit en modérant le ton dont elles étaient, soit en les balançant de quelques remarques inspirées par la distance acquise. De ces carnets, j'ai tenté de tirer ce qui ne m'était pas singulier, ce qui était plutôt spécifique, soit de ma génération, soit (il faut être modeste si l'on veut être précis) des étudiants en lettres parisiens, soit enfin, parmi ceux-ci, du groupe d'amis que je fréquentais.

A l'unicité des sources s'ajoute cette autre marque de frivolité dont souffre mon ouvrage : j'ai laissé courir ma plume sans mesure, sans retenue et sans respect. Je confesse avec les mots de Proudhon « que mon tempérament est de me moquer un peu de tout, même de ce que je crois, et que cela fait le fond de la connaissance ».

I

ALGER

Le 3 octobre 1975, la nouvelle tomba dans l'indifférence des peuples : Guy Mollet venait de mourir. Décidément, nous avions vieilli.

Ceux qui ne furent pas atteints de la vingtaine au moment où cet homme-là, après dix ans de carrière à la tête de la SFIO, en entreprenait une autre à la tête du gouvernement, peuvent difficilement imaginer l'aversion, l'hostilité, la haine même qu'il avait su nous inspirer. De la haine, oui! car Mollet ne fut pas de ces têtes de Turcs qui paient leur plaisir d'être ministre au prix d'une chansonnette à Montmartre; il était devenu pour beaucoup, dont j'étais, un parangon de fourberie et de trahison. C'était Tartuffe lui-même, ressuscité sous le froc socialiste.

Tout cela était bien excessif. Sans doute faut-il mettre au compte des transports juvéniles l'exagération de nos sentiments et nos dénis de justice : à vingt ans, on ne s'embarrasse pas de nuances. Il n'empêche que le dégoût durable qu'une génération (et peut-être plusieurs) éprouva pour le parti socialiste a eu pour origine ces années 1956-1958, sur lesquelles plane la figure symbolique de cet *apparatchik* morne et retors, que la mort finit par faucher à une époque où il n'existait déjà plus. Je connais, cependant, des rancuniers, des fervents, des sentimentaux, que la fin du maire d'Arras délivra; ils pouvaient désormais entrer dans ce qui n'était plus, d'aucune façon, « le parti de Guy Mollet », à la porte duquel ils piétinaient depuis des années, tant l'idée de devenir des « camarades » de l'ancien secrétaire général de la SFIO les clouait sur le seuil.

Cependant, les représentants de la gauche rivalisèrent dans l'affliction publique, jusqu'à M. Marchais qui y alla de sa larme de crocodile. Ce fut le front unique des camarades éplorés. Le mouvement ouvrier avait perdu un de ses guides, un de ses héros, un de ses prophètes. Bref, la comédie funèbre. Mollet ne méritait pas plus cet excès d'honneur que l'outrage dont nous l'accablions jadis. Mais, comme dit la chanson, les morts sont tous de braves types.

Pour nous, tout avait commencé le 6 février 1956.

La Journée des tomates

A chaque génération son 6 Février. Celui de papa, en 1934 : un chambard de petits-bourgeois en guêtres et en chapeau mou autour du Palais-Bourbon – mais qui s'achève en drame : des cadavres restés sur le pavé, un gouvernement qui s'effondre en guise d'intermède et les masses, six jours plus tard, qui, au coude à coude sur les boulevards, préfigurent le Front populaire. Le nôtre, le 6 Février 1956 : d'abord une farce, celle des tomates que la foule pied-noir d'Alger fait pleuvoir sur les épaules du nouveau président du Conseil en visite – mais qui prend, avec le recul, le sens d'un arrêt de mort : celui de la IVe République.

Deux mois plus tôt, nous étions confiants; la campagne électorale venait de commencer. Un élan irrésistible paraissait porter le pays vers l'homme qui venait de fasciner notre jeunesse, qui nous avait tirés de l'engourdissement narcissique de l'adolescence et en qui nous placions toute notre confiance par un décret du cœur autant que par l'effet de notre raison politique. Pierre Mendès France! En juin 1954, nous passions le bac quand, sur les ruines de Diên Biên Phu et sur les autres décombres accumulés par des gouvernements de pacotille, invité à prendre en main une situation désastreuse, il avait, de la tribune, proposé à cette Chambre qui l'exécrait un contrat solennel d'un mois. Dans un mois, il aurait fait sortir la France de l'impasse indochinoise, faute de quoi il remettrait sa démission. Comme la guerre d'Indochine comptait déjà sept ans de malheur, on peut deviner l'effet de surprise causé par l'homme qui demandait un mois, rien qu'un mois, pour en finir. C'était comme si, au sein d'une assemblée de notables louis-philippards achevant leur digestion, le fantôme de Saint-Just avait pris la parole et puis la direction de l'Etat. Le cran, l'audace, l'énergie, un *presto* inaccoutumé dans l'art politique, ce côté « je suis venu, j'ai vu, j'ai vaincu », voilà ce qui nous séduisait en Mendès France. Il n'avait pas l'éclat physique qui séduit ordinairement la jeunesse, c'est par le caractère et la rigueur qu'il émerveillait.

Il lui avait fallu vingt minutes pour présenter sa politique à la tribune : c'était déjà un record. Devenu président du Conseil, il lui suffit d'un mois comme il l'avait dit, et pas un jour de plus, pour débourber le pays du mauvais pas où il patinait depuis des années. Tous les commentateurs affirmaient que la limite du 17e parallèle fixé comme ligne de démarcation à la conférence de Genève était un vrai succès diplomatique, vu les forces militaires en présence à la veille de l'armistice. Le 23 juillet, 569 voix contre 9 ratifiaient, à l'Assemblée nationale, l'accord de Genève. La guerre d'Indochine était finie pour les Français. C'était étrange, il me semblait qu'elle durait depuis toujours, la « sale guerre », d'où revenaient de temps à autre quelques têtes brûlées de baroudeurs pleines d'histoires et de nostalgie. Mon enfance avait été bercée par les légendes tour à tour noires et dorées courant sur ces soldats prodigues, dont on excusait parfois la frénésie d'un haussement d'épaules : « Ils avaient ça dans le sang! » Nous devions apprendre bientôt que ces réprouvés chéris des magazines illustrés n'étaient pas condamnés à la retraite anticipée; l'Afrique du Nord, mieux que l'Indochine encore, allait faire les beaux jours des légionnaires.

Justement, le deuxième coup d'éclat de Mendès France fut son voyage surprise en Tunisie. Depuis des mois, l'Afrique du Nord concurrençait l'Indochine dans les colonnes des quotidiens. Le Maroc d'abord avait eu la une, la Tunisie à son tour défrayait la chronique : les attentats et les embuscades des « fellagha » déclenchaient en retour des opérations de police, jugées toujours insuffisantes par la presse colonialiste locale. Tandis que le leader du Néo-Destour, Bourguiba, était interné à l'île de Groix, un groupe parlementaire présidé par Jean Médecin déclamait sous l'enseigne « France-Tunisie » la pérennité de l'ordre colonial à Tunis. Le 30 juillet, un éditorial de *Témoignage chrétien* conseillait d'« agir vite en Afrique du Nord ». Le lendemain, dix jours seulement après la conclusion des accords de Genève, Mendès France se rendait à Tunis, flanqué du maréchal Juin. C'était pour mieux affirmer la politique nouvelle entamée que Mendès France avait pris dans sa musette cette bûche étoilée qui personnifiait la force armée imperméable au bon sens politique – un « remarquable succès tactique », comme disait le *Manchester Guardian*. La déclaration de Mendès fit sensation : l'autonomie interne de la Tunisie était annoncée. La presse britannique, dont *le Monde* se fit l'anthologiste, fut enthousiaste. Les Anglais eux-mêmes venaient de décider deux jours auparavant d'évacuer la zone du canal de Suez. La quasi-simultanéité des deux nouvelles était frappante : la décolonisation était décidément en marche.

D'un même élan, Mendès France résolut de secouer le vieux pays pour en faire tomber les fruits pourris, s'attaquant dans le même temps au retard économique, au problème de l'alcoolisme et mettant fin à l'interminable question de la CED. Pourtant, à partir du 1er novembre 1954, l'Algérie occupa tous les esprits. Le mythe de l' « Algérie française », des trois départements français, ça ne se discutait pas. Après la flambée de terrorisme de la « Toussaint rouge », on admit l'idée de réformes, mais prudentes, que diable! l'urgence restant à une bonne opération de police pour nettoyer le territoire algérien d'une rébellion d'inspiration étrangère : c'était l'opinion la plus commune. Le gouvernement Mendès France fut accusé par les colonialistes de renverser la hiérarchie de cette double action préconisée. Il envoya des renforts d'armée et de police pour assurer la protection des civils, faire pièce aux attentats qui se multipliaient, imposer l'image d'un Etat qui n'était pas disposé à l'*abandon* (mot d'époque). Parallèlement, son ministre de l'Intérieur, François Mitterrand, annonça des réformes administratives, politiques et sociales. Pour modestes qu'elles furent, leur nouvelle souleva incontinent les protestations véhémentes de la colonie française d'Algérie, à tout le moins celles d'une presse qui, *l'Écho d'Alger* en tête, allait, sept ans durant, rassoter la population pied-noir des thèses suicidaires du jusqu'au-boutisme.

Le Parlement fut appelé à débattre de l'Afrique du Nord dans les premiers jours de février 1955. Mendès France posa la question de confiance. La conjuration de la droite colonialiste, des nostalgiques de la CED et du parti communiste le renversa. Les communistes, en effet, n'hésitèrent pas, pour chasser le gêneur, à mêler leurs voix à celles d'une droite unanime. Par leur porte-parole Ballanger, ils eurent le front d'affirmer que « voter aujourd'hui pour le gouvernement [c'était], qu'on le veuille ou non, voter pour la répression », alors que précisément ce gouvernement était animé d'un esprit de réforme comme on n'en avait jamais connu à ses prédécesseurs, qu'il en avait fait la preuve en Tunisie et que, pour cette raison justement, il était harcelé par tous les affidés d'une présence française à couteaux tirés. Au vrai, l'Algérie n'était que prétexte. Les communistes ne pardonnaient pas à Mendès France sa politique étrangère (accords de Londres et de Paris); de plus, ils n'étaient pas fâchés de déboulonner de son piédestal l'homme d'Etat le plus populaire de la IVe République.

Après l'entracte Edgar Faure, alliage de Talleyrand et de Scapin, ce fut la campagne électorale de la fin de l'année 1955. Devenu quotidien depuis le mois d'octobre, *l'Express* défendit à fond le « Front républicain » mendésiste où se coudoyaient les socialistes, les radicaux, les UDSR de Mitterrand, les « républicains sociaux » de Chaban-Delmas, y compris sous ces diverses étiquettes quelques brochettes de politiciens tarés qui ne demandaient à Mendès que l'estampillage nécessaire à leur réélection. Le 2 janvier au soir, il fallut en convenir : il n'y avait pas de majorité. Les mendésistes avaient obtenu un réel succès dans les grandes villes, mais c'était insuffisant; il fallait même en passer par l'arrivée d'une cinquantaine de joufflus poujadistes qui faisaient renaître une extrême droite populaire au sein de l'Assemblée. Sans doute, la gauche, tous partis réunis, avait le dessus, mais précisément les partis de gauche n'étaient pas du tout unis ou réunis. Sur le papier, un gouvernement de Front populaire était possible, comme le préconisait *France-Observateur*, mais le passif entre les communistes et le reste de la gauche pesait des tonnes.

Le 26 janvier, le président Coty désigna le président du Conseil. On attendait Mendès France, ce fut Guy Mollet. Un triomphe, son investiture! Communistes et démocrates-chrétiens du MRP qui avaient additionné leurs peines pour renverser Mendès additionnaient cette fois leurs espoirs à ceux de la gauche non communiste pour porter le député d'Arras à la tête du gouvernement. Guy Mollet pour beaucoup – dont j'étais – avait l'avantage que n'avait pas Mendès de s'appuyer sur un parti solide et à peu près discipliné. Je ne connaissais ni l'homme ni le parti, d'où s'ensuivait mon illusion, mais je crois qu'à gauche, dans l'ensemble, on faisait crédit en ce début d'année 1956 au chef du parti socialiste.

Pauvres de nous! Le 6 février, Mollet atterrissait à Alger, pour s' « informer ». Depuis quelques jours, la population européenne couvait l'émeute. Le 31 janvier déjà, apprenant que le général Catroux allait remplacer Soustelle comme ministre-résident en Algérie, les anciens combattants avaient défilé aux cris d'« A mort Mendès! A bas Catroux! ». Le 2 février, un délire : la foule pied-noir tente de retenir Soustelle jusqu'à l'esplanade de la gare maritime comme jadis les Parisiens à la gare de Lyon s'étaient couchés sur les voies pour retenir « la Boulange » : « A bas Catroux! », « A mort Mendès! », « Vive Soustelle! », et des cris et des chants, ce n'est qu'un au-revoir mon frère...

Mollet, donc, courageux mais peu inspiré, y va. Il est vrai qu'il a derrière lui la quasi-unanimité de l'Assemblée – nationale, dites! – et l'écrasante majorité de l'opinion métropolitaine; avec tout ce monde dans le dos on doit se sentir fort.

La réception algéroise était prévisible mais elle étonne tout de même jusqu'aux plus pessimistes. De l'aérodrome d'Alger, où il arrive au début de l'après-midi, jusqu'au monument aux morts du boulevard Laferrière, où il va directement déposer une gerbe, Guy Mollet est la cible d'un formidable tir d'artillerie : mottes de terre, tomates et autres végétaux tombent sur le cortège. On aboie des « Catroux au poteau! », on réclame « Sous-telle » sur l'air des lampions. Pâle, le président du Conseil subit l'orage sans broncher. Après son départ du monument aux morts, les manifestants piétinent la gerbe qu'il vient de déposer sous l'œil amusé de la police locale.

Jusque-là, rien à dire. Mollet a tenu le coup. Mais voici que Catroux, apprenant ce qui se passe, télégraphie sa démission au chef du gouvernement. C'est à cet instant précis que tout se joue. Mollet craque : la démission de Catroux est acceptée. Le gouvernement de la République a capitulé devant l'émeute, l'Etat est bafoué, la nation est flouée.

L'heure des proconsuls avait sonné. Rome n'était plus dans Rome, on percevait dans le lointain les premiers échos d'un bruit de bottes. Jadis, à Grenoble, il y avait eu une Journée des tuiles. C'était un peu plus d'un an avant l'effondrement de l'Ancien Régime. La Journée des tomates ruina d'un coup nos espoirs. C'était un peu plus de deux ans avant l'effondrement de l'ancienne République.

La France poujadiste

La France de ces années-là, quand j'y pense, ce doit être pour les jeunes gens d'aujourd'hui un peu comme cet « avant-guerre » dont mes parents me rebattaient les oreilles : avant la guerre par-ci, avant la guerre par-là, un de ces temps merveilleux et perdus où l'on avait connu les dernières voluptés de la douceur de vivre. Mais, au fond, toute illusion mise à part, je crois bien que la France de notre enfance ressemblait encore beaucoup à celle d'avant la guerre. C'est précisément au cours des années cinquante qu'on sentit se préparer la grande mutation qui allait retourner la société française comme une crêpe, vider les campagnes et faire pousser à côté des banlieues-champignons les primeurs appétissantes de la société de consommation.

La France fut alors déchirée, non point entre la droite et la gauche, mais entre les adeptes de la modernité et les défenseurs de la société précapitaliste et malthusienne. Dans le premier camp, où nous nous placions résolument, nous, étudiants, citadins sans racine et sans héritage, on comptait tous les sectateurs du progrès, les ingénieurs saint-simoniens, les polytechniciens, les amis du genre humain, les curés progressistes, les femmes savantes, les élèves de l'ENA, les constructeurs d'automobiles, les syndicalistes, les lecteurs de Fourastié (lequel décrivait en des « Que sais-je? » sans cesse réédités les délices de la civilisation « de 1975 »), les économistes de la croissance, les chanteurs marxistes, les professeurs keynésiens, les sidérurgistes, les fonctionnaires de l'INSEE, les journalistes du *Monde* (à part quelques vieux *réacs* hérités du *Temps* de jadis), les voyageurs d'Air-France, la jeunesse étudiante chrétienne, les gymnastes, les sociétés d'import-export, les Editions du Seuil, les marchands de téléviseurs, les chercheurs de Saclay, les hygiénistes, les chimistes, les militants du *birth-control,* les révérends pères dominicains, tout un monde qui grondait contre les scléroses d'un pays poussif. C'est un Etat moderne qu'il nous fallait! dynamique! électrique (sinon soviétique)! propre! organisé! efficace! juste! Nous avions honte de notre fumier natal, de nos vieux autobus brinquebalants et nous détestions les sépulcres blanchis qui glorifiaient le passé avec des rimes mais sans raison. Dans l'autre camp s'épanouissaient les chantres de la France villageoise, les propriétaires de leur carré de choux, l'Apollon de Bellac, les petits commerçants, les bistrots qui faisaient la fortune de M. Paul Ricard, la France du XIXe siècle, radicale, protectionniste, pavillonnaire, avec sa traînée de notaires, d'avoués, d'huissiers, d'inspecteurs des poids et mesures, de curés traditionalistes, de boulistes à béret basque, de chiens méchants, de murs sertis de tessons de bouteille, de membres actifs de l'association Guillaume-Budé, de bouilleurs de cru, d'administrateurs coloniaux, d'anciens tenanciers de bordel, à quoi s'ajoutaient les fidèles du maréchal Pétain, les sacristains, les bénédictins, les bouchers chevalins, les officiers de cavalerie, tout un peuple mélancolique qui se sentait menacé par l'invasion du plastique, du Coca-Cola et du cheval-vapeur.

Soudain, en 1955, comme si elle avait senti sa mort prochaine, la vieille France se regroupa derrière l'étendard de la révolte que brandit Pierre Poujade, un de ces fiers-à-bras de gloire éphémère dont notre histoire nationale est pleine à craquer.

« Poujadolf! » Une trouvaille que ce mot-là! reprise dans une caricature de *l'Express* qui adornait le matamore de Saint-Céré d'une mèche et d'une petite moustache sans équivoque. Le champion des boutiquiers renchérit involontairement en intitulant sa profession de foi *J'ai choisi le combat*, qui faisait penser irrésistiblement à *Mein Kampf*. Sacré Poujade! Jusqu'aux élections du 2 janvier 1956, il faisait rire les beaux esprits que nous étions : un fasciste, d'accord! mais un fasciste du Lot! rien à voir avec les brasseries légendaires de Munich et les revolvers des soldats perdus d'Ernst von Salomon... Oui mais, le 2 janvier, les Maillotins de Poujade obtenaient près de 2 500 000 voix et 52 sièges à la Chambre; il fallait prendre désormais le poujadisme au sérieux.

Tout avait commencé pendant l'été 1953. Pierre Poujade, modeste papetier et conseiller municipal de Saint-Céré, avait, en compagnie de quelques collègues, résisté à un contrôle des agents du fisc. Dans cette aventure, il avait trouvé sa vocation d'agitateur et, dans les mois qui suivirent, il réussit à rassembler sous sa bannière des petits commerçants et des artisans de plusieurs départements du Massif central et du Sud-Ouest. En novembre 1954, le premier congrès de l'Union de la défense des commerçants et artisans se tient à Alger, au moment même où venaient de tomber les premières victimes de la guerre d'indépendance algérienne. L'UDCA n'était encore qu'un simple mouvement de défense corporatif. Dans ses rangs, des électeurs de gauche et de droite se côtoyaient. Un seul ennemi : les polyvalents, les « polyvoleurs », l'Etat-vampire et ses complices. Mais, pendant l'année 1955, le mouvement se développe. En janvier, on assiste à la « montée sur Paris » : 150000 poujadistes acclament leur héros à la porte de Versailles; en février, ils emplissent le

Vel' d'Hiv' et puis, au mois de juin, le mouvement est étendu aux autres catégories sociales : paysans, ouvriers, professions libérales. On se donne un mot d'ordre : réunir les Etats généraux. En cet été 1955, le poujadisme a pris une dimension politique. Son journal *Fraternité française* défend violemment les positions colonialistes de la France en Afrique du Nord. A la fin de l'année, les élections aux chambres de commerce donnent la mesure de son essor : à Paris même, les amis de Poujade voient leur liste élue en bloc, cependant qu'à travers la France leurs meetings électoraux connaissent des succès retentissants.

Le « gars » Poujade connaît son heure de gloire. Sillonnant les routes du pays avec quelques fidèles, il fait « un malheur » à chaque réunion. A trente-six ans, charnu et fort en gueule, il paraît increvable. Il faut le voir débarquer dans ces salles de cinéma ou ces halls d'exposition où le public hurle son nom. Dare-dare, il a tombé la veste et le voilà qui débite d'une haleine ses couplets vengeurs contre les fonctionnaires, les trusts apatrides, les « fossoyeurs » du pays. Il plaît, le bougre, parce qu'il ne s'embarrasse pas plus de la rhétorique des politiciens que des règles de la bienséance; il parle le langage de son auditoire, flattant ses préjugés, lui ressassant ce qu'il veut entendre. Les manches retroussées, il fait feu de tous les silex de sa verve méridionale. « Va-z-y Poujade! Va-z-y Pierrot! » Et Pierrot y va de bon cœur, intarissable, attrapant à la volée les mots du public et les lui retournant aussi sec, comme un demi d'ouverture joue de la balle. Et puis, laissant là une foule ivre de bonheur, il remonte dans son auto et gagne une autre ville, un autre meeting, un autre théâtre, où il va, une heure, deux heures durant, expectorer son fiel contre les politiciens, contre « Mendès et sa clique », contre les bradeurs d'Empire et les « métèques de tout poil ».

Il était dans la nature des choses qu'à Paris, et étudiants par surcroît, nous ne prenions pas au sérieux le Tartarin du Lot. Il était trop vulgaire, trop inculte, et le salmigondis idéologique qu'il professait faisait sourire les bacheliers de l'année. On trouvait dans ses discours, dans ses journaux, tous les ingrédients du nationalisme tel qu'en France, depuis la fin du XIXe siècle, il s'affirme chez nous épisodiquement : le coq, emblème des poujadistes, symbolisait à merveille cette mystique de basse-cour où la vanité cocardière provoque stupidement l'agression du renard. Mais un nationalisme tout républicain, chantant Valmy et voulant renouveler les Etats généraux; et égalitaire, pardi! comme les sans-culottes, on s'en prenait aux « gros », aux importants, aux députés qui avaient confisqué le pouvoir au peuple : « Les idées maîtresses doivent émaner de la base », disait Poujade sur les estrades. A la trappe les élites! « La France est atteinte d'une surproduction de gens à diplômes, polytechniciens, économistes, philosophes et autres rêveurs qui ont perdu tout contact avec le monde réel. » Il fallait donc reconquérir la République, la nettoyer de tous les ruffians et des intellectuels mis à leur service. Poujade en avait conféré la mission aux commerçants et aux artisans. Le boutiquier, comme agent historique de la régénération française, c'était tout de même une jolie blague! Depuis une centaine d'années, on nous avait fait le coup du paysan : le paysan vrai Français, le paysan incarnation des vertus nationales – et le paysan foutait le camp! de là tant de malheurs : plus de religion, plus d'enfants, plus d'armée, j'en passe, voir Henry Bordeaux, René Bazin et autres chantres de la « terre qui meurt ». Ce n'était pas Vichy qui avait inventé la chanson; en 1905, Méline écrivait déjà un livre en l'honneur du *Retour à la Terre*. Notre littérature regorge de ces bucoliques réactionnaires, on pouvait en avoir son content, surtout quand on a vu le jour dans le XIVe. Tout de même! le paysan, tout mythique qu'on nous le donnait, était un peu crédible, mais le boutiquier! « Nous sommes gouvernés, disait Poujade, par une bande d'apatrides et de pédérastes. Ce n'est pas à notre honneur. Vous en riez tous, mais il vaudrait bien mieux pour nous gouverner un vrai commerçant, un bon métallo, un bon charcutier. » Dans les salles, on applaudissait cette revendication digne du Père Duchesne; nous, nous nous tapions sur les cuisses en imaginant à la présidence du Conseil un de ces vultueux marchands de lard, le couteau à la ceinture, s'apprêtant à hacher menu tout le corps des percepteurs.

Mais les revendications boutiquières se mêlaient à des fantasmes dangereux. La phobie de la pédérastie était déjà un indice inquiétant. Elle tournait chez certains poujadistes à l'obsession, ils *en* voyaient partout. « La France, s'exclamait Le Pen dans une réunion, est gouvernée par des pédérastes : Sartre, Camus, Mauriac. » Le poujadisme avait des virtualités racistes que la loi seule empêchait de laisser s'épanouir complètement. Les signes n'en manquaient pas moins. Pour entrer au conseil d'administration de l'UDCA, il fallait être Français « depuis trois générations »; les trusts étaient par définition « apatrides »; dans son livre, Poujade s'en prenait explicitement aux origines de Mendès France : « Si vous aviez une goutte de sang gaulois dans les veines, vous n'auriez jamais osé, vous, représentant de notre France, producteur mondial de vins et de champagne, vous faire servir un verre de lait dans une réception internationale! C'est une gifle, monsieur Mendès, que tout Français a reçue ce jour-là : même s'il n'est pas un ivrogne! » Moins prudents que le Chef, d'autres orateurs poujadistes ne craignaient pas d'affirmer un antisémitisme sans ambages. Et puis, lorsque, dans le courant de l'année 1955, le poujadisme passa, moyennant quelques dissensions internes, à l'action politique, il y eut des convergences redoutables. La défense du contribuable indépendant alla de pair avec la défense de l'Algérie française; Poujade, qui avait épousé une infirmière d'Alger (« Y-vette-Y-vette! ») pendant la dernière guerre, avait de solides sympathies en Afrique du

Nord. De plus, il fit des recrues dans l'extrême droite : Le Pen, ancien parachutiste en Indochine, qui s'était fait connaître naguère à la présidence de la Corpo des étudiants en droit, illustrait avec son camarade Demarquet un autre poujadisme, autrement ambitieux, agressif et martial que les rodomontades de Pierrot. Mais Pierrot lui-même, adulé, porté en triomphe, flatté dans les publications du mouvement, dans les réunions et jusque dans des livres qui, tous, lui faisaient une légende et préparaient son culte, oui Pierre Poujade lui-même, le républicain, le héros des petits et des sans-grade, n'avait-il pas le gabarit d'un de ces démagogues charismatiques dont le XXe siècle a peuplé la direction des États?

Devant le poujadisme, nous étions ainsi partagés entre le mépris et la crainte : n'était-ce qu'un avatar de la turbulence séculaire des patentés contre les collecteurs d'impôts? ou, au contraire, était-ce l'annonce d'une menace sérieuse de fascisme en France, comme nous encourageaient à le croire les troubles récents d'Algérie? Au lendemain du 2 janvier 1956, l'irruption d'une cinquantaine de poujadistes élus à l'Assemblée retirait tout son comique au poujadisme; la santé du pays décidément s'altérait.

Avec le recul, nous comprenons mieux aujourd'hui la signification du poujadisme. Il fut, en ces dernières années de IVe République, le dernier râle de la France archaïque : celle qui se refusait à l'usine, à la ville et à l'indépendance des colonies. Car le poujadisme sortait des profondeurs de la province la plus déshéritée, celle des départements du Massif central et de ses marges, affaiblis par l'exode rural, par la fermeture des petits bassins houillers, par le déclin général de la démographie. Dans ce morceau de « désert français », la structure du commerce était restée la même qu'un demi-siècle auparavant : un nombre insensé de détaillants détaillaient chaque année pour un peu moins de clientèle. Les artisans et les commerçants des bourgs et petites villes, appauvris, durent de plus affronter à partir de 1952 les nouvelles rigueurs du fisc. Paris dépêcha dans ses provinces des commandos de contrôleurs, là où naguère des agents locaux fermaient les yeux sur les quelques entorses à la rigueur fiscale qui faisaient partie des habitudes. Enfin, les grandes surfaces commençaient un peu partout à relayer les coopératives et les magasins à succursales multiples dans leur concurrence. Le petit commerçant, l'artisan eurent alors le sentiment d'être cernés de toutes parts, promis à la ruine, à la prolétarisation. Le poujadisme fut la révolte d'abord de ces petits épiciers des bourgs, révolte contre le fisc, contre l'Etat, contre les gros. Quelque chose dans leur détresse était vraiment pathétique et ne manquait pas de dignité. Ce qu'ils défendaient, comme disait Poujade, c'était leur « liberté ». Ils ne la concevaient pas autrement que sous la forme d'un travail indépendant : être maître chez soi. C'était peut-être réactionnaire, mais il ne faut pas oublier que c'était là un vieil idéal républicain : celui des jacobins, celui des radicaux de la IIIe République. Quand Poujade proclamait que l'artisanat et la petite industrie étaient « la promotion ouvrière », que faisait-il sinon répéter ce qu'avant lui avaient écrit les théoriciens du radicalisme, de Léon Bourgeois à Alain? Un vieux fonds d'anarchisme et de solidarisme, la haine du salariat, tel était sans doute le bon côté du poujadisme, s'inscrivant dans une tradition où Michelet et quelques autres écrivains de taille auraient pu l'inspirer.

Leur malheur était de croire qu'on pût figer dans son moule une fois pour toutes les structures économiques du pays. Poujade avait beau pleurer les « 26 000 meuniers qui, pour pas cher, nous faisaient manger du bon pain blanc » (il ne manquerait pas d'émouvoir aujourd'hui nos bataillons d'écologistes), il résumait pourtant toute sa chimère dans cette simple phrase de son programme agricole : « Nous défendrons la structure traditionnelle de l'économie française. » Par peur de l'industrie, plus profondément par refus de la modernité, Poujade, comme tant d'autres, n'avait comme ressource que les voies de l'irrationnel. Il fallait préserver envers et contre toute raison l'établissement de près d'un million de commerces de détail en France, comme il fallait défendre contre toute raison le fantasme des « départements français d'Algérie ». Au lieu de contribuer au passage progressif d'une économie attardée à une économie moderne, d'un Empire colonial à la décolonisation, des millions de Français se crispèrent alors sur la pieuse image des avant-veilles qui chantent. Le poujadisme n'était qu'une politique de la nostalgie.

Des pouvoirs très spéciaux

Il existait une connivence de fait entre la France poujadiste et l'Algérie française : dans un cas comme dans l'autre, on ne pouvait se résigner à l'inévitable. La vieille distinction idéologique entre la droite et la gauche qui avait mis dos à dos la France cléricale et la France laïque n'était plus d'actualité; les enfants d'Albert de Mun et ceux de Jules Ferry regrettaient ensemble la Belle Epoque et défendaient d'une égale passion les terres conquises d'Afrique où, à l'ombre des clochers catholiques, s'étaient constituées des sections du parti socialiste. La civilisation, sous le double visage du christianisme et des Lumières, voilà bien ce qu'on se targuait encore, ici et là, de défendre contre la barbarie. Le poing levé et le signe de la croix, le franc-maçon et le bedeau, *l'Internationale* et l'*Ave Maria*, ce n'étaient plus que les symboles confondus d'une seule et même cause : la défense de l'Algérie française.

Il faut croire tout de même qu'étudier le latin de saint Augustin, jadis évêque d'Hippone en Numidie, prédispose à comprendre l'Afrique du Nord mieux que la carrière syndicaliste et socialiste d'un ministre résidant en Algérie : c'est ce que je découvris en ce début de mars 1956, quand la presse fit état de la suspension des cours de latin qu'André Mandouze donnait à la faculté des lettres d'Alger. Mandouze, qui ne cachait pas sa sympathie pour la cause nationaliste algérienne, venait d'être l'objet d'agressions répétées de la part des étudiants « ultras » : on avait fait irruption jusque dans son appartement pour le menacer, crevé les pneus de sa 2 CV et envahi son amphithéâtre en vociférant. La petite terreur était à l'ordre du jour et l'exemple de la capitulation devant elle venait de haut : on mit Mandouze en congé.

Ce que j'ignorais alors, c'est qu'André Mandouze avait écrit, neuf ans auparavant, des articles prémonitoires dans la revue *Esprit*, laquelle avait même intitulé un de ses numéros spéciaux : « Prévenons la guerre d'Afrique du Nord » – en 1947! Mandouze y démontrait avec force détails que l'Algérie n'était pas, mais vraiment pas, la France et que la France était si peu *en* Algérie que sa loi y était perpétuellement bafouée, soit par les grands « féodaux » de la colonisation, soit par les administrateurs eux-mêmes, à tel point que les élections, même tempérées dans leurs effets par la règle du double collège, n'étaient que truquage et tripotage. Surtout, Mandouze dévoilait le constant mépris de la colonie française et de l'administration pour l'Islam, ce qui préparait, à moins d'un rétablissement « révolutionnaire » de la métropole, un affrontement sans merci entre les deux communautés.

Ces cris d'alarme, comme bien d'autres poussés d'autres lieux, n'avaient jamais eu l'oreille des responsables politiques du pays. L'Algérie était « française », on ne sortait pas de cette chimère en forme d'axiome. Justement, ce mythe de l' « Algérie française », beaucoup parmi les étudiants de la Sorbonne que nous étions commençaient à en découvrir l'usure. Nous n'avions pas lu Mandouze mais deux journaux faisaient notre éducation : *l'Express*, redevenu hebdomadaire en mars 1956, et *France-Observateur.* Tandis que dans la grande presse il n'était bruit que des atrocités d'une rébellion « téléguidée de l'étranger », nous lisions, dans *l'Express* en particulier, les articles de Jean Daniel qui nous initiait à la complexité algérienne; dans *France-Observateur,* les articles de Claude Bourdet et de Gilles Martinet succédant aux reportages de Robert Barrat qui ne nous laissaient aucun doute sur « le fait national algérien ».

Je sais gré aujourd'hui à ces deux journaux-là, et aussi à quelques autres au rang desquels doit figurer *Témoignage chrétien,* de nous avoir aidés à résister au formidable bourrage de crâne dont les Français allaient être l'objet des années durant. Entre autres idées reçues, on vous affirmait que, contrairement à la Tunisie et au Maroc, il n'y avait jamais eu de souveraineté algérienne avant la colonisation, *donc* qu'il n'existait pas de fondement historique à la prétendue nation algérienne, comme si la colonisation même, depuis cent vingt-cinq ans, n'avait pas créé une *différence* qui, progressivement, était devenue *nationale.* Les nations naissent dans les chaînes, pas dans les roses : contre celui qui conquiert, qui occupe, qui, à défaut d'assimiler, exclut, contre celui-là – l'autre, l'expropriateur, le maître enfin –, la nation naît en s'insurgeant.

Notre Europe était pleine de ces éclats d'Empire devenus des Etats-nations, mais c'étaient autant de leçons perdues; le « printemps des peuples » n'était pas exportable en Afrique. Et pourtant, MM. les représentants du peuple allaient entériner l'indépendance du Maroc et de la Tunisie. Ainsi, par je ne sais quel miracle, l'Algérie, élue des dieux de la colonisation, devait échapper à la nécessité historique de l'indépendance quand, à ses flancs, on avait dû se résoudre à la naissance de deux Etats maghrébins! Comprenne qui pourra, on allait s'enfoncer dans cette absurdité avec des œillères de mulet.

Le 8 mars, un grand débat parlementaire s'engagea sur les « pouvoirs spéciaux » que réclamait le gouvernement Mollet pour l'Algérie. Depuis les élections de janvier, la situation n'avait fait que s'aggraver. Les nationalistes algériens pratiquaient une guérilla d'une implacable cruauté. Le 18 février, on apprenait ainsi que les trois membres d'une famille de petits fermiers avaient été massacrés à quarante kilomètres d'Alger. C'était horrible. Mais seuls quelques journaux de gauche parlaient des horreurs inverses du contre-terrorisme. Contrairement à ce que l'on voulait faire accroire, l'Algérie n'était pas disputée entre de bons gendarmes et de méchants voleurs (« bandits de grand chemin payés et armés par l'étranger », comme disait le député Pierre André), l'Algérie était un problème politique.

Ce débat, qui dura du 8 au 12 mars, illustre à l'envi ce qu'en ses articles Daniel appelait « l'incompréhension dramatique » des Français. A droite, on battit le rappel. Problème, Le Pen *dixit,* « essentiellement militaire ». Donc, c'était tout simple, là-bas je te mets le paquet (« mettre le paquet », on en parla tant et tant qu'à la fin, faute de mieux, l'expression tomba dans le petit Robert), et ici je te bâillonne les Traîtres; politique extérieure : je fais la guerre; politique intérieure : je fais la guerre! Quant à la « personnalité algérienne », expression qu'avait imprudemment employée le président du Conseil, le député Legendre n'en acceptait que le sens « folklorique » : couscous et fantasia. Tous décrivaient la « perte » de l'Algérie comme le début de l'Apocalypse. On s'ingéniait à démontrer – le thème allait faire longtemps florès – que l'indépendance de l'Algérie, ce serait, outre le déshonneur, la crise généralisée, le chômage (« le régime des 52 semaines de congé annuel non payé », disait un député spirituel), « un désastre national », disait Soustelle, « qui égalerait en profondeur et en conséquences néfastes les plus affreuses défaites de notre histoire ». « Déclin », « décadence », « servitude » et, au bout, cet enfer (Pierre

André *dixit*) : « Les Soviets en France », tel était l'abîme auquel nous étions promis. Quoi qu'il donnât sa voix à ce concert, Jacques Soustelle, l'ancien gouverneur général d'Algérie, fit un discours d'ancien normalien : pathétique mais bien structuré. Malheureusement, il défendait en 1956 une politique qui datait de 1936. Cette intégration qu'il défendait, jadis revendiquée par les Algériens et refusée continûment par les Français, c'était comme ce M. Launay de La Billardière, dont nous parle Chateaubriand dans ses *Mémoires*, qui s'avisait de vouloir être noble en 1789.

Hélas! du côté de la gauche, la tête n'était pas mieux timbrée. Arthur Conte, député encore socialiste, tentait de désespérer ses honorables collègues à l'idée que, « chassée de l'Algérie », la France serait « réduite » aux limites d'une Suisse. Angoisse d'Arthur! citoyen à 350 fromages, menacé de tomber sous la monocratie de l'emmenthal! Les responsables du gouvernement laissaient dire; ils en rajoutaient même! Les socialistes comptaient dans leurs rangs Charles-André Julien, éminent historien de l'AFN : ils auraient pu lui demander conseil avant d'affirmer, comme le ministre résidant Robert Lacoste le faisait en leur nom, que les Français resteraient là-bas « par l'indiscutable droit d'une œuvre civilisatrice faite d'humanité et de générosité ». Certes, il y avait eu des erreurs mais, qu'on en soit intimement et publiquement convaincu : « Nous n'avons pas lieu d'avoir mauvaise conscience. »

Les incendies, les razzias, les enfumades, les emmurements, les dévastations méthodiques, les ravages de toutes sortes, les égorgements de femmes, d'enfants et de vieillards, les viols, les pillages, les massacres et tant de hauts faits d'armes que les Bugeaud, les Cavaignac, les Pélissier, les Saint-Arnaud, les Canrobert et tant d'illustres sabres avaient couverts ou commandés lors de l'interminable conquête de l'Algérie, tout cela avait probablement été racheté par l'administration scrupuleuse et exemplaire du socialiste Naegelen, gouverneur général (1948-1951), dont l'œuvre « civilisatrice » demeurait un des plus beaux titres de gloire de la section française de l'Internationale ouvrière. Mais, au fond, mis à part une poignée d'intellectuels (Ch.-A. Julien, A. Philip, O. Rosenfeld...), les socialistes étaient rien moins que des décolonisateurs. Le *Journal du septennat* de Vincent Auriol, président de la République de 1947 à 1953, donne la mesure de leur cécité au rang le plus élevé!

Le plus grave était la politique présente proposée par Mollet et Lacoste. Tout devait tendre, selon eux, à la préparation d'élections « libres » – à la suite desquelles on pourrait négocier le statut futur de l'Algérie, à ce détail près qu'*a priori* l'indépendance, proche ou lointaine, était hors de question puisque – postulat infrangible – l'union de l'Algérie avec la France était « indissoluble » : « Nous rejetons absolument la conception d'un Etat algérien qui ne correspond pas plus à une réalité historique qu'à une réalité ethnique. » Ainsi, tandis que le gouvernement français allait, pour préparer ces élections d'où devaient résulter la paix et la prospérité, accroître démesurément l'effort de guerre tout en lançant des réformes pour ramener la confiance de la communauté musulmane, les nationalistes algériens, eux, puisqu'on leur déniait toute représentativité et toute mission historique, n'avaient plus qu'à faire la démonstration de leur *réalité*; on ne pouvait mieux encourager la guerre.

Les « pouvoirs spéciaux » que Guy Mollet réclamait, il en obtint le vote à une majorité écrasante. A ma stupéfaction, cette carte blanche était délivrée aussi par le parti communiste. Dans son explication de vote, Duclos, tout en affirmant la nécessité de reconnaître « au plus tôt le fait national algérien », dit aussi la nécessité des « liens politiques, économiques et culturels entre la France et l'Algérie »; l'important pour les communistes était « l'unité d'action ouvrière et populaire », « l'unité de lutte des travailleurs communistes et socialistes ». A ce nouvel avatar de la politique unitaire, la concession était de taille : ce que Mollet et Lacoste avaient déclaré correspondait mal à l'idée qu'on se faisait de la politique algérienne du PCF – encore que le mot d'*indépendance* ne figurât pas encore dans ses déclarations. De même que les communistes avaient aidé à renverser Mendès France *à propos* de l'Algérie, de même ils soutenaient Mollet *à propos* de l'Algérie : dans les deux cas, on voyait bien que l'Algérie n'était pas le fond du sujet.

Fort de tous ses appuis, de droite et de gauche, le social-colonialisme entamait le dernier épisode de sa malheureuse carrière. Tête baissée, yeux bandés, on fonçait... dans l'impasse.

L'heure des chers professeurs

On pouvait dire, aux premiers jours du printemps 1956, qu'on était désormais dans la guerre jusqu'au cou, à preuve qu'il n'était plus question dans les discours ministériels que du « moral de l'armée » : il fallait préserver de toute urgence son essence impalpable du feu croisé des Remington et des stylos à bille; le mois d'avril allait nous révéler la résolution du gouvernement Guy Mollet sur ce chapitre. D'autres faits attestaient le sérieux de la situation : les attentats se multipliaient jusqu'au cœur d'Alger, où désormais l'on ne pouvait plus aller sans risque au cinéma; les combats s'aggravaient, du Constantinois à l'Oranie; les journaux relataient quotidiennement les accrochages, les embuscades, la litanie sanglante des explosions à la bombe... De plus en plus souvent, des convois militaires étaient attaqués; la liste des « morts pour la patrie » s'allongeait.

Après le vote lui accordant les pouvoirs spéciaux en Algérie, Mollet avait proclamé que les ressources en hommes de l'armée étaient « largement » suffisantes;

c'était pour amuser le tapis car, au même moment, tous les journaux parlaient des « mesures immédiates de renfort », de « l'éventualité du rappel des disponibles », de l'incorporation anticipée des contingents à venir... De fait, avant la fin de mars, la décision de rappeler 100 000 hommes, à commencer par la classe 1953, était devenue un secret de Polichinelle. Où étaient donc nos espoirs de décembre? L'aveuglement sinistre d'un gouvernement, auquel il avait fallu moins de huit semaines pour renier ses engagements électoraux, nous en suivions maintenant les premières conséquences, atterrés et impuissants.

« La guerre, disait le vieux nationaliste algérien Messali Hadj, dont *Die Welt* rapportait les paroles, ne se terminera pas même si le gouvernement français envoie 500 000 hommes en Algérie. » Et Bourguiba disait au *Monde* quelques jours plus tard : « Je voudrais persuader l'opinion française que l'on ne peut s'opposer à quelqu'un qui se bat et qui meurt pour avoir une patrie. » Ces déclarations nous paraissaient d'autant plus convaincantes que se développait alors une série de grèves d'ouvriers algériens travaillant en France : à Metz, à Thionville, à Maubeuge, à Mulhouse, à Colmar... Des cortèges de manifestants parfois se formaient, le drapeau des « rebelles » en tête, finissant en bagarres avec la police. « Une patrie! Mais ne leur offrons-nous pas la nôtre, à ces drôles? » disait à peu près l'électeur socialiste de ce temps-là; en quoi il différait notablement de l'électeur de droite qui, lui, ne formulait qu'un souhait : qu'on mît le paquet, un bon coup, et tout serait fini.

Je dois à la vérité de dire qu'à Paris ceux – dont j'étais – qui, convaincus de la nécessaire évolution de l'Algérie vers l'indépendance, étaient de surcroît menacés de prendre tôt ou tard leurs quartiers dans une guerre coloniale inutile accordaient peu d'attention à l'angoisse des pieds-noirs. La majorité de ceux-ci était née en Algérie, y exerçait des métiers modestes de père en fils, humbles gens qu'on ne pouvait confondre avec le haut du pavé colonialiste. Pourtant, nous ne faisions guère de différence, tant l'opinion des Français d'Algérie nous paraissait unanime, derrière les forts en gueule de la presse « ultra ». Plus profondément, sans vouloir nous l'avouer, ce que nous reprochions le plus peut-être à ces gens-là, c'était d'exister : n'était-ce point leur enracinement et leur nombre qui faisaient obstacle à l'indépendance algérienne? N'était-ce pas à dessein de les protéger qu'on mobilisait et remobilisait? Il faut en convenir : des images que nous offraient les actualités cinématographiques ou les magazines illustrés, il nous restait l'impression que nous avions affaire à une bande de sauvages, faite d'anciens combattants à béret basque et de blancs-becs vociférants, prête à toutes les expéditions punitives. Par ces clichés sur les pieds-noirs, nous nous sentions justifiés de les maudire. Bien des journalistes de gauche s'efforçaient de dissocier la masse des Français d'Algérie de leurs porte-parole abusifs : à quoi bon? Nous savions bien que les majorités silencieuses font rarement l'histoire.

La logique de la guerre allait dérouler implacablement la chaîne de ses conséquences. A la négation répétée du gouvernement colonial : il n'y a pas, il ne saurait y avoir de nation algérienne, l'avant-garde du nationalisme algérien répondait par l'affirmation de la guérilla et la confirmation de la terreur : je tue, donc je suis. *Ergo*, côté français : obligation de renforcer les troupes dévolues au maintien de l'ordre, pardon! à son rétablissement; mettre en place, tout en niant la guerre, les conditions psychologiques de la guerre : une seule nation, une seule pensée, un seul but! et, pour commencer, comme le réclamaient depuis des semaines les députés de la *reconquista*, river son clou à la presse d'opposition.

Il s'ensuivit que le samedi 31 mars, veille du jour de Pâques, Claude Bourdet, fondateur et éditorialiste de *France-Observateur*, fut arrêté, conduit à la caserne de Reuilly, inculpé et placé sous mandat de dépôt, de là transporté et incarcéré à la prison de la Santé. Maurice Bourgès-Maunoury, président de la Fédération radicale de la Haute-Garonne et alors ministre de la Défense nationale, expliqua aux populations qu'« à l'heure où un effort tout particulier est demandé à la nation, à son armée et à sa jeunesse, le gouvernement ne pouvait rester insensible au développement d'une entreprise de démoralisation de plus en plus malfaisante ».

Claude Bourdet, journaliste indépendant, compagnon de la Libération, déporté de Buchenwald, était la première victime expiatoire du socialisme de guerre. Certes, les palinodies socialistes, on en avait vu d'autres dans l'histoire, mais celle-ci avait été fulgurante quand on pense que, lors de la campagne électorale de décembre, *le Populaire* n'écrivait pas autre chose que ce qui avait valu à Bourdet de franchir le portail de la Santé les menottes aux poignets. Celui-ci, dans un article intitulé « Disponibles, quel sursis? », avait exprimé le fond de la pensée que nous avions à dix-neuf ou à vingt ans : « 100 000 jeunes Français sont menacés d'être jetés dans la " sale guerre " d'Algérie, d'y perdre leurs meilleures années, peut-être d'y être blessés, voire tués, pour une cause que peu d'entre eux approuvent, dans un genre de combat qui révolte la plupart. »

Les verrous, notre Bourgès n'avait pas encore trouvé mieux pour infléchir l'insolence des intellectuels. On apprit plus tard que Bourdet avait été mis tout de même dans la soirée en liberté provisoire « en raison de ses titres de résistance et de ses services militaires »; le ministre, quant à lui, n'avait pas fini de « réprimer la campagne de diffamation, de fausses nouvelles et de provocations dont l'armée est actuellement victime ». Mais Bourgès, qui prenait subitement des airs de Clemenceau, n'était qu'un « Tigre » de papier, s'imaginant entretenir le bon moral des troupes par des perquisitions au *Libertaire* ou par la saisie de *la Vérité*, comme si les troufions en faisaient leur ordinaire!

Ce jacobin d'opérette[1], qui eût mieux fait de borner ses activités politiques au canton de Montastruc dont il était l'élu, s'était juré de faire peur aux mauvais esprits, il fallait qu'on se le dise. Ainsi on apprit le 10 avril qu'il donnait un nouveau coup de sabot à un professeur de la Sorbonne, Henri Marrou. Celui-ci, historien de grande renommée, ami d'Emmanuel Mounier et collaborateur de la revue *Esprit,* avait écrit quelques jours auparavant dans *le Monde* une de ces « libres opinions » qui faisaient l'honneur du journal. Dans cet article intitulé « France, ma patrie... », Marrou, au moment où les ministres rivalisaient dans la défense imaginaire du moral de l'armée, évoquait, lui, le « moral de la nation ». Il rappelait comment, en quelques semaines, l'esprit public s'était corrompu, comment la menace de la censure gouvernementale avait provoqué l'autocensure de la presse, au point qu'il fallait désormais, pour être correctement informé, prendre l'écoute de la radio suisse ou lire la presse étrangère. Elevant le ton, Marrou, tout en répudiant les schémas simplistes des propagandes antagonistes, se considérait comme tenu de dénoncer les « moyens infects » dont la France usait pour perpétuer en Algérie sa domination : « Passant à la torture, écrivait-il, je ne puis éviter de parler de " Gestapo " : partout en Algérie, la chose n'est niée par personne, ont été installés de véritables laboratoires de torture, avec baignoire électrique et tout ce qu'il faut... »

Scandale! L'armée, comme la femme de César, étant au-dessus de tout soupçon, Bourgès résolut de sévir à nouveau. Cinq inspecteurs de la DST furent dépêchés au domicile d'Henri Marrou pour s'enquérir des « documents » que l'éminent universitaire avait utilisés pour écrire son article. Celui-ci leur ayant objecté qu'il

1. Je savais vaguement que Bourgès-Maunoury avait un beau passé de résistant. Mais ses actions éclatantes d'hier ne pouvaient le blanchir une fois pour toutes.

l'avait tout tiré de « sa propre cervelle », les argousins de visite n'en fouillèrent pas moins pendant plus de deux heures sa bibliothèque et ses classeurs, où ils ne trouvèrent que des fiches sur les Pères de l'Eglise. Car – la coïncidence était singulière – Henri Marrou était, tout comme son collègue d'Alger André Mandouze, revenu depuis peu en France métropolitaine pour mettre à l'abri les siens menacés par les activistes, un spécialiste du Berbère saint Augustin. D'où il s'ensuit que le latin n'était pas une langue morte.

Arrestations. Perquisitions. Saisies. Nouvelles proclamations de M. Robert Lacoste contre une campagne « fondée sur des mensonges » pour « faire oublier les atrocités commises par les rebelles ». Nous étions avertis : ce gouvernement socialiste était disposé à mettre l'opinion en condition, à décourager les critiques éventuelles et futures de son action et à donner chaque jour de nouveaux gages aux fanatiques de la présence française.

Mauriac, dans son « bloc-notes » de *l'Express*, n'y alla pas par quatre chemins : « Je comparais tout à l'heure le style de M. Bourgès-Maunoury à celui de M. Tixier-Vignancour. C'était faire injure à ce dernier, qui n'a jamais, lui, dissimulé ses convictions fascistes. » Piqué au vif, Bourgès confia à *la Dépêche du Midi*, organe du cassoulet radical-socialiste, sa volonté paternelle de protéger l'armée des attaques portées contre elle « par ces destructeurs installés dans le confort de leur conscience peu informée ». Il fit mine de regretter « que l'on ait déshabillé aussi vite M. Claude Bourdet selon les règlements prophylactiques », et, visiblement enchanté de sa propre ironie, il en redoubla l'effet à propos des « papiers du cher professeur Marrou ». Sans s'en douter, le Marmouset avait trouvé la formule qui devait assurer son immortalité : devenus pluriels, les « chers professeurs » allaient, des années durant, contester aux tortionnaires la reconnaissance de la patrie.

Ce même jour où les journaux relataient la perquisition chez Henri Marrou, ils annonçaient que 70000 disponibles seraient envoyés d'ici à trois semaines en Afrique, que le contingent 1953-1 fournirait la plus grande part des rappelés. Cette fois, les disponibles n'avaient plus de sursis.

II

SUEZ

L'intervention des Mandouze, des Bourdet, des Marrou était exemplaire; la lutte contre la guerre d'Algérie s'organisait peu à peu. Mais elle ne fut jamais véritablement une lutte de masse. Les deux partis ouvriers « historiques », le parti socialiste et le parti communiste, en portaient, quoique d'une façon inégale et différente, une grande part des responsabilités. Le premier, trop enraciné sans doute dans la vieille France, n'était plus qu'une caricature de guesdisme, lequel était déjà devenu en son temps une caricature de la social-démocratie allemande. On restait fidèle verbalement aux grands principes, on vénérait la barbe de Marx et la casquette du prolétaire; en fait, la sclérose bureaucratique et l'anticommunisme de guerre froide qui rendaient gâteux avant l'âge ses sectionnaires décourageaient vite les jeunes gens qui rêvaient l'espace d'une nuit blanche à le transformer « du dedans ». Porté au pouvoir sans qu'il l'ait mérité, le parti de Mollet ne donna jamais l'impression qu'il avait une politique : il se laissait mener et chahuter au sommet de l'Etat comme une coque de noix au sommet de la vague. Le parti communiste, quant à lui, soit qu'il sentît l'opinion ouvrière trop récalcitrante à l'anticolonialisme actif, soit qu'il voulût coller le plus longtemps possible à la SFIO au nom d'une opportune unité d'action qui redevenait sa tarte à la crème tactique, soit pour ces deux raisons cumulées et pour quelques autres encore, ne se plaça jamais à l'avant-garde du combat.

Ce fut, au début comme à la fin du conflit algérien, des rangs des étudiants et des intellectuels que jaillit la résistance la plus claire et la plus continue. Une résistance qui prit des formes diverses et qui fut stimulée par quelques grandes voix.

Mauriac le Magnifique

S'il y avait un écrivain *vivant* en 1956, c'était bien François Mauriac. Chaque semaine, dans son bloc-notes de *l'Express*, il nous vengeait de cette époque sinistre – et deux fois sinistre puisque c'était la gauche qui entreprenait avec zèle la politique de droite la plus vaine et la plus sanglante. L'écrivain catholique et bourgeois, embicorné avant que nous ne soyons nés, nobélisé avant que nous ne soyons bacheliers, gavé d'honneurs qui déshonorent (pour dire comme Flaubert), c'était beau de le voir saisi d'une nouvelle fièvre juvénile, retourné contre ses pairs, l'épée d'académicien à la main, pour crier justice dans le désert d'une France assoupie. Il était sur toutes les bouches, détesté où il était né, admiré où il renaissait; comme disait Jean-Louis Bory : « La haine ou l'amour, pas de place pour les sentiments tièdes. »

La Parisienne consacra sa livraison du mois de mai à l'écrivain du jour. Cette revue littéraire, fondée quelques années plus tôt par Jacques Laurent, était l'un des manèges de ce qu'on appelait la « nouvelle droite », où caracolaient, outre le père de *Caroline chérie,* Antoine Blondin, Roger Nimier, Félicien Marceau, Kléber Haedens, Michel Déon et quelques autres cavaliers plus ou moins bien en selle. Ce qui réunissait tous ces fringants, qui donnaient de la plume dans *Arts, la Table ronde, la Parisienne,* ou, plus vulgairement, dans *Paris-Presse,* c'était une commune attitude de refus à l'Histoire, en des temps où l'Histoire portait encore la majuscule.

Pour la plupart, ils étaient des vaincus ou plus souvent des fils (spirituels, du moins) de vaincus, que la Résistance, la Libération, l'Epuration avaient voués à une définitive « école buissonnière ». Les discours maurrassiens ou para-maurrassiens de leur papa ou de leurs maîtres, Vichy en avait démontré le mensonge ou la bêtise jusqu'au dernier mot. Pour toute philosophie de l'histoire, il leur restait celle de la tangente à l'histoire. Tel Fabrice à Waterloo, ils frôlaient les batailles sans y pénétrer. Amusants, désinvoltes, irrespectueux, adeptes du canular et de l'art pour l'art, ils brocardaient les doctes pions de la gauche enseignant aux écrivains la morale de l' « engagement » et écrivaient des romans immortels de fesse et d'épée.

Que *la Parisienne* consacrât un numéro spécial à Mauriac, on comprend donc que ce n'était pas pour l'inonder d'eau bénite. De fait, les vacheries s'y disputaient. Je ne vis même qu'elles, au point d'en écrire incontinent au grand écrivain calomnié la lettre emphatique du jeune admirateur électrisé par l'indignation. Mauriac me répondit d'un mot aimable pour me rassurer. Allons! tout n'était pas si méchant dans ce numéro de revue; il y avait même un bel article de Claude Roy qui lui faisait rudement plaisir. Il ne parlait pas des autres, ceux de Roger Stéphane, de Jean-Louis Bory, etc., peut-être plus élogieux encore : ce qui le touchait au vif, visiblement, c'était l'honneur que lui faisait un écrivain communiste. Dame! séduire le communiste, triple substitut de l'athée, du barbare et du prolétaire, rien n'était plus délicieux à un zélateur chrétien. Mais probablement Mauriac, pas si fou que le béjaune qui le prenait pour saint Sébastien, était-il sensible au fait que tout un numéro spécial d'une revue littéraire lui était consacré, les flèches mêmes qui en partaient ne faisant qu'élever agréablement la chère cible au-dessus du commun des mortels.

« Voilà un Pascal, disait André Frossard, qui écrit trop de provinciales et pas assez de pensées... » Non. S'il faut en appeler à Pascal, Mauriac était un Pascal qui n'avait jamais renoncé au « divertissement ». Contrairement aux autres grands écrivains chrétiens du siècle, un Bloy, un Péguy, un Bernanos, qui avaient toujours vécu sans un sou vaillant et se déclaraient volontiers anarchistes, Mauriac avait presque toujours nagé en grande eau. Il faisait son vin lui-même mais n'avait rien d'un moine : il était bien dans le siècle au contraire et en faisant candidement l'aveu. Ainsi, lors d'une polémique avec Bernanos justement, en 1946, il acceptait, disait-il, « de jouer la comédie sociale, d'en porter les costumes, les déguisements et les hochets ». Mais c'est en raison même de son appartenance à la classe dirigeante que ses cris hebdomadaires devenaient insoutenables dans la bonne société. Lui, n'était-ce pas un nouveau Paul Bourget qu'il devait devenir, logiquement, normalement; un immortel de la France bien-pensante, un nouveau chien de garde? « Mon crime à leurs yeux, écrivait Mauriac en 1953, au moment où il recevait chaque jour des lettres de haine et de mort pour avoir pris le parti des colonisés du Maroc, mon crime à leurs yeux est de m'être prêté à la comédie sociale et de n'en point jouer le jeu, de ne pas tenir le rôle qui m'est assigné par mes déguisements, de changer le texte tout à coup et dans les occasions où ce sont les intérêts de classe qui se trouvent en jeu, d'être tiré hors de la scène par ils ne savent quel démon ou quel ange[1]. »

De 1953 à 1958, ce furent cinq années d'une merveilleuse combativité. Sans doute Mauriac avait-il déjà quitté les planches de la comédie bourgeoise, et à plusieurs occasions, mais, depuis les débuts de la IVe République, il n'était guère allé au-delà des coulisses. Et puis – ange ou démon? – Mauriac raconte quelque part que c'est l'excès d'honneur du prix Nobel à lui attribué en 1952 qui le réveilla de son « assoupissement ». Toujours est-il que ce qu'on appelle pudique-

1. F. Mauriac, *Bloc-notes, 1952-1957*, Paris, Flammarion, 1958, p. 34.

ment les événements du Maroc, au rang desquels figure la tuerie de Casablanca de décembre 1952, le somme de lancer dans la bataille son récent prestige international. C'est dans *le Figaro* où il collabore depuis plusieurs lustres et dans son « bloc-notes » de *la Table ronde*, c'est-à-dire devant un parterre de conservateurs et de réactionnaires, qu'il donne ses premières volées de bois vert au maréchal Juin et autres fameux clairons de la présence française en terre africaine. D'où s'ensuit un déluge d'injures et de menaces, qui lui font écrire : « L'ordure est à droite », au scandale des éditeurs de *la Table ronde*. Aussi, quand Jean-Jacques Servan-Schreiber, qui vient de fonder *l'Express*, lui propose d'y accueillir son « bloc-notes », Mauriac ne fait ni une ni deux, plante là la patache de droite et saute dans le train en marche.

Organe de la gauche mendésiste, *l'Express* était alors un hebdomadaire d'une belle tenue. Merleau-Ponty, Camus, Malraux, même Sartre plus tard, s'y exprimaient ces années-là. *L'Express* permit à Mauriac de porter sa voix loin des lieux où il prêchait ordinairement; de son côté, Mauriac ne contribua pas pour peu au succès de cet *Express*-là, tant sa verve faisait mouche. C'est un trait de notre pays que sa politique a toujours été amplifiée par sa littérature, que ses hommes d'action ont presque toujours été des tribuns et qu'à leurs actes on a souvent préféré leurs gestes. A ce titre, nous sommes tous des enfants de Michelet, ce formidable régisseur de la Révolution française, dont les acteurs emperruqués nous ont en leur légende légué, avec la fierté nationale, le goût immodéré du théâtre. De là vient sans doute la place incongrue des hommes de lettres dans notre politique : tout se passe comme si nous ne la vivions que pour l'écrire et la lire.

Mauriac était dans la grande lignée des dramaturges politiques : l'histoire, c'étaient les hommes qui la faisaient – les grands, il va sans dire –, soit quelques dizaines de personnages augmentés de comparses nécessaires à peupler le plateau entre deux scènes principales. Il lisait dans l'histoire les affrontements du péché et de la grâce. Chrétien, il n'était pas manichéen et savait que ses amis politiques de l'heure n'étaient pas forcément des « petits saints ». Mais, en romancier, aux forces obscures et complexes qui agissent sur les hommes souvent à leur insu, il prêtait toujours un visage. Pour lui, le champ de l'histoire se confondait avec les Champs-Elysées : César ou Pompée, Jaurès ou Clemenceau, de Gaulle ou Pétain; il faisait de la politique comme toujours en France et comme Plutarque de l'histoire. Ainsi se trouve justifié le genre éminemment français de la polémique : les malheurs du temps comme les raisons d'espérer doivent prendre ici figure humaine.

C'est avec retard que Mauriac avait mis son nez sur les sanies du colonialisme; il le combla vite, de toute sa passion. Des amis chrétiens l'y avaient aidé, le journaliste Robert Barrat tout particulièrement. Mis au fait de ce qui s'exécutait au nom du peuple français au-delà de la Méditerranée, il s'aperçut de l'écrasante responsabilité qu'y prenaient depuis la fin de la guerre mondiale les hommes du MRP – ceux qui, à la Libération, représentaient le catholicisme de la Résistance et avaient sauvé l'honneur d'une Eglise gravement compromise avec le régime de Vichy. C'étaient ces hommes-là, dont il s'était senti si proche – même contre le RPF et quelle que fût son admiration pour de Gaulle –, qui recommençaient la vieille alliance du catholicisme et de la pire raison d'Etat – l'Etat policier et colonial.

Le combat qu'il engageait contre le colonialisme fut donc vite lié au combat à livrer au MRP. Lors de la campagne électorale de décembre 1955, il appuya Mendès France de tout son talent et s'escrima contre les démocrates-chrétiens, pour lesquels il avait jusque-là toujours voté. Un des hauts moments de la bataille avait été l'échange de coups fourrés entre Mauriac et les révérends de *la Croix*, renforcés en la circonstance par les *monsignori* de l'*Osservatore romano.* Avec l'allégresse de style de Pascal s'en prenant aux casuistes, Mauriac écrivit là une de ses plus belles pages : « Descendez, je vous prie, mon père, de l'empyrée où règnent les idées à majuscules. Mais je vous avertis qu'il va falloir retrousser votre soutane, car, là où nous allons, le sang ne manque pas, ni la boue. »

En mai 1956, lors du congrès MRP, Pierre-Henri Teitgen promettait la Haute Cour aux « défaitistes » (entendre par là ceux qui voulaient une paix négociée en Algérie). Il donnait le ton. Pour un chrétien, la lutte contre le MRP devenait nécessaire : c'était en quelque sorte une seconde séparation de l'Eglise et de l'Etat qu'il s'agissait de faire triompher. Comme dit un des personnages de *l'Espoir* : « Dieu n'est pas fait pour être mis dans le jeu des hommes comme un ciboire dans une poche de voleur. » Mauriac se battait pour qu'on ne mêlât pas le nom de Dieu à une politique de répression, rappelant son enfance du temps de l'affaire Dreyfus, quand les parents catholiques appelaient par dérision le pot de chambre de leurs enfants un *zola.*

Il avait cru devoir compter d'abord sur les socialistes. Dès le 6 février 1956, il mit cet espoir au rang des illusions. Georges Bidault et Guy Mollet, tels étaient alors les héritiers dérisoires de Marc Sangnier et de Jean Jaurès. Comme ceux-ci étaient au paradis et qu'on ne les entendait plus, chaque semaine Mauriac s'écriait à leur place : « Bonne mère! nous sommes trahis par nos propres fils. »

Mauriac avait soixante-dix ans. Il n'y avait guère en France d'écrivain plus jeune que lui, cette année-là.

Les rappelés se rebiffent

Le mois de mai 1956 nous accoutuma à l'idée qu'il y avait quelque chose de pourri dans la République française. Sous un gouvernement « socialiste », qui faisait lui-même de la nécessité répressive vertu, les forces les plus contraires à la démocratie investissaient l'appareil d'Etat.

A la fin d'avril, il y avait eu l'étrange soirée de la salle Wagram, qui avait révélé quels démons secrets travaillaient la police. La réunion, organisée par le Comité de lutte contre la répression en Afrique du Nord, se tenait sous la présidence de J.-J. Mayoux. C'est au moment où un orateur vint à prononcer le nom de Claude Bourdet (qui était lui-même à la tribune en compagnie de Robert Barrat, d'André Mandouze et de quelques autres) que des slogans fusèrent de la salle : « Trahison! », « Algérie française! », et qu'une centaine de manifestants, s'armant de chaises, s'ingénièrent à saboter la réunion. La surprise passée, les militants de gauche repoussèrent progressivement les perturbateurs qui se retrouvèrent dehors. Mais à peine la séance avait-elle repris que firent irruption des flics casqués et des gardes mobiles, la crosse levée, qui se chargèrent, grenades lacrymogènes à l'appui et tapant dans le tas à qui mieux mieux, de faire évacuer la salle. On vit même un de ces gardiens de l'ordre public traîner à terre par les cheveux Mme Rosenfeld, l'épouse du parlementaire socialiste. La police achevait la besogne entreprise par les nervis. C'était un symptôme inquiétant de la décomposition de l'Etat; un parfum d'Italie 1921.

Trois semaines plus tard environ prenait fin l'interminable procès dit « des fuites », qui avait trait à l'avant-dernière guerre coloniale – celle d'Indochine. L'un des accusés, Baranès, obscur agent double, était défendu par Tixier-Vignancour qui, entre autres gloires, avait été jadis responsable des comités de propagande du maréchal Pétain. C'était pour lui l'occasion attendue de prendre une éclatante revanche politique tout en se taillant un joli succès mondain : son incomparable voix de bronze avait l'oreille des dames et du tribunal militaire. Pendant des semaines, la sarabande de témoins galonnés qui rivalisaient de sottise et de suffisance en dit long sur l'aveuglement des cadres de l'armée française. Le vrai procès, qui se faisait dans ce procès, c'était celui qu'intentaient Tixier et les colonialistes aux journalistes et aux députés de gauche, Mendès France et Mitterrand étant visés au premier chef. Il y eut des scènes plaisantes. Ainsi le commissaire Dides, qui se prenait pour un d'Artagnan de l'anticommunisme, dépêcha ses témoins auprès de Mitterrand, qui était alors garde des Sceaux : c'est à l'épée qu'il voulait en découdre! Tout de même, l'acquittement final et triomphal de Baranès n'était guère réjouissant : tout ce procès et sa conclusion avaient montré combien l'armée, elle aussi, était entamée par les progrès d'un état d'esprit préfasciste.

Le gouvernement, quant à lui, donnait l'impression de ne vouloir se battre que sur un seul front, de n'avoir rien tant à cœur que de ménager les « ultras » et de ne frapper que les adversaires de sa politique et les critiques de ses méthodes. A la fin d'avril, on apprit l'expulsion de trois prêtres de Souk-Ahras : leurs homélies étaient jugées trop compréhensives pour les nationalistes algériens. *L'Humanité* – et Dieu sait pourtant si les dirigeants communistes, soucieux de préserver les chances d'un front uni avec les socialistes, étaient prudents! –, *l'Humanité* du 11 mai était saisie. Ce n'était qu'un début : dans le genre autoritaire, le social-colonialisme n'avait de leçon à recevoir de personne.

Depuis des semaines, on se demandait donc ce que pouvait faire Mendès France dans pareille galère. Ministre d'Etat d'un gouvernement qui s'enlisait chaque jour dans une politique de guerre illusoire, il en était l'ultime caution de gauche. Pourtant, son désaccord avec le ministre résidant Lacoste finit par devenir manifeste : il se plaignait que celui-ci n'accompagnât point les mesures militaires « indispensables » d'une politique hardie de réformes politiques. A la mi-mai, Mendès et ses amis lançaient le premier numéro d'une nouvelle revue, les *Cahiers de la République* (auxquels collaboraient Alain

Touraine, Simon Nora, Alfred Sauvy, etc.); on pouvait y lire le texte d'un programme en sept points qui était comme un défi à l'incapacité « socialiste » en Algérie. Le 23 mai, c'était fait : Mendès France donnait sa démission. La nouvelle attendue depuis des semaines renforça notre conviction. La guerre coloniale avait sa logique, qui est la logique de l'absurde. La manière forte partageait l'Algérie en deux camps irrémédiablement ennemis, poussant les plus modérés des nationalistes algériens, comme récemment Ferhat 'Abbās, puis peu à peu le reste de la population, dans les rangs de l'insurrection. Celle-ci, multipliant ses coups sanglants, appelait de la part des autorités françaises des renforts, encore des renforts, toujours des renforts. Il nous semblait qu'une guerre de cent ans recommençait.

Mais les renforts, ce n'étaient plus seulement les volontaires du casse-pipe, les amateurs de gloire et les sous-offs de carrière : c'étaient désormais les hommes du contingent. Par-dessus le marché, depuis l'été 1955, on savait qu'il ne suffisait plus d'avoir terminé ses dix-huit mois de service militaire pour être enfin tranquille : « disponible » pendant trois ans encore aux termes de la loi, on pouvait toujours être convoqué un beau matin pour reprendre le casque et les godillots. Restait à savoir si les appelés allaient se laisser faire. Déjà, en septembre 1955, au moment de partir pour le Maroc, plusieurs centaines de rappelés de l'armée de l'air avaient manifesté à la gare de Lyon. Au moment du départ, soutenus par leurs familles qui étaient venues les accompagner (souvent on avait attendu le retour du service pour se marier, on avait pris un nouveau boulot, la femme attendait son premier enfant...), ils avaient refusé de s'embarquer en criant : « Le Maroc aux Marocains! », « Nous ne voulons pas partir! » Il fallut l'intervention de la police pour pousser les rappelés dans les wagons. Mais le train à peine ébranlé s'arrêta sur-le-champ : dans tous les couloirs on tirait les signaux d'alarme. Du coup, on fit descendre les rappelés et, sous l'escorte des gardes républicains, on les expédia à Villacoublay.

Les sentiments des rappelés étaient ambigus, partagés qu'ils étaient entre la répulsion éprouvée à reprendre le chemin de la caserne et la culpabilité confuse qu'ils ressentaient. Eux, qui n'avaient pas fait la guerre, qui étaient trop jeunes du temps de la Résistance, ils ne voulaient pas être considérés comme une génération de lâches. *L'Express*, là-dessus, publia la lettre d'un de ses lecteurs rappelé qui était très explicite. *Le Monde*, sous la signature de Jean Planchais, avait, quant à lui, parlé à propos des incidents de la gare de Lyon d' « une pénible affaire »...

Lorsque, au printemps 1956, le gouvernement Mollet décida le rappel massif de disponibles pour l'Algérie, on put croire un moment que la mauvaise conscience des rappelés, entretenue par l'ensemble de la presse, allait être balayée. L' « intox » allait pourtant bon train. Ne voyait-on pas des parlementaires, Bidault en tête, se féliciter publiquement des vertus de « nos jeunes gens »; le cardinal Feltin, célébrer onctueusement « l'œuvre de pacification » pour laquelle « nos jeunes aujourd'hui sont rappelés » et ces anciens combattants n'en plus finir de ruminer Verdun? Le gouvernement prenait lui-même en main la direction psychologique de la mise au pas. En arrivant dans les camps où ils étaient regroupés, les rappelés recevaient, en même temps qu'un équipement tout neuf, un livret à couverture bleue où ils lisaient : « En Algérie se joue le destin de la France. » L'auteur préposé au bon moral des troupes y affirmait « preuves à l'appui » : « Le prétendu nationalisme algérien n'est qu'un leurre, l'essai de justification de quelques ambitieux qui, poussés par des influences extérieures, ont artificiellement provoqué le terrorisme actuel. » Tel était en ce temps-là le mensonge du socialisme aux couleurs de la France.

Malgré l'intox donc – parlementaire, ecclésiastique et socialiste-tricolore –, on frissonna quelques jours durant de l'espoir qu'un vaste soulèvement, qu'un gigantesque refus d'obtempérer, qu'une révolte générale allait exploser dans toutes les provinces. Le 18 mai, à Grenoble, pendant six heures, des centaines de manifestants réussirent à bloquer la gare pour faire obstacle au départ des rappelés : aiguillages pris d'assaut, grue renversée sur les rails, bagarres avec les CRS... C'est de Lyon et de Chambéry qu'on dut faire venir des renforts pour rétablir la situation dans la nuit. Puis, la semaine suivante, comme une traînée de poudre, la résistance des rappelés gagne tous les départements. C'était pour nous merveille d'apprendre – malgré l'extraordinaire discrétion de la presse et de la radio – que partout des trains s'arrêtaient, qu'on devait désormais les priver de signaux d'alarme, mais que les rebelles, nos camarades, utilisaient les freins de secours et réclamaient « la quille » et « la paix en Algérie ». Nous, dont ce serait bientôt le tour de partir, nous nous sentions d'un seul coup plus forts dans notre lutte contre la sale guerre. C'était sans doute derechef, pour les gens respectables, « une pénible affaire »; pour nous, ce fut la plus grande joie de ce printemps sans fleurs.

L'Humanité était un des rares journaux à donner quelques détails sur ces manifestations, sans que le ton du journal communiste nous plût toujours. Ainsi, le 31 mai, il publia un article larmoyant de Jean-Pierre Chabrol, qui s'était entretenu avec un carrossier de Champigny, père d'un militaire tué récemment à Palestro. « Il faut en finir, lisait-on, qu'ils reviennent vite les pauvres gosses! » Appuyer sur cette corde sensible nous était odieux. Nous ne refusions pas de risquer notre peau, et quelle misère si nous n'ambitionnions à vingt ans que nos pantoufles! Nous ne voulions pas de cette pitié-là. Ce n'est pas l'instinct de conservation qui nous dominait, c'est le principe même de cette guerre imbécile que nous récusions. Nous n'arrivions décidément pas à comprendre pourquoi, nous Français, propagateurs à travers le monde de l'idée de nation, ô Goethe!

ô soldats de Valmy! nous aurions dû révoquer sans appel le principe de la nation algérienne.

Hélas! au début de juin, les manifestations des rappelés cessèrent. La machine militaire avait absorbé les derniers révoltés que la gauche en place, en poste et en force, n'avait que timidement soutenus. Quand Mollet posa de nouveau la question de confiance à la Chambre, ce fut encore l'occasion pour son compère Lacoste de chanter la gloire de nos troupes, allant jusqu'à revendiquer le patronage de Bugeaud – oui! du père Bugeaud! –, ce qui en disait long sur l'état de décomposition de l'internationalisme SFIO. Du moins espérions-nous que les députés communistes allaient signifier sans équivoque leur hostilité, et la nôtre en même temps, à la guerre d'Algérie. Bernique! La ligne du Parti, c'était, malgré Lacoste, malgré Mollet, malgré la guerre, le front uni avec les socialistes – et même si les socialos n'en voulaient pas, on serait unitaire pour deux et voilà tout! Alors, dans ce débat grandiose, où l'on avait vu le chef du gouvernement socialiste applaudi par l'extrême droite – et il l'avait bien mérité! –, les communistes, au lieu de clamer ce « non » que nous attendions d'eux, se réfugièrent dans une molle abstention.

Dans leurs casernes, en astiquant leur fourbi, les rappelés ne s'étaient jamais sentis aussi isolés. Plus d'un siècle de mouvement ouvrier, la « guerre à la guerre » de l'Internationale, l'assassinat de Jaurès, à quoi ça rimait donc? Voilà sur quoi nous méditions, les poings fermés, au temps des premières cerises.

Camus parle

La mâle résolution du ministre résidant en Algérie, Robert Lacoste, faisait les délices de la presse de droite. Certes, nous n'étions plus au temps où un ministre socialiste pouvait être acculé au suicide par le déchaînement des hebdomadaires « nationaux » où les folliculaires appliqués récusaient ses services d'ancien combattant et l'accusaient de désertion. De Roger Salengro on était passé à Robert Lacoste; autres temps, autres rumeurs. Celles de 1956 avaient définitivement repeint les guérites du socialisme en tricolore. Un nouveau Clemenceau nous était né. « L'Algérie française est en bonnes mains », disait *l'Aurore,* et *les Nouveaux Jours* résumaient l'enthousiasme de tous et la fermeté générale : « Un homme nous tient le même langage que Clemenceau, aujourd'hui : Robert Lacoste. Il fait la guerre, rien que la guerre! Pourquoi faut-il qu'on ne l'entende pas partout également, avec la même passion, avec la même foi?... La France vous le demande, messieurs : suivez Robert Lacoste. Faites la guerre! Et vous la gagnerez! »

A la fin du mois de mai, nous eûmes une nouvelle preuve de l'indiscutable autorité du ministre socialiste : deux arrestations venaient d'avoir lieu, l'une à Paris, celle de la journaliste Claude Gérard, l'autre à Alger, celle du haut fonctionnaire Jean de Maisonseul. On en voulait à la première d'avoir publié un reportage sur des maquis nationalistes algériens dans... l'hebdomadaire socialiste *Demain!* Son histoire était exemplaire. Militante catholique, elle avait participé activement à la Résistance, dans le mouvement « Combat »; en 1944, arrêtée par la Gestapo, sauvagement torturée, elle avait été sauvée de la mort *in extremis.* La torture, elle devait la découvrir sous un autre uniforme lorsque, en 1947, chargée de mission à Madagascar, elle assista, atterrée, à l' « interrogatoire » d'un rebelle. De ce jour, elle se donna pour tâche de crier la vérité au service des colonisés. Après son arrestation, Joseph Rovan écrivit dans *Témoignage chrétien* : « Il y a quelque chose d'intolérable à voir se promener en plein Paris, étalant l'insolent espoir de leur prochaine revanche, les contumax, les indignes nationaux reblanchis, les graciés, à voir des journalistes qui jadis tenaient le haut du pavé à Vichy réclamer des poursuites contre la même Claude

Gérard que leur police pourchassait déjà il y a quinze ans. »

Et pourtant, Robert Lacoste, lui aussi, avait été de la Résistance. L'exercice du pouvoir avait-il donc l'inévitable effet d'altérer en l'homme ce qu'il a de meilleur?

La seconde arrestation, celle de Jean de Maisonseul, eut plus de retentissement, car elle tira du silence où, depuis plus de quatre mois, il paraissait trouver refuge, celui dont la voix nous était si précieuse : Albert Camus. Dans une lettre adressée au directeur du *Monde*, Camus, prenant la défense de son ami, déclarait : « Arrêter les libéraux et seulement parce qu'ils le sont, c'est décréter que seuls les manifestants du 6 février ont la parole en Algérie. Si cela est, je prie le président Mollet de nous le faire savoir et d'approuver publiquement cette politique qui veut que soient accusés d'esprit de capitulation tous ceux qui n'insultent pas le président du gouvernement français. Quant à moi, si je suis fermement opposé à toutes les sortes de capitulations, je ne le suis pas moins à la politique des ultras d'Algérie, qui représente à mes yeux une autre sorte de démission, dont la responsabilité est infinie. Cette position était exactement celle de Jean de Maisonseul. »

Cette protestation de Camus, suivie une semaine plus tard d'une nouvelle adresse à MM. Mollet et Lacoste, nous laissèrent insatisfaits. Sans doute Camus, qui n'avait donné aucun avis public depuis la constitution du gouvernement Mollet, se désolidarisait-il des aboyeurs du 6 février; sans doute disait-il sans ambages la responsabilité écrasante des « ultras » dans cette guerre, pour lui fratricide. Mais il ne justifiait pas pour autant « l'état-major fellagha ». Lui qui, jeune pied-noir, jeune journaliste, avait été indigné par l'état de misère où la colonisation française maintenait les musulmans, c'était comme s'il refusait de prendre parti. De lui, nous attendions un mot, rien qu'un mot, qu'il reconnût – toute son œuvre n'y tendait-elle pas? – la vocation du peuple algérien à l'indépendance. Nous oubliions, dans nos exigences, qu'il était fils de cette terre qui lui était désormais contestée et qu'il manifestait par ses silences le tragique d'une conscience écorchée – pas seulement la sienne, mais celle de tous les esprits justes (les pieds-noirs n'étaient pas tous des ultras, l'exemple de J. de Maisonseul, des Français libéraux, de leur journal *l'Espoir* le prouvait) qui ne pouvaient se résigner ni à l'injuste domination colonialiste ni à l'inévitable exil où les forcerait l'indépendance d'une Algérie musulmane.

Camus! Beaucoup de ma génération avaient pour lui de la ferveur. Mais peut-être n'était-ce pas pour les meilleures raisons. Il était de ces penseurs qu'en classe de philo on se plaisait à lire – parce que c'était moins ardu que Kant, Hegel ou Heidegger. *L'Etranger, la Peste,* voire *l'Homme révolté,* nous en tirions de plus claires leçons que de la *Critique de la raison pure.* Et puis, Camus était vivant. C'était un de nos contemporains. Nous admirions en lui la réussite précoce. *L'Express* du 7 juin, à l'occasion de *la Chute* qui venait d'être mise en librairie et de sa défense de Jean de Maisonseul, lui consacra ses deux grandes pages centrales : « l'homme de la semaine ». Pour illustrer l'article de Thomas Lenoir*, nous pouvions admirer la photo de ses quatorze livres, étalés sur une table, quatorze livres sous les couvertures blanches et les couvertures bleu ciel prestigieuses de la NRF. Oui, cela faisait rêver des étudiants en lettres qui s'échinaient sur leurs dissertations. Pardessus tout, peut-être, il y avait le charme de Camus. Les jeunes gens qui s'incarnent volontiers dans les écrivains qu'ils admirent trouvaient flatteur de se rêver sous les traits de cet homme au grand front, qui, on l'a souvent dit, vêtu de son trench-coat beige, avait l'allure virile et élégante d'Humphrey Bogart.

Nous étions trop jeunes pour avoir suivi ses démêlés avec Sartre et la brouille qui les avait séparés, quelques années plus tôt, au moment de *l'Homme révolté.* Ç'avait

* Pseudonyme de Françoise Giroud.

été pourtant l'un des grands épisodes de l'histoire de notre intelligentsia. Francis Jeanson, dans *les Temps modernes,* s'était efforcé d'exécuter Camus au nom de Marx et de l'Histoire : « Tout se passe comme si Camus était pour lui-même en quête d'un refuge, et s'efforçait par avance de justifier ici un éventuel " décrochage ", une évasion vers quelque définitive retraite où se vouer enfin aux délices révoltées d'une existence sans histoire. » Camus avait protesté contre cette interprétation hargneuse. Non! son livre n'était pas « le catéchisme des abstentionnistes », ce n'était pas l'histoire que niait Camus mais ceux qui « de l'histoire » font « un absolu ». Le ralliement de Sartre au stalinisme, au cours de cette même année 1952, suivi plus tard de sa condamnation du stalinisme, devait donner rétrospectivement toute sa valeur à la critique de Hegel et de Marx par Camus.

Pour le moment, toutefois, au plein de cette guerre d'Algérie, nous pouvions nous demander si Camus n'était pas en train d'opérer ce « décrochage » auquel Jeanson faisait allusion dans son article. C'est notamment par les articles de Camus dans *l'Express* qu'au cours de l'année 1955 nous avions été sensibilisés au problème algérien : « Une grande, une éclatante réparation doit être faite, selon moi, au peuple arabe. » Dès 1939, dans *Alger républicain,* il avait publié ce grand reportage sur la « misère de la Kabylie ». Après la guerre, il avait de nouveau, dans *Combat,* décrit l'injustice qui était faite aux Arabes. En 1951, lors du procès des militants MTLD[1] à Blida, Camus était venu témoi-

1. Le MTLD ou Mouvement pour le triomphe des libertés démocratiques, fondé en 1946 par Messali Hadj, prenait la succession de deux autres mouvements nationalistes algériens également fondés par Messali Hadj : l'Etoile nord-africaine (1924) et le Parti populaire algérien (1937). Le MTLD devait échapper à la direction de Messali Hadj. Une fraction – le Comité révolutionnaire d'unité et d'action – devait donner naissance au FLN en 1954; les militants restés fidèles à Messali se regroupèrent dans le Mouvement national algérien (MNA).

gner pour eux. Lorsque, le 14 juillet 1953, des manifestants d'Afrique du Nord avaient été victimes de la police parisienne, Camus avait pris leur défense dans *le Monde.* On l'avait encore vu, en avril 1954, intervenir auprès du président Coty en faveur de sept Tunisiens condamnés à mort. La cause des colonisés humiliés, torturés, expatriés, c'était sa cause.

Mais sa soif de justice ne s'abreuvait pas à la seule source de cette protestation-là. Camus n'était pas du côté du nationalisme algérien, il n'acceptait pas la nécessité de la sécession, il refusait au fond de lui-même l'indépendance. C'est que, de toutes ses fibres, de tout son cœur, il se sentait existentiellement, charnellement, un Algérien lui-même. Camus était un « sudiste », un « petit Blanc ». Grâce à son intelligence et à son humanité, il ne partageait aucun des préjugés racistes des pauvres Blancs de Faulkner ou du petit peuple d'Alger. Mais il se sentait viscéralement solidaire de ces ouvriers blancs, de ces petits employés, de ces modestes pieds-noirs qui portaient si mal leurs surnoms, eux qui n'avaient jamais eu de bottes de cavalier – et si jamais ils avaient eu un cheval, c'était une vieille rosse pour tirer leur charrue.

Albert Camus, depuis qu'il avait ouvert les yeux sur cette terre où il était né, avait toujours souhaité la conciliation, la fraternité entre les communautés diverses de l'Algérie. Lorsque Mendès France réussit à redonner confiance aux Tunisiens, Camus crut en lui et en sa politique. En 1955, il s'était donc appliqué à défendre sa cause dans *l'Express,* en même temps qu'il s'attaquait aux politiques extrêmes. Il y défendait la cause des réformes, qui devait être la cause aussi bien du « peuple arabe » que des Français d'Algérie qu'il ne fallait pas assimiler à « un million de colons à cravache et à cigare ».

Cette politique médiane, celle de Mendès France, probablement aussi – du moins dans leur esprit – celle de Mollet et du parti socialiste, elle n'était plus de saison. Parce que, malgré des appels comme ceux de Camus, elle n'avait pu s'affirmer jadis ou naguère, elle était devenue caduque. Déjà en 1937, lorsque ce qui fut appelé le projet mort-né « Blum-Viollette », prévoyant l'octroi de la citoyenneté française aux anciens combattants de la communauté musulmane, ne fut jamais voté mais fut l'objet des attaques les plus viles du *lobby* colonialiste, on avait mesuré à quel point les ultras de la colonisation tenaient le haut du pavé en Algérie. Quant au statut de 1947, c'est à un gouverneur socialiste, Naegelen, qu'on avait dû, entre autres, son sabotage : les truquages électoraux étaient notoires, l'ordre républicain était bafoué, la politique « des réformes » était prise par les intellectuels algériens pour ce qu'elle était en réalité : une honteuse comédie.

Camus le juste ne s'était pas résigné mais, depuis la Toussaint rouge, c'en était fini. Inexorablement, l'exigence nationaliste s'affirmait. L'indépendance, l'indépendance seule devait damer le pion aux enragés de la colonisation, incapables d'évoluer, incapables de réformer, incapables de partager. Valéry a dit quelque part que beaucoup de gens meurent dans les accidents pour ne pas savoir lâcher leur parapluie. Une communauté entière était entrée dans une course suicidaire, encouragée par une opinion métropolitaine, ou amorphe ou complaisante, faute de lâcher ces réformes qui, de proche en proche, auraient réalisé sinon l'égalité, du moins l'espoir d'une égalité et d'une fraternité entre chrétiens, juifs et musulmans.

Camus refusait de croire que désormais le combat nationaliste pour l'indépendance fût inexorable. L'accepter, c'était renoncer à lui-même, à son enfance, à sa mère, à sa terre. Mais accepter la guerre, la logique implacable de la contre-révolution, la folie ultra, cela non plus n'était pas tolérable. Camus symbolisait le dilemme tragique des libéraux d'Algérie. Piégé, interdit, acculé à l'inutilité, en janvier 1956 il refusait encore de se taire. Le 22, il s'était rendu à Alger pour parler en public. Un meeting était prévu à la salle des fêtes. La municipalité, finalement, avait interdit la salle, par crainte des manifestations « ultras ». On en trouva une autre, au Cercle du Progrès. Les menaces anonymes, les coups de téléphone comminatoires et, au dernier moment, les contre-manifestants qui lançaient des cris de mort sur son passage, rien ne l'avait empêché de tenir séance devant un public de Français libéraux et d'étudiants musulmans attentifs à sa parole. En présence de ses amis français, Emmanuel Robles en tête, de ses amis musulmans, Ferhat 'Abbās en tête, il avait lancé son appel « pour une trêve civile en Algérie ». De quoi s'agissait-il? « D'obtenir que le mouvement arabe et les autorités françaises, sans avoir à entrer en contact, ni à s'engager à rien d'autre, déclarent, simultanément, que, pendant toute la durée des troubles, la population civile sera, en toute occasion, respectée et protégée. » Camus, une fois de plus au cœur de la tragédie, en appelait à la raison, à cette « mesure » méditerranéenne qui devait préserver les enfants d'Algérie de la vile tentation du totalitarisme : « Aucune cause ne justifie la mort de l'innocent. »

Hélas! La dialectique sanglante de la violence terroriste et contre-terroriste était irréversible. Il n'est nullement besoin de croire à je ne sais quel sens sacré de l'Histoire pour se rendre compte qu'il est des seuils au-delà desquels il est vain d'espérer l'inversion d'une logique des faits trop avancée. Camus, criant contre les monstruosités de la guerre, une guerre civile à ses yeux, prenait l'allure d'un héros de Sophocle révolté contre le Destin.

Le 6 février 1956 laissa Camus sans voix. L'abdication de Mollet ruinait ses dernières espérances. Les musulmans n'avaient plus d'autre issue que la rébellion. Dès lors, il s'était tu. La cause des « libéraux » d'Algérie que Camus soutenait fut rapidement liquidée par la politique de répression où Mollet et Lacoste s'étaient enchaînés. Il n'y avait plus de troisième voie. Jamais il ne se résigna, ni à la politique du colonialisme entêté, ni aux assassinats perpétrés par le mouvement nationaliste algérien.

Camus pourtant ne se taira pas encore. Jusqu'au bout il interviendra auprès des plus hautes autorités françaises pour demander la grâce de combattants arrêtés et condamnés. Lorsque, en 1959, il publia le recueil de ses articles dans *Actuelles III, Chroniques algériennes,* c'est fraîchement que le livre fut accueilli. Ni la droite colonialiste ni la gauche (ou ce qu'il restait de la gauche anticolonialiste) n'avait reconnu le sien. Camus pourtant ne s'était jamais placé « au-dessus de la mêlée »; c'était même tout le contraire, que sa rage à ne pas se laisser réduire à l'un ou l'autre des deux fanatismes.

Nos vingt ans n'avaient pas d'indulgence pour Camus. Pourtant, au fond de nous-mêmes, nous restions hantés par l'image de ce héros méprisé qui ne voulait jusqu'à la mort être « ni victime ni bourreau ».

La crise de Suez ou le socialisme expéditionnaire

L'été revint. La satisfaction d'avoir achevé ses examens, le plaisir si vif de retourner aux champs, la valise pleine des livres vierges qu'on allait déflorer dans l'herbe, ce bonheur simple et rituel des vacances était altéré désormais par l'obsession de la guerre d'Algérie. De nouveaux conscrits étaient promis à exposer leur vie à la cause douteuse du maintien coûte que coûte de la domination française sur un peuple interdit de conscience nationale. Hanté par cette « guerre imbécile », j'occupais une partie de mon temps à bombarder mes petits camarades circonvenus par l'opinion dominante de longues lettres imprécatoires, convaincu que mes convictions convaincraient, car j'avais l'indignation didactique et l'esprit formé à la dissertation, tirant argument de toutes les propositions de l'adversaire, alignant les citations et les statistiques dans une conglobation péremptoire, jusqu'à ce qu'enfin j'arrive à semer un doute dans le confort politique de mon interlocuteur qui, décachetant mes lettres d'un air déprimé au moment de partir pour la plage, devait se maudire d'avoir encouragé la correspondance d'un emmerdeur si plein de zèle. Mais j'ai beau sourire du ton docte de mes circulaires, je dois dire que les influences les plus décisives s'exercent plus volontiers entre les personnes d'une même génération – et je suis heureux d'avoir eu la certitude prosélyte, dès cette époque, de l'inévitable accession à l'indépendance de l'Algérie, comme de toutes les autres terres d'Empire.

Pour s'en convaincre, il fallait braver la formidable campagne d'intoxication qui, depuis février 1956, recouvrait le pays d'une chape de mensonges. Tout ce qui venait du gouvernement, de la grande presse, de la radio, des actualités cinématographiques, concourait à faire accroire au pays que les nationalistes algériens se résumaient à quelques rares cohortes de rebelles stipendiés par Le Caire. Du coup, le colonel Nasser, dictateur d'Egypte, devenait le véritable coupable et le véritable ennemi à abattre.

Aussi, il n'est pas exagéré de dire que ce fut presque une aubaine pour le gouvernement Guy Mollet quand, le 26 juillet, Nasser, à Alexandrie, devant plus de 150000 auditeurs, dont quelques-uns allaient en mourir de ravissement, déclara : « La Compagnie universelle du canal de Suez n'existe plus depuis aujourd'hui. Nous nationalisons cette société au profit du peuple. Le canal est désormais à nous, bien à nous. » La colère que ces paroles inouïes provoquèrent dans les chancelleries occidentales justifiait à merveille la politique du « j'y suis, j'y reste » que Mollet et les siens se prévalaient de mener en Algérie : ils y défendaient donc l'ultime rempart de l'Occident comme jadis à Rhodes les derniers chevaliers de la chrétienté, tandis que les Anglais, premiers touchés par la nationalisation du canal de Suez, devenaient, eux, ces vieux rivaux de l'épopée coloniale, des alliés imprévus qu'on entraînerait, autant que faire se pouvait, dans la guerre à Nasser. Entre Mollet, croisé de l'Algérie française, et Eden, syndic britannique des actionnaires de Suez, l'entente cordiale fut nouée sans tarder.

La nouvelle de la nationalisation du canal de Suez souleva en France une tempête d'improbation. Et pourtant! Héritage du passé colonial, le canal de Suez, qui tranchait l'Egypte en deux, ne rapportait à celle-ci qu'une partie menue de ses bénéfices qui, de façon régulière, enrichissaient les actionnaires occidentaux de la Compagnie. On aurait pu espérer qu'un chef de gouvernement qui se réclamait de Marx ne jugerait pas scandaleux la nationalisation par le chef d'un Etat famélique d'un instrument de profit comme celui-là. La décision de Nasser se justifiait d'autant plus que les Etats-Unis venaient de lui refuser l'aide financière indispensable à la construction du barrage d'Assouan, dans lequel les Egyptiens mettaient tant d'espoir pour améliorer leur situation agricole. C'était sans doute un coup de force de la part de Nasser, eu égard au droit international, puisque la concession du canal ne devait expirer qu'en 1968. Mais le droit international n'était que le droit acquis du plus fort et, vu la misère de l'Egypte, la collusion du parti socialiste et du capitalisme victorien avait de quoi surprendre les socialos les plus débonnaires.

Aussitôt la nouvelle de la nationalisation connue, le gouvernement français s'enfla d'une ferme résolution et fit savoir au gouvernement britannique qu'on pouvait compter sur lui pour faire ravaler à Nasser ses prétentions – *manu militari* si besoin était. Ce fut dans ce vert pays de coteaux paisibles et de climat tempéré un déchaînement irrépressible. Tout ce que la France comptait de m'as-tu-vu, de coqs de village et de guerriers refoulés sonna aux oreilles des ministres comme un seul coup de clairon : on ne plierait pas le genou sous la provocation du colonel arabe! Le 2 août, le

Parlement traduisit l'indignation nationale en votant à une écrasante majorité une motion vengeresse selon laquelle il ne s'inclinerait pas « devant le fait accompli ». Joignant le geste à la parole, Guy Mollet expédia, avec l'autorisation du gouvernement de Sa Majesté, des troupes françaises dans l'île de Chypre. C'était militairement conséquent et politiquement léger : Chypre était précisément en lutte contre les Anglais pour obtenir son rattachement à la Grèce. Peccadille! Après huit siècles d'interruption, la chrétienté partait pour une neuvième croisade sous la direction d'un professeur d'anglais marxiste.

On pardonne aisément au cynisme des hommes d'Etat, plus rarement à leur sottise. Le plus sot de l'affaire fut certainement l'entêtement que mirent Mollet et ses camarades, pour se justifier, à comparer la situation d'alors à celle de 1938, comme si Nasser était un nouveau Hitler, comme si *la Philosophie de la révolution* et *Mein Kampf* avaient une égale portée, d'où s'ensuivait la détermination de ne pas recommencer « Munich ». Quand on sait à quel point la majorité de la SFIO avait sombré au moment de Munich, on pouvait interpréter l'obstination des molletistes comme le résultat d'un étonnant transfert historique, l'affirmation posthume d'une virilité perdue dans la nuit des temps, un retour agressif du refoulé. Christian Pineau, ministre des Affaires étrangères, jusque-là circonspect, s'empourpra du feu de la fièvre : « S'il y avait eu en 1936, dit-il, au moment de la réoccupation [plus exactement de la remilitarisation (M.W.)] de la Rhénanie, un ministre des Affaires étrangères pour dire " non " aux exigences allemandes [et bien sûr, notre Pineau se voyait vingt ans plus tôt, à la place de Pierre-Etienne Flandin, éminent capitulard, donner du poing sur la table et déclarant la patrie en danger], ce ministre aurait peut-être été taxé de bellicisme. Il aurait cependant évité entre 1939 et 1945 20 millions de morts. » A la suite de Pineau, tout le monde reprit la stupide comparaison. Max Lejeune, autre socialiste musclé, disait que Nasser avait pour ambition de devenir le « Führer » du monde arabe. Pierre-Henri Teitgen, « démocrate »-chrétien qui avait orné tous les ministères, proclama que « la xénophobie, le racisme, les violences de Nasser sont de la même espèce que le racisme et les violences de Hitler »... Ce délire répandu dans les milieux politiques atteignait la presse la plus libérale. On lut ainsi dans *l'Express,* sous la plume du professeur Duverger, peu suspect d'indulgence molletiste, ce morceau de bravoure : « Le sort non seulement de la navigation sur le canal de Suez, mais encore de toute l'influence coloniale au Moyen-Orient dépend de la réponse à la question suivante : " Les démocraties d'Occident sont-elles moins veules aujourd'hui qu'elles ne le furent il y a vingt ans, le 7 mars 1936? " »

Evidemment, on pouvait exercer ses talents de société sur la « philosophie » du colonel Nasser (*l'Express* avait publié son médiocre livre *in extenso*). Le Bikbachi prétendait à la direction du peuple arabe au-delà des frontières égyptiennes. Cette mégalomanie toutefois ne permettait nullement de comparer l'Allemagne hitlérienne des Krupp et des Thyssen avec l'Egypte nassérienne des fellahs sous-alimentés. Raymond Aron dit tout net l'impossibilité d'une pareille comparaison. Bien sûr, *l'Humanité, France-Observateur* et *l'Express* (malgré Duverger) rectifièrent, chacun à sa façon, les incongruités professées par les hommes politiques, tous frappés du « complexe de Munich » et rêvant de transporter la guerre, de cette Algérie où elle enfonçait ses racines, au front égyptien où, en deux coups de cuiller à pot, comme au temps des canonnières en mer de Chine, on en finirait avec l'insolent Bougnoule. Ces quelques fausses notes troublaient bien peu le concert des va-t-en-guerre. En Angleterre cependant, un véritable affrontement opposait deux parties de l'opinion. En face des journaux impérialistes des majors Thomson, la presse libérale type *Manchester Guardian* et surtout la presse populaire, *Daily Mirror* en tête (il tirait à 5 millions d'exemplaires), s'employèrent à dénoncer la folie des « traîneurs de sabre ».

Par bonheur, les Etats-Unis, soit parce qu'ils étaient moins directement concernés par la nationalisation du canal, soit parce que l'approche de la période électorale les incitait à la prudence, tempéraient de leur mieux les élans martiaux des Français et des Anglais. De toute façon, un débarquement ne s'improvise pas. Il y eut donc trois mois de conciliabules, de pourparlers secrets, de conférences publiques, de tentatives d'arbitrage, de missions exploratoires... Tout cela tournait court. Les Franco-Britanniques – comme on les appelait – se crurent inspirés en rappelant leurs pilotes spécialistes du canal : sans eux, Nasser se montrerait incapable d'assurer le trafic international, ce qui ferait une belle raison d'attirer sur sa tête les commandos de parachutistes. Mais le coup était attendu, Nasser avait la parade. Grâce à l'aide des Russes, des Yougoslaves et des Indiens, les pilotes défaillants furent remplacés au pied levé. Pour intervenir, il fallait donc trouver un autre *casus belli.* A ce point nommé, le camarade Mollet et sir Antony s'avisèrent qu'il était temps de prendre sérieusement en main la protection de l'Etat d'Israël.

Quand le Prince est socialiste, Machiavel se fait défenseur de la veuve et de l'orphelin. La belle cause, que celle d'Israël! Une nation accouchée par le bourreau nazi d'un Etat de promission, où tous les persécutés de la terre marqués de l'étoile de David pouvaient devenir, à peine le pied posé, de libres citoyens. Toutes les grandes consciences de l'Occident parrainaient Israël car tous les pays d'Occident, à peu d'exceptions près, avaient nourri la folie antisémitique de toutes leurs matières purulentes. Depuis la libération des camps de la mort, où il était promis à l'extermination, le peuple juif était devenu sacré. Si l'on ajoute à cela que le gouvernement d'Israël était dirigé par les socialistes du Mapaï, dont Ben Gourion, vieux lion de légende, était le chef incontesté, on devine quel parti Guy Mollet pouvait tirer d'une pareille situation. C'est au nom de la défense d'un peuple de survivants menacé par ses voisins arabes, c'est au nom de la solidarité socialiste qu'il pouvait donc lutter contre le dictateur égyptien Nasser/Hitler. De fait, les Israéliens, malgré les avis de l'ONU, étaient interdits dans le canal de Suez et enduraient un blocus dans le golfe d'Akaba; de fait, des commandos de fedayin encouragés et armés par l'Egypte entretenaient aux frontières d'Israël une insécurité permanente... Ben Gourion fut tenté de voir dans l'affaire de Suez l'occasion d'y mettre fin : les Français et les Anglais avaient en Nasser le même ennemi que les Israéliens. A cette tentation, les Israéliens ne surent pas résister; ils allaient ainsi, par un réalisme à courte vue, lier leur sort à la politique réactionnaire des Anglais et des Français.

Il fut donc décidé secrètement que les Israéliens lanceraient leur attaque dans le Sinaï. Incontinent, les Franco-Britanniques, vigilants gardiens de la libre circulation dans le canal, lanceraient aux belligérants, avec une superbe impartialité, un double ultimatum leur enjoignant d'en finir, faute de quoi ils interviendraient pour contrôler la zone du canal, ce qui évidemment ne gênerait pas les Israéliens et permettrait à la nouvelle Entente cordiale de prendre solidement pied en Egypte.

Avant la mise en application de ce plan industrieux, l'attention fut de nouveau attirée par les événements d'Algérie. A la rentrée des classes, on avait dû affronter la grève très suivie des écoliers musulmans; des bombes éclataient en plein cœur d'Alger et d'Oran. Pour nos matamores de l'Algérie française, ce n'étaient là que les soubresauts d'une bête prise au piège. Soustelle déclarait : « La rébellion a perdu. » Pour Max Lejeune, secrétaire d'Etat chargé des opérations en Algérie, la situation s'améliorait chaque jour. Mais chaque jour apportait un démenti à ces bulletins de victoire. Pourtant, le 23 octobre, l'opinion, chauffée à blanc par les idéologues appointés du parti colonial, apprit enfin avec ravissement qu'on venait de réaliser le plus splendide coup de filet jamais vu depuis le début des hostilités en Algérie. L'avion qui emmenait cinq des principaux dirigeants du FLN – Ben Bella, Mohammed Khider, Ahmed Hocine, Mohammed Boudiaf et Mostafa Lacheraf – de Rabat, où ils avaient été reçus par le roi du Maroc, à Tunis, où ils devaient rencontrer Bourguiba, venait d'être dérouté avec la complicité de l'équipage français sur Alger, où on les avait cueillis comme des oranges. L'histoire de la piraterie aérienne tournait sa première page. Les rires patriotiques fusèrent. Par un prodige auquel il ne nous avait guère accoutumés, le triste Mollet, couvrant l'initiative de ses subordonnés, mettait de son côté les lecteurs de bandes dessinées et les amateurs de farces et attrapes, nous avions Bibi Fricotin à la tête du gouvernement.

Les suites de cette ingénieuse opération ne furent pas des plus agréables. On apprit ainsi le lendemain qu'une trentaine d'Européens furent assassinés à Meknès au cours d'émeutes. Le Maroc et la Tunisie, qui tentaient d'exercer une médiation positive entre la France et les nationalistes algériens, se jugeaient déshonorés par l'initiative française. On pensait bien que Mollet n'était pas à l'origine de ce coup fourré mais il le couvrait fièrement, il en prenait même prétexte pour réaffirmer devant l'Assemblée que la France, « quoi qu'il arrive [...], resterait présente en Algérie ». Il retombait d'autant mieux sur ses pieds que les communistes, seule force de masse à cette époque en France qui pût le contester, se trouvaient complètement neutralisés par l'appui aussi logique que répugnant qu'ils allaient donner quelques jours plus tard aux chars soviétiques entrés à Budapest pour y mater la révolution. Il fallut donc serrer les poings et subir en silence toutes les plaisanteries racistes qui déferlaient sur les tables familiales.

Selon le scénario prévu, les troupes israéliennes envahirent le Sinaï, le 29 octobre. Après avoir opposé leur veto à une résolution américaine au Conseil de sécurité exigeant le cessez-le-feu immédiat en Egypte, les Français et les Anglais, développant la réalisation de leur plan, lancèrent leur ultimatum à l'Egypte et à Israël : si les troupes des deux pays ne se retiraient pas à dix miles du canal, les forces franco-britanniques interviendraient. *Le Populaire*, que personne ne lisait mais que *le Monde* citait, eut ce commentaire mémorable : « Nous vivons des heures comparables aux grands moments où s'est jouée, dans le passé, la partie décisive entre les totalitaires expansionnistes et les forces de liberté. »

C'en était décidé. Les bombardiers anglais et français mirent le cap sur les aérodromes égyptiens. Mais tandis qu'en Angleterre l'opposition travailliste dénonçait « un acte de folie désastreux », qu'une grande partie de la presse attaquait le gouvernement, que dans les rues de Londres des milliers de manifestants scandaient : « A bas la guerre! » en France – les communistes s'étant mis d'eux-mêmes sur le banc des accusés à cause de la Hongrie –, c'était l'union sacrée derrière le socialisme expéditionnaire.

Aux bombardiers succédèrent les parachutistes dans la région de Port-Saïd. Victoire! Victoire facile, oui, mais victoire à la Pyrrhus. L'URSS, inquiétée sur le front hongrois, proposa l'unité d'action aux Etats-Unis pour mettre fin à l'agression franco-britannique « contre le peuple égyptien et contre les pays de l'Orient arabe ». Récusés par les Américains, les Soviétiques expédièrent alors trois ultimatums à la Grande-Bretagne, à la France et à Israël. C'était un concours de culot, une partie de poker avec des as dans les manchettes et des gros calibres sous la table. Au gouvernement soi-disant socialiste de Guy Mollet, le gouvernement prétendu soviétique faisait honte d'avoir commis un « acte de brigandage ayant le caractère d'une guerre ouvertement coloniale »; plus loin, les bourreaux de la Hongrie révoltée déclaraient explicitement que « le gouvernement soviétique [était] pleinement résolu à recourir à l'emploi de la force pour écraser les agresseurs et rétablir la paix en Orient »...

Encore une fois, on avait l'impression de se réveiller au matin d'une troisième guerre mondiale. Déjà, les anciens rois du marché noir et les mères de famille inquiètes faisaient provision d'huile, de sucre et de savon, tandis que les automobilistes stockaient de leur mieux dans des cuves improvisées l'or noir menacé d'évaporation. En fait, si les Soviétiques avaient lancé leurs ultimatums, c'est qu'ils savaient bien que les Etats-Unis désapprouvaient eux-mêmes l'intervention franco-britannique en Egypte. C'était pour l'URSS, au moment où elle réprimait férocement ses esclaves révoltés à l'intérieur de son *limes*, l'occasion de poser en héros de la liberté du côté de la Méditerranée, tout en renforçant ses positions au Moyen-Orient.

Le 6 novembre, tout se joue en quelques heures : le débarquement franco-britannique à Port-Saïd, les élections américaines et, avant que celles-ci soient achevées, le coup de téléphone exprès du président Eisenhower à Eden lui signifiant d'arrêter là les opérations militaires entreprises.

Le gouvernement anglais était pressé de tous les côtés de cesser le feu : par son opposition, par l'opinion, par son allié américain, par Nehru qui menaçait de retirer l'Inde du Commonwealth. C'était trop. Il fallait en finir. On en finit donc. Le gouvernement français suivit, la queue entre les jambes. L'expédition de Suez avait été un crime, du point de vue du socialisme; c'était une faute, du point de vue du patriotisme impérial. Mollet était capot.

Le bilan de neuf mois de gouvernement socialiste était accablant. La SFIO, semi-victorieuse le 2 janvier, s'en allait désormais en eau de boudin; la droite seule trouvait son compte à sa politique, et c'est pourquoi elle le maintenait en place quand il lui eût suffi d'une pichenette pour le renvoyer à ses classiques. Des militants pourtant ruaient dans les brancards; à la suite du faux pas de Suez, plusieurs personnalités socialistes réclamèrent un congrès extraordinaire. Une opposition interne s'affirmait, dont André Philip était l'éloquent porte-parole. A côté de lui, Robert Verdier, Edouard Depreux, Alain Savary, Charles-André Julien, Jean Rous, Marceau Pivert, et j'en passe, dénonçaient d'une seule voix la politique algérienne du trio Mollet-Lacoste-Lejeune et la stupide expédition de Suez. Ce n'étaient malheureusement que des voix dans le désert. Mollet et ses compères tenaient en main l'appareil sclérosé du parti socialiste, ce qui leur permettait, en dépit de tant d'échecs réitérés, de mépriser leurs critiques. Lacoste, aveugle parmi les aveugles, parlait déjà du « dernier quart d'heure » des opérations militaires en Algérie. Mollet, à la fin de novembre, reprenait de plus belle : « La pacification est aujourd'hui assurée. Il n'est plus personne qui puisse croire à la victoire des fellagha. Sur le plan militaire, les opérations pourront bientôt être considérées comme terminées. » Dans le socialisme d'union sacrée, Mollet était encore plus fort que son maître Jules Guesde.

La social-démocratie façon Déroulède eut tout de même à répondre de ses actes au sein de l'Internationale deuxième du nom à laquelle elle adhérait. Les représentants des divers partis socialistes, réunis à Copenhague au début de décembre, condamnèrent sans ambages la folle équipée de Suez. Le représentant français, Pierre Commin, préféra quitter la séance : au socialisme expéditionnaire succédait le socialisme démissionnaire.

Quelques mois plus tard, André Philip écrivit un réquisitoire contre son parti : *le Socialisme trahi.* Il dénonçait l'expédition de Port-Saïd et qualifiait l'ultimatum du 30 octobre de « chef-d'œuvre d'hypocrisie », notant au passage que le gouvernement n'avait jusque-là jamais protesté contre l'interdiction faite aux navires israéliens d'utiliser le canal de Suez. Remontant plus haut, il désignait le 6 février comme une capitulation décisive, dont tout découlait – « elle était due à l'effondrement intérieur d'un homme », dépourvu de véritable culture politique. Il énumérait les actes honteux : la suspension de *l'Espoir*, seul journal libéral d'Algérie; le coup de l'atterrissage forcé de l'avion de Ben Bella, ruinant pour longtemps tout espoir de négociation; de façon permanente, la lutte de Lacoste contre les Européens d'Algérie qui ne se résignaient pas à la politique de la schlague; l'usage systématique de la radio – c'était alors nouveau – à des fins de propagande gouvernementale : « Depuis le régime de Pétain, on n'avait pas connu une utilisation aussi systématique, et aussi remarquable, de l'ensemble des moyens d'information, aux seules fins d'assurer la propagande du pouvoir et d'étouffer les moyens d'expression de la pensée libre. » Cette « apostasie des principes fondamentaux du socialisme », il n'en rendait pas simplement coupables les médiocres individus de l'équipe dirigeante. Il voulait en rendre raison plus profondément. Selon lui, la décadence de la SFIO venait de ce que ce parti ouvrier fût si peu ouvrier (moins de 15 % de ses adhérents); trop dominé par les petits notables des localités rurales; trop fermé aux jeunes – puisque 70 % des militants avaient plus de quarante ans; trop encombré de fonctionnaires exagérément sensibles à la pression gouvernementale... Bref, Philip dénonçait « la cléricalisation progressive du parti, si l'on estime qu'il y a cléricalisme toutes les fois qu'une institution quelle qu'elle soit devient son propre but, au lieu de rester l'instrument de l'idéal qui lui a donné naissance ».

Ce bilan n'était pas trop sévère. Que le parti socialiste eût cessé d'être un parti ouvrier et un parti révolutionnaire, ce qui crevait les yeux, passe encore! Eût-il été profondément *social* et profondément *démocrate*, on s'en fût contenté. Au lieu de quoi, le parti de Jean

Jaurès, d'Edouard Vaillant, de Jean Allemane, de Jules Guesde (celui-là, je ne prononce son nom que du bout des lèvres car notre Mollet, c'était bien du Guesde, du Guesde caricatural mais du Guesde quand même : verbosité marxiste et opportunisme à la petite semaine, mais bah! va pour Guesde, puisqu'il fait partie du panthéon!), le parti, donc, de tous ces pères fondateurs, de tous leurs successeurs, les Blum condamnés par les vichystes, les Salengro suicidés par les fascistes, les Marx Dormoy assassinés par des cagoulards, le parti de tous ces militants qui avaient sué sang et eau pour l'émancipation de la classe ouvrière et pour la paix entre les nations – et qui en étaient morts parfois! –, c'était ce parti-là, sorti lentement de la Commune de Paris et du bagne de la Nouvelle-Calédonie, qu'on voyait de plus en plus évoluer, comme disait Philip, « vers un nationalisme cocardier, petit-bourgeois et réactionnaire ». Du socialisme de la Cité radieuse, on était passé au socialisme de la Cité Malesherbes. Et tout cela sous la conduite d'un brave type, sorti vraiment du peuple, qui avait été pion pour payer ses études, qui avait l'oreille des militants de base comme pas un, qui vous parlait le clope au coin de la bouche et les mains dans les poches, un modeste en qui des millions de petites gens pouvaient se reconnaître...

Moi, je me sentais plutôt humilié, déshonoré, indigné que ce morne chef de gouvernement socialiste ait quelque chose à voir avec la cause de la classe ouvrière. Mollet-Lacoste-Lejeune! Mollet-Lacoste-Lejeune! Mollet-Lacoste-Lejeune! Comme Chateaubriand beuglant le nom de Léonidas aux Thermopyles, nous serions des milliers de ma génération à expectorer ces trois noms-là, si d'aventure un voyage organisé nous réunissait dans l'enceinte du Palais-Bourbon. Cet infernal trio nous aura pour longtemps déroutés du parti socialiste. Et pourtant! en cette fin d'année 1956, nous n'avions pas fini de supporter les infamies de la prétendue section française de l'Internationale ouvrière.

III

BUDAPEST

La perversion de la SFIO, plus grave encore que son effondrement de 1914, ne laissait aucun espoir. Les étudiants socialistes n'étaient alors que des ombres d'ombres. En revanche, l'Union des étudiants communistes restait le groupe politique de loin le plus puissant au quartier Latin. Certes, le grand soleil rouge du communisme qui avait ébloui la génération d'après la Seconde Guerre mondiale n'était plus à son zénith. Mais il restait quelque chose de ces temps mémorables où le PCF était apparu comme le lieu géométrique de la résistance au nazisme, du prolétariat révolutionnaire et de la jeunesse du monde. On avait aimé l'URSS pour Stalingrad, puis, par induction, pour Staline, pour les plans quinquennaux, pour la révolution d'Octobre, pour Lénine, pour Marx enfin. Les victoires de l'Armée rouge avaient fossilisé la critique du régime soviétique, telle que dans les rangs de la gauche française on avait su la mener jusqu'à la guerre.

On ne saurait trop insister sur ce formidable recul de la raison critique. Une chape de silence s'était étendue sur les horreurs du stalinisme. Tout ce qui témoignait contre elles : Victor Serge, Boris Souvarine, Margarete Buber-Neumann, Dallin, Jules Margoline, Guy Vinatrel, et tous les autres qui, bien avant Soljénitsyne, avaient décrit « la condition inhumaine » des camps de concentration soviétiques, n'étaient que des témoins récusables. Lorsque les grands procès politiques des dernières années de Staline se tinrent dans les démocraties populaires, rappelant le cynisme totalitaire des maîtres du Kremlin, un certain nombre d'intellectuels, jusque-là sous le charme, commencèrent à douter. Mais les rédacteurs de la presse communiste avaient réponse à tout. Suivant l'adage selon lequel qui n'est pas avec nous est contre nous, ils pourfendaient venimeusement les rares intellectuels de gauche qui posaient des questions embarrassantes. Kanapa et Garaudy, dans leur rôle de chiens de garde, rivalisaient d'impudence. Je me demande parfois s'il leur arrive de relire leurs articles des années de guerre froide, je pense surtout à Kanapa puisque Garaudy, après une longue carrière de procureur, n'a pas tenu jusqu'au bout. Oui, ce Kanapa, que l'on voit encore aujourd'hui régulièrement parader sur les écrans de télévision comme si de rien n'était, comme s'il n'avait jamais eu un mot de trop, comment peut-il encore s'exhiber devant des millions de gens sans leur demander humblement pardon? Question sans fond, qui donne le vertige. Outre ces accusateurs publics, le Parti avait été prodigue de mystificateurs rivalisant d'hymnes à la gloire de l'URSS. Ainsi, en 1949, Claude Morgan et le dessinateur Jean Effel avaient fait ensemble un voyage en URSS qui ressemblait au *Voyage en Icarie* du bon Cabet, si l'on en jugeait par le reportage qu'ils donnèrent aux *Lettres françaises :* « Le métro, féerie de lumière et de matériaux précieux [*sic*], orgueil des Moscovites, est déjà une réalisation de l'ère communiste prochaine, un palais pour le peuple-roi », et le tout se terminait par ce refrain de cantique : « D'avoir vu ce monde nouveau, mes compagnons et moi, nous nous sentons fiers d'être des hommes. »

Si le mythe soviétique gardait encore de sa splendeur en 1956, c'est dans une large mesure parce que en France il était difficile d'accrocher à autre chose l'espoir d'un monde enfin libéré de l'exploitation de l'homme par l'homme. Depuis les débuts de la guerre froide, en 1947, et après un bref ménage à trois avec le MRP et le PC, le parti socialiste avait cherché une solution de rechange dans une périlleuse « troisième force », qui l'entraînait toujours plus à droite et le coupait de plus en plus nettement du mouvement ouvrier. Dans son isolement et son opposition, le PC exerçait la séduction des purs-et-durs et polarisait ceux qui étaient en lutte contre un système économique de misère et d'inégalité. Outre les nombreux intellectuels fascinés par « le parti de la classe ouvrière », bien des catholiques mêmes étaient attirés par ces camarades qui « tendaient » si aimablement « la main » depuis 1936; des chrétiens progressistes, des militants de la JEC ou de l'Action catholique ouvrière, quelques prêtres-ouvriers, formaient ces petites cohortes de sympathisants.

Or les premiers mois de 1956 laissèrent espérer à beaucoup de gens de gauche qui tournaient autour du PC que ce qu'il y avait de plus détestable dans le système soviétique allait progressivement disparaître. Depuis que Krouchtchev était devenu « numéro un », l'URSS paraissait promise à une lente mais probable démocratisation. Le XXe Congrès du parti communiste, dont le secret des travaux ne fut révélé que progressivement, parut bien ouvrir une ère nouvelle puisque le procès posthume de Staline commençait.

Staline au rebut

Les congrès communistes sont plutôt des liturgies que des événements. La règle de l'unanimité y préside; on y célèbre dans l'effusion et dans l'unité sacrée les bienfaits d'une direction qui a toujours raison. Le XXe Congrès du parti communiste de l'Union soviétique fut, de ce point de vue, sans innovation. Pourtant, il reste jusqu'à ce jour le plus célèbre des congrès de l'histoire communiste : c'est qu'il concrétisa officiellement ce qu'en termes barbares on allait appeler à partir de cette année 1956 la déstalinisation. Secret pour quelques mois encore, le fameux rapport Khrouchtchev, lu à huis clos, le 25 février 1956, en la seule présence des congressistes soviétiques, allait, comme un coup de pied dans un champignon géant, faire voler en éclats la plus formidable mystification du siècle : Joseph Staline. En prenant seulement connaissance des débats publics, l'opinion internationale apprenait avec stupeur que la momie de l'ancien dieu vivant était réduite à l'état de cadavre ordinaire : on pouvait cracher sur sa tombe.

Pour mesurer aujourd'hui le saisissement que provoqua partout la révélation du rapport Khrouchtchev, il faut se reporter à un peu moins de trois ans avant le XXe Congrès, en ce début de mars 1953, quand les téléscripteurs de la planète enregistrèrent ce qui paraissait à tant d'hommes impossible, la mort de Staline. Ce jour-là, les gamins que nous étions, pourtant si niais en politique, troquèrent *l'Equipe* pour *l'Humanité :* le numéro du siècle venait de paraître, ce vendredi 6 mars 1953, annonçant, au-dessus du portrait photographique qui occupait les trois quarts de la première page, d'un titre bref et douloureux : STALINE EST MORT.

La nouvelle avait frappé le parti communiste français au beau milieu de sa Conférence nationale, à Gennevilliers. La veille, en l'absence de leur secrétaire général, soigné à Moscou, la Conférence avait adressé un message d'affection à son « cher Maurice ». Thorez, sous-Staline régional, était lui-même, à son rang, l'objet de ce culte de la personnalité dont Khrouchtchev allait faire le procès lors du XXe Congrès : « Ta présence, lisait-on dans cette litanie, donne un visage à l'espérance de tous. Et nous te sentons présent en chacun de nous. »

Mais, à travers le « Fils du Peuple », dont on venait d'avaler l'hostie et qui transformait la Conférence nationale en congrès eucharistique, c'est le père qu'on vénérait : « Selon ton exemple, nous avons appris à aimer l'Union soviétique, à aimer Staline de cet amour dont on aime l'avenir, lorsqu'il apparaît sous son visage le plus rayonnant. Tu as su nous faire comprendre que l'honneur de notre vie c'était de mériter toujours davantage le beau nom de stalinien, c'est-à-dire de bâtisseur des lendemains qui chantent » (*l'Humanité*, 6 mars 1953).

La nouvelle foudroyante de la mort de Staline arrêta net la Conférence, qui se sépara après une allocution de Jacques Duclos en hommage au « géant de la pensée et de l'action », au « plus grand homme de ce temps », au « commandant en chef prestigieux de l'invincible armée soviétique », à celui qui avait « bâti de son puissant cerveau la société socialiste », et autres âneries dévotes.

Le ton était donné. Dans les jours qui suivirent, les digues de la raison furent défoncées par le raz de marée des oraisons funèbres, toutes plus insensées les unes que les autres, Duclos, Lecœur, Fajon, Billoux, Cachin, rivalisant de piété imbécile. Depuis des années, on avait habitué le peuple communiste à l'adoration de Staline. Déjà en 1949, lors du soixante-dixième anniversaire de l'Ubu géorgien, on avait assisté à des concours d'offrandes et de prosternations auprès desquels les pèlerinages de Lourdes paraissent des modèles de rationalisme. Systématiquement, et à rebours de toute une tradition ouvrière préstalinienne, on avait organisé une dévotion populaire, à telle enseigne que, pour beaucoup, le communisme se résumait à cette incarnation moustachue du prolétariat international, sujet de toutes les consolations et objet de toutes les servitudes. De là venait cette tristesse sincère lue sur tant de visages quand, de la terre promise, la mort de Staline fut annoncée. « Je pleure, disait cette femme de Clignancourt, comme j'ai peu pleuré depuis la guerre. Mon père, mes deux frères, mes quatre sœurs ont été déportés. Aucun d'eux n'est rentré. J'ai tout perdu. J'ai des enfants. Je veux pour eux une autre vie. Staline luttait pour empêcher ces horreurs de recommencer... Je le pleure comme j'ai pleuré mon père, qui était bon » (*l'Humanité,* 6 mars 1953). Shakespeare n'aurait pas su aussi bien mettre en scène cette ultime escroquerie du maître du Goulag : celle des larmes des déportés.

Il y eut des cérémonies, des délégations chargées de messages et de fleurs rouges à l'ambassade soviétique, des voiles de crêpe aux façades des mairies communistes, des inaugurations d'avenues et de places Staline dans les communes de banlieue, d'avantageuses offres d'effigie pour les salles à manger (50 F l'exemplaire, format 19 × 26, avec « importante ristourne aux organisations »)... Une grand-messe communiste fut chantée au Vel'd'Hiv' le jour des obsèques. Pierre Courtade y eut la révélation de l'immortalité de Staline : « Comment croire, écrit-il, qu'un tel génie est mort au sens où l'on dit de quelqu'un : " Il est mort " parce que jamais une parole ne sortira de sa bouche... Nous sentons, nous savons que Staline n'est pas mort ainsi. Nous sentons et nous savons qu'il n'y a pas d'homme plus vivant au monde » (*l'Humanité,* 11 mars 1953).

Ces citations, il faut y recourir car la mémoire des hommes est infidèle et ceux qui ont aujourd'hui vingt ans n'étaient pas nés : savent-ils bien à quoi se réfère concrètement cette notion de « culte de la personnalité »? Pour en résumer la démence, voici de quelle façon *France nouvelle,* en sa première page du 14 mars 1953, pleurait le tyran terrassé :

Le cœur de Staline
l'illustre compagnon d'armes et le prestigieux continuateur de Lénine, le chef, l'ami et le frère des travailleurs de tous les pays
a cessé de battre

MAIS LE STALINISME VIT
IL EST IMMORTEL.

Le nom sublime du maître génial du communisme mondial

resplendira d'une flamboyante clarté à travers les siècles et sera toujours prononcé avec amour par l'humanité reconnaissante.

A STALINE, A TOUT JAMAIS
NOUS RESTERONS FIDÈLES.

Les communistes s'efforceront de mériter par leur dévouement à la cause sacrée de la classe ouvrière, du peuple, de la démocratie et du socialisme, de la souveraineté, de l'indépendance nationale et de la paix.

LE TITRE D'HONNEUR DE STALINIEN.
GLOIRE ÉTERNELLE AU GRAND STALINE

dont les magistrales œuvres scientifiques impérissables nous aideront à rassembler la majorité du peuple et à devenir la force dirigeante de la nation

SOUS LE DRAPEAU INVINCIBLE DE STALINE

en prenant pour modèle son glorieux parti communiste nous marcherons sur le chemin de la victoire

NOUS FERONS UNE FRANCE LIBRE
FORTE ET HEUREUSE.

Pendant les trois ans qui séparèrent la mort de Staline du XXe Congrès du PCUS, quelques hirondelles annoncèrent le « dégel ». Peu de semaines après les funérailles du « puissant cerveau », un décret du Praesidium du Soviet suprême rouvrait à maints prisonniers du Goulag les portes de la liberté. En avril, on apprenait que les médecins soviétiques impliqués dans le prétendu « complot des blouses blanches » contre Staline étaient réhabilités – et surtout qu'on avait extorqué leurs aveux par des « moyens » qu'en termes prudes on qualifia de « rigoureusement interdits par la loi soviétique ». Des médecins français aspirant au « titre d'honneur de staliniens » avaient, sans rien savoir des dossiers du procès, affirmé qu'en arrêtant ce « groupe de médecins terroristes » l'Union soviétique avait rendu « un très grand service [...] à la cause de la paix » (*l'Humanité*, 27 janvier 1953). Ces médecins péremptoires, il faudrait qu'un nouveau Molière les immortalise un jour; ils ont bien mérité de prendre rang à tout jamais aux côtés de M. Diafoirus et de M. Purgon. Bref l'honneur d'être stalinien devenait moins certain. L'édition 1953 du *Dictionnaire de la langue russe* d'Ojegov escamota purement et simplement le substantif *stalinien*, alors que dans l'édition précédente on le définissait comme un « fidèle disciple du marxisme-léninisme, inébranlablement dévoué à la cause de Lénine-Staline ».

Les autres faits qui annoncèrent le changement : liquidation de Beria, ouverture diplomatique à l'Ouest, voyage de Boulganine, de Khrouchtchev et de Mikoian en Yougoslavie (en Yougoslavie! ce n'était pas rien, quand on sait de quelle fiente on avait couvert le nom de Tito en 1948-1949), tout cela ne suffisait pas à faire vaciller le buste de Staline, d'autant moins qu'en France Maurice Thorez, rentré depuis avril 1953 (« Il revient! les vélos, sur le chemin des villes / Se parlent, rapprochant leur nickel ébloui [1] »), Maurice, donc, veillait au grain, et le mausolée de Staline restait inviolé.

Aussi, quel choc, ce XXe Congrès, et ce qu'on en sut un peu plus tard, cet incroyable rapport « attribué à Khrouchtchev », dont on eut les premiers échos en avril et qui fut publié par *le Monde* en juin 1956! Ainsi ce penseur génial, ce stratège hors de pair, ce révolutionnaire titanesque, c'était donc un mégalomane sanguinaire qui, devant le danger nazi, avait accumulé gaffe sur gaffe et qui, dans l'ordinaire, fort d'un « pouvoir illimité », se livrait à l'arbitraire le plus criminel contre les enfants mêmes de la Révolution. Les colonnes du Temple s'effondraient; l'imposture était dévoilée : « Big Brother », l'espoir des prolétaires, n'était plus qu'un Caligula moderne que le pouvoir avait rendu fou.

La face du monde communiste allait-elle enfin changer? Et, dans cette France où, pour notre malheur, le

1. Aragon.

mouvement socialiste se trouvait partagé en deux camps irrévocablement ennemis, était-ce l'annonce d'une espérance? Peut-être, après avoir eu pendant des années la tête renversée, le communisme allait-il de nouveau marcher sur ses pieds? Vingt ans plus tard, au lendemain d'un XXIIe Congrès – celui du parti communiste français –, où l'on a vu triompher une fois encore la règle de l'unanimité, on se pose toujours la même question avec toujours la même certitude. C'est que le socialisme autoritaire a chez nous des racines profondes. Déjà, en 1879, Jules Guesde écrivait à Marx : « Je pense que pendant plus ou moins longtemps l'impulsion, la direction devrait venir d'en haut, de ceux qui savent davantage. » Du moins Guesde dut-il compter de son vivant avec des hommes libres en face de lui; c'est la stalinisation du parti communiste qui finit de réaliser parfaitement son vœu : d'En-Haut désormais « ceux qui savent » guidaient les pas du peuple. Le chemin est encore long qui nous ramènera aux sources libertaires du socialisme.

Le Congrès manqué du Havre

Ceux qui attendaient du XXe Congrès du parti communiste de l'Union soviétique une répercussion immédiate sur le comportement du parti communiste français étaient aux aguets. Les malheureux ne voyaient toujours rien venir. Le PCF ne put nier l'autocritique de Khrouchtchev mais, cependant que *le Monde* publiait au mois de juin ce document inouï en feuilleton, *l'Humanité* s'entêtait à le désigner de manière grotesque comme le « rapport attribué au camarade Khrouchtchev ». Il faudra attendre 1977 pour que le PC convînt officiellement que ledit rapport, il le connaissait bel et bien – ce que tout le monde savait : entre la vérité de parti et la vérité, il y a toujours un sérieux décalage horaire! Tout de même, on allait avoir un XIVe Congrès du parti communiste en France; on n'y sentirait peut-être pas le grand vent du congrès soviétique, mais une petite bise? un courant d'air? un vent coulis? était-ce donc impossible?

Les lecteurs de *France-Observateur* furent invités à ne pas se faire, sur ce point, d'illusions excessives. Le 21 juin, Pierre Hervé y publiait, en effet, un article tendant à démontrer que le plus stalinien des partis staliniens, sous la direction patriarcale du couple Thorez-Vermeersch, était à cent mille verstes d'une autocritique. Hervé n'était pas de la dernière couvée. Ce Breton du Finistère, à la tête carrée et à la tignasse drue, avait été, après ses faits d'armes dans la Résistance, rédacteur en chef adjoint de *l'Humanité*, puis rédacteur en chef de l'hebdomadaire *Action*. Ses polémiques avec Mauriac au lendemain de la guerre étaient restées célèbres. Hervé avait traité l'académicien de « vieille corneille élégiaque » et Mauriac avait traité l'éditorialiste de *l'Huma* de « petit chouan retourné ». Hervé n'en était plus à ses querelles d'un autre âge; il avait devancé ses camarades de parti en publiant au début de l'année 1956 *la Révolution et les Fétiches*, sans demander son *imprimatur* au Parti. Ce n'était pas un très bon livre mais c'était un événement. A mots couverts, sans s'attaquer directement à Thorez, il s'employait à démontrer les incohérences de la ligne stalinienne du Parti, défendait le droit à l'opposition et à la critique, dénonçait les manichéismes séniles qu'on servait en guise de dialectique, mettait en relief la contradiction stérile entre le principe proclamé de la coexistence pacifique et l'idéologie sectaire... Kanapa, Besse et quelques autres procureurs de la foi exposèrent les attendus d'une conclusion qui s'affirma *prestissimo :* le 14 février, le jour même de l'ouverture du XXe Congrès, le camarade Hervé était vidé. La meilleure façon d'exclure les questions embarrassantes a toujours été d'exclure ceux qui les posent.

Dans les semaines qui avaient suivi le XXe Congrès, la presse communiste fit de son mieux pour en dissimuler le caractère insolite. Il y eut bien dans les cellules, lors des discussions préalables à la convocation du Congrès du Havre, quelques échanges interrogatifs mais la direction sut jouer habilement de l'esprit de parti. Règle générale : tout ce qui affaiblit l'URSS et son-glorieux-parti-communiste affaiblit l'internationalisme prolétarien; *ergo*, affaiblit le parti communiste français; *ergo*, affaiblit la classe ouvrière française. Cette cascade tautologique avait une chute pratique sans vague à l'âme : *motus* prolétarien et bouche cousue léniniste! Il fallait ne pas donner prise à la presse bourgeoise et se montrer aussi uni que résolu au moment où les camarades russes paraissaient perdre la boule.

Dans son article de *France-Observateur*, Hervé, désormais exclu, pouvait casser le morceau sans faire le détail; il dénonça donc tout de go les responsabilités écrasantes de Thorez et de son équipe. Pour la première fois depuis son accession à la direction du Parti, Thorez, l'obéissant Thorez, Thorez le fayot, Thorez qui avait toujours en face des Russes le petit doigt sur la couture du pantalon, le voilà – merveille! – qui revendiquait à présent son autonomie! Précisément au moment où le PC soviétique entamait son autocritique. Cette autonomie, que ne l'avait-il revendiquée, Thorez, du temps où Staline peuplait les bagnes de ses anciens camarades! « Mais Maurice Thorez et son équipe n'ont pas seulement dissimulé. Parmi tous les dirigeants des partis communistes des pays capitalistes, ils ont été les plus zélés glorificateurs de Staline – et, non seulement ils l'ont systématiquement glorifié, mais encore ils ont pris modèle sur lui : ils ont adopté ses méthodes autoritaires, son cynisme brutal, ses procédés d'intimidation et de répression. » Thorez était un Staline au petit pied. Lui et les siens s'entendraient à étouffer les critiques nécessaires à l'intérieur du Parti : « On a pris des dispositions pour que le souffle venu de Moscou n'arrive pas jusqu'au Havre. »

Le Congrès du Havre eut donc lieu, du 18 au 21 juillet 1956. Ce fut le congrès conformiste de l'année la moins conformiste qui fût. Pendant plus de trois heures, Maurice Thorez lut un rapport d'activité qu'interrompirent seulement des salves d'applaudissements frénétiques. Rien ne paraissait changé. Une fois de plus, il fit l'éloge emphatique de la société soviétique, qui marchait à pas de géant vers le communisme. Sur les délégués extatiques ou somnolents, il déversait des millions de tonnes d'acier et de charbon et faisait passer dans leurs rangs des milliards de kilowattheures d'énergie électrique comme autant de preuves de félicité. C'était sûr, les pays capitalistes seraient bientôt dépassés! A ce bilan triomphaliste du Ve Plan quinquennal, Thorez opposait le tableau pitoyable de la situation française. Ce n'était que stagnation économique, misère, paupérisation, ruine, exploitation des masses laborieuses... le contraste était saisissant.

Tout cela ne me choquait pas trop. Je n'avais aucun égard pour la bourgeoisie française et faisais confiance, malgré tout, aux aspects positifs du socialisme soviétique. Au moins, là-bas, il y avait propriété collective des moyens de production : n'était-ce pas l'alpha, sinon l'oméga du socialisme? S'il y eut déception, elle venait d'ailleurs. D'abord, le PCF se révélait incapable de s'engager dans l'autocritique, à l'instar du PCUS. Thorez vanta le courage du congrès russe, lequel témoignait évidemment en faveur de la supériorité morale d'un système sociopolitique sachant reconnaître publiquement ses erreurs pour aller de l'avant. Cela dit, Thorez et le Congrès du Havre s'entendirent à merveille pour ne pas imiter le Congrès de Moscou. Le culte de la personnalité? Ce n'avait été là-bas qu'un accident de parcours tout à fait mineur. Comme Clemenceau l'avait dit de la Révolution française, la révolution russe était « un bloc », à prendre ou à laisser, et les erreurs de

Staline, « les côtés négatifs de son caractère » (formule exquise) n'avaient nullement empêché « la marche au communisme ». Quant au PCF, il n'avait rien à se reprocher. Le culte de la personnalité y avait toujours été inconnu! Sacré, sacré Thorez! De même, à propos de la Yougoslavie réconciliée avec l'URSS, il n'y eut pas la moindre tentative d'explication en profondeur de ce qui avait opposé les communistes français aux communistes yougoslaves et fait traîner dans la boue par les officines du PCF ceux qui s'étaient élevés contre les mensonges de Staline. On changeait légèrement de refrain mais on restait au pouvoir sans même se donner la peine du moindre *mea culpa*. Le Parti a toujours raison. Et dans cette salle où se tenaient des centaines de militants de première catégorie, fine fleur de la classe ouvrière française, pas un murmure! pas un délégué pour se lever et dire posément : « Pardon, camarades, j'ai quelques objections à faire au discours de Maurice. » Rien. Une armée d'androïdes qui pense à la chaîne et parle avec la langue de bois!

L'autre raison de désappointement chez ceux qui, comme moi, de l'extérieur, encore crédules, espéraient un petit quelque chose de ce Congrès, ce fut son attitude vis-à-vis du parti socialiste. Thorez sut dire à juste titre, à propos de l'Algérie : « Insensés, les hommes qui ne veulent pas voir le mouvement prodigieux entraînant, à travers le monde, tous les peuples coloniaux à l'indépendance », et nous lui savions gré de l'éloge qu'il faisait de la culture arabe dans une France de plus en plus investie par le racisme. Déjà, pourtant, sur l'Algérie, Thorez pataugeait dans la démagogie, affirmant que, dans l'Algérie « nouvelle », tout le monde pourrait rester et vivre en paix. Passe encore sur cette promesse abusive! Plus difficiles à avaler, tous les passages du discours de Thorez visant à ménager la SFIO! Car, en dépit de la politique colonialiste du gouvernement Mollet, Thorez défendait le principe du front unique, justifiait les votes des parlementaires communistes, présentait l'alliance avec les socialistes, le front populaire enfin, comme la seule ligne possible du PC. « Une préoccupation essentielle », disait-il, c'était de « préserver les possibilités d'un large développement du front unique, avec les ouvriers socialistes ». Tu parles!

Ce congrès finit comme il avait commencé : dans la dérision. Cinq mois après le congrès qui, en URSS, paraissait avoir ébranlé les piliers d'un empire idéologique, le congrès français s'en tenait à des analyses superficielles, à des rabâchages de clichés ineptes, et, par-dessus tout, à l'insupportable unanimisme – un des buts véritables des congrès communistes ordinaires. Les délégations étrangères qui se succédaient dans une morose banalité, les votes comme un seul homme qui ponctuaient tout ce que le bureau politique avait élaboré d'avance, l'arrivée fraîche et joyeuse des Vaillants et des Vaillantes en uniforme, tout ce rituel compassé comme si des années de communisme avaient créé des siècles de hiératisme, il faudrait un Mgr Lefebvre pour en célébrer les charmes. Un congrès inutile, sans débat, sans échange, se présentant à la face des peuples comme l'image d'une force qui va son chemin sans autre souci de la vérité, de la critique, de la démocratie. Le rapport, secret ou non, de Maurice Thorez n'avait pas eu lieu. A la place, ce ne fut qu'un flux de tisane où les consciences troublées se noyèrent à cœur joie pour la plus grande gloire du parti communiste. La déstalinisation en France n'était pas encore à l'ordre du jour.

Budapest, la Commune contre le communisme

Le parti communiste français était figé. Mais d'aucuns pensaient que, selon ses habitudes, la momie finirait par bouger si Moscou continuait le grand nettoyage entrepris par Khrouchtchev. Le parti communiste italien, Togliatti en tête, recommençait à parler librement; on pouvait espérer qu'à la longue le PCF ferait entendre autre chose que les poncifs de Thorez. Tous les yeux étaient donc fixés sur les pays de l'Est. On assistait à des choses surprenantes, tel ce voyage de Khrouchtchev à Belgrade suivi d'un voyage de Tito sur la mer Noire. A la fin de septembre s'ouvrait à Varsovie le procès de ceux qu'on appelait les émeutiers de Poznan. C'étaient des jeunes gens de dix-huit à vingt et un ans, faits prisonniers après avoir participé à une insurrection le 28 juin – insurrection contre la police et les privilégiés du régime, insurrection contre les Russes tout-puissants, insurrection contre la misère (des pancartes lors de la manifestation de Poznan réclamaient du pain pour les adultes et du beurre pour les enfants), insurrection contre le mensonge (ce fut le mot d'un avocat : crever de faim, c'est déjà dur, mais crever de faim sous des haut-parleurs qui proclament partout le bonheur du peuple, c'était intolérable)... Des édifices furent pris d'assaut : prison, maison de la police, tour de brouillage de la radio; des incendies allumés; des tramways renversés pour obstruer la rue devant les chars; on lança des cocktails Molotov, tandis que la foule derrière chantait des chants religieux (« Dieu, pourquoi as-tu abandonné la Pologne?... Dieu, rends-nous notre liberté »). Le grabuge fit plus d'une centaine de morts. Le procès s'ouvrit donc. Sensation! non seulement l'acte d'accusation ne reproduisit pas la thèse officielle de la provocation téléguidée à partir de l'Occident, non seulement les débats furent radiodiffusés, mais encore on assista à ce spectacle inhabituel là-bas : des avocats qui osaient faire leur métier d'avocat, des avocats qui étaient, on n'en croyait pas ses oreilles, du côté... des accusés!

Comment expliquer l'inexplicable, que, dans un pays communiste où tout, oui tout vraiment, est conçu, organisé, programmé en vue de leur bonheur, on ait vu des ouvriers se mettre en grève et, de grève en manifestation, en arriver à prendre d'assaut les édifices les plus symboliques du régime prolétarien? L'accusation s'employa à séparer le bon prolétariat de ces voyous, de ces truands, de ces provocateurs qui avaient réussi à l'entraîner. Tâche impossible! L'oppression que subissait le peuple polonais se révéla sans fard. Il y eut des moments sublimes, ainsi quand la sœur d'un accusé s'écria : « Notre père est mort pour la Pologne, notre mère est morte et maintenant on nous écrase pire que jamais », ce qui fit évacuer la salle dare-dare. De ces débats, il apparaissait clairement que le peuple de Pologne, et singulièrement sa jeunesse, en avaient plein le dos de ce régime. En lisant ces comptes rendus, nous ne retrouvions pas le ton euphorique des reportages de *l'Humanité-Dimanche,* où les démocraties populaires ressemblaient à des pays de cocagne. Les verdicts furent modérés, les juges avaient visiblement mauvaise conscience. Mais la crise du régime était ouverte : entre les staliniens et leurs adversaires, la lutte devenait publique.

La situation polonaise prit soudain un tour dramatique. Le 19 octobre, le Comité central avait réintégré Gomulka, dont la réhabilitation datait du mois d'août; dans la foulée, il décida d'éliminer de son sein le vieux stalinien Rokossovski. Coup de théâtre! Khrouchtchev, apprenant la nouvelle, arrive illico à Varsovie, flanqué de Mikoian et de Kaganovitch, et entouré d'une ribambelle de généraux et de maréchaux – une suite chamarrée dont la présence silencieuse était une menace éloquente. Dans la folle nuit du 19 au 20, les Polonais et les Russes s'expliquent. Gomulka tient bon. Victoire! Les Soviétiques repartent le 20 au matin; les travaux du Comité central se poursuivent. On apprend deux jours plus tard que Rokossovski et Novak sont bel et bien éliminés et que Gomulka est élu triomphalement premier secrétaire du Parti... avec les félicitations de Khrouchtchev. L'espoir d'une ère nouvelle se répandait en Pologne.

Mais voici la Hongrie qui, à son tour, est en proie à une agitation révolutionnaire. Déjà au début d'octobre, nos vigiles thoréziens, qui avaient jadis expliqué par le menu la culpabilité de Rajk[1] et traité de renégats ceux qui n'y croyaient pas (Kanapa s'en était pris notamment à François Fejtö, ancien communiste hongrois, qui avait démontré l'imposture du procès), devaient avaler la réhabilitation officielle de Rajk suivie de ses funérailles nationales. Décidément, la terre tremblait à l'Est. Comme Gromulka en Pologne – mais avec beaucoup de retard –, Nagy, naguère exclu du parti communiste de Hongrie, y était réintégré. Là-dessus, les événements de Pologne encouragent les Hongrois; le succès de Gomulka laisse espérer le succès de Nagy. Les étudiants de Budapest organisent alors une manifestation pour le 23 octobre, au nom de revendications précises : le retour d'Imre Nagy à la tête du gouvernement, l'évacuation immédiate des troupes soviétiques, de véritables élections libres avec pluripartisme, un salaire minimal garanti pour les travailleurs, etc. Ils demandent aussi « que la statue de Staline, symbole de la tyrannie et de l'oppression politique, soit enlevée le plus vite possible et que l'on élève à sa place un monument à la mémoire des combattants et martyrs de la liberté de 1848-1849 ». De son côté, le Cercle Petöfi, qui regroupe les écrivains, publie une résolution en dix points, plus modérée, mais qui réclame aussi le départ de Rákosi et le retour au gouvernement de Nagy.

Gerö, chef du gouvernement, rentré le matin du 23 octobre, commence par interdire la manifestation annoncée pour l'après-midi. Mais déjà toute la ville de Budapest s'y prépare. Des délégations persuadent le ministre de l'Intérieur du danger qu'il y aurait à maintenir l'interdiction. L'autorisation est finalement accordée, une heure avant le signal du départ. La manifesta-

1. Le procès Rajk (septembre 1949) fut un des premiers grands procès staliniens de l'après-guerre, en Hongrie. Ancien ministre des Affaires étrangères et secrétaire adjoint du Parti des travailleurs, il fut condamné à mort pour « titisme ». Type même du procès inique avec aveux truqués. Rajk fut réhabilité en 1956.

tion est imposante. 200 000, 300 000 personnes peut-être se pressent dans les rues de Budapest, chantant *la Marseillaise* et l'hymne de Kossuth, et réclamant Nagy! Nagy! Nagy! Tard dans la nuit, la colossale statue de Staline, dressée à proximité du Quartier général des forces soviétiques, est déboulonnée et jetée au bas de son piédestal.

Gerö, après une longue méditation, s'était résolu à lire un discours creux à la radio qui avait eu pour résultat d'exaspérer les manifestants. On sait la suite : l'assaut de la Maison de la radio, la manifestation devenue insurrection, la double décision de Gerö de rappeler Nagy et de faire venir les troupes soviétiques stationnées près de la capitale, tout le pays qui se soulève, la grève générale, l'armée hongroise qui, le 25 octobre, entraînée par le colonel Malèter, passe du côté des insurgés contre les blindés soviétiques[1], la formation des premiers conseils d'ouvriers et de soldats qui se multiplient dans les jours suivants, le nouveau gouvernement Nagy du 27 octobre qui accueille à côté des communistes des représentants des deux partis paysans, finalement le retrait des troupes soviétiques de Budapest le 31 octobre, la proclamation par Nagy le 2 novembre à la radio de la neutralité de la République hongroise... Quoi! la fin du parti unique, l'éloignement du camp soviétique, le risque de contagion pour les autres démocraties populaires? C'en est trop! Le 4 novembre, au moment même de l'expédition de Suez, les blindés russes reviennent en force, Nagy est arrêté, Kádár mis à sa place. La résistance armée allait désespérément durer des semaines encore avant de s'éteindre.

Nous vécûmes ces événements, haletants, enthousiastes, révoltés... Tour à tour nous portions nos yeux sur

1. A-t-on observé comment Malèter, par son cran et son style, fait étrangement penser à Louis Rossel, autre officier, français celui-là, passé du côté des insurgés – des communards : « Je vous annonce que j'ouvrirai le feu sur le premier blindé soviétique qui s'approcherait de la caserne Kiliàn » –, il finira fusillé, comme Rossel en 1871.

Suez et sur Budapest. C'est le 23 octobre, quand l'avion de Ben Bella est détourné, que Khrouchtchev adresse son message de félicitations à Gomulka remis en place. C'est les 30 et 31 octobre, au moment où les troupes israéliennes envahissent le Sinaï et où Français et Anglais lancent leur ultimatum, que les combats des insurgés se développent en Hongrie contre les troupes soviétiques, et ainsi de suite les jours suivants. Suspendus à la radio, guettant fébrilement tous les jours la première édition du *Monde*, nous connûmes les journées les plus émouvantes de notre jeunesse.

La presse du PCF acheva de se discréditer par son mépris de la vérité et son obséquieux dévouement au knouto-bolchevisme. Cette fois, il n'était plus question de revendiquer une quelconque autonomie vis-à-vis de l'URSS. Derrière le masque hilare de Khrouchtchev, c'est Staline, c'est Beria, c'est Vychinski qu'on retrouvait! Finis les troubles de conscience, tout redevenait simple. Force devait rester au régime socialiste. Ce qui se passait en Hongrie, c'était tout bonnement une contre-révolution fasciste. La preuve : il suffisait de voir qui soutenait les insurgés ici (la droite unanime, les socialistes qui bombardent l'Egypte, les anticommunistes professionnels) pour comprendre l'événement et, comme disait André Stil dans *l'Humanité* du 27 octobre, « le sens d'un combat » (c'est-à-dire celui de la milice et des tanks soviétiques contre la classe ouvrière insurgée!). Stil! le romancier des chaumières communistes, le jdanovien à l'eau de rose qui, pour avoir alimenté de ses contes moraux les bibliothèques des municipalités communistes, siège aujourd'hui à l'Académie Goncourt, se révéla au cours de cette tragédie hongroise comme un des journalistes les plus cyniques. En face de cette révolution, ce soulèvement de tout un peuple – ouvriers, paysans, étudiants, intellectuels – contre l'oppression totalitaire, Stil noircissait les colonnes de *l'Humanité* de ses cafardises : « ... Le cœur de notre classe ouvrière ne se trompe pas. Au moment où toute la réaction d'ici fait naturellement cause commune avec les forces contre-révolutionnaires hongroises, le cœur de la classe ouvrière bat avec ceux qui barrent la route à ces forces d'un passé odieux, les maîtrisant, et écrivent avec leur sang encore une grande page de l'histoire du combat des peuples pour le plus bel idéal que la terre ait porté. » Qui dit mieux? O classe ouvrière, que de crimes on avait déjà commis en ton nom! Mais cette fois c'était le bouquet : c'est au nom de la classe ouvrière qu'on applaudissait à l'écrasement de la classe ouvrière! Alors qu'une révolution d'un type nouveau prenait forme en Hongrie, celle qui partait du peuple travailleur et s'insurgeait contre l'imposture socialiste des maîtres bureaucrates et contre la présence « protectrice » des troupes soviétiques; au moment donc où l'on voyait dans toute la Hongrie se constituer spontanément les organismes authentiques de la révolution – les conseils – comme à Petrograd en 1905, comme à Petrograd encore et à Moscou en 1917, comme à Munich en 1919, comme à Cronstadt en 1921, comme partout où ce ne sont pas les états-majors, les *apparatchiks*, les adjudants de tout poil qui feignent la révolution pour en devenir les fonctionnaires, mais le peuple brisant ses chaînes, il faut savoir que, dans ces heures de véritable exaltation révolutionnaire, les rédacteurs de la presse communiste de notre pays ne se départirent pas un seul instant de leur application à défendre les intérêts supérieurs du pouvoir soviétique. Car, par une de ces falsifications sémantiques dont l'histoire abonde, il s'appelait « soviétique », ce pouvoir-là! Des soviets qui avaient fait long feu, qui avaient été vidés de leur substance, qui étaient devenus des courroies du pouvoir central. Une désignation lyrique, oui, pour couvrir la dictature bureaucratique! Quant aux vrais « soviets », ceux qui se mettaient en place dans la Hongrie insurgée, c'était à coups de canon que les prétendus Soviétiques les défonçaient. Les porte-plume du PCF se déchargèrent sur les martyrs : « horthystes », « koulaks », « fascistes », « lie des classes déchues qui voudraient leur revanche sur le pouvoir des travailleurs », « gardes blancs », « croix fléchées »... De quoi être fier, jusqu'à la nuit des temps!

Avec un aplomb qui donne le tournis, la presse communiste amalgamait les insurgés de Hongrie aux bourreaux des nationalistes algériens (ce qui n'empêchait pas les communistes de redire en décembre la nécessité du front unique, de l'alliance avec les socialistes...), racontait que les « fascistes » avaient vu leurs espérances s'écrouler « avec fracas », sous les coups vigoureux des forces saines, progressistes, démocratiques et socialistes de la nation meurtrie, aidée de « l'armée des ouvriers et des paysans, appelés à l'aide par le gouvernement hongrois ». C'était déjà à la limite du supportable. Mais que dire, par là-dessus, de la lèche éhontée faite aux bourreaux! Le 6 novembre, au lendemain de la seconde intervention des chars soviétiques à Budapest, *l'Humanité* publiait à la une un article archipatelin de Thorez : « L'exemple exaltant de l'Union soviétique. » Car il jubilait, Maurice, il était aux anges, il était transporté – quand les ruines de Budapest fumaient encore – par l' « exemple » soviétique!

Sur ces ruines, il y eut d'autres « mots », je retiens trois « chutes » particulièrement réussies. Le 12 novembre, celle de Duclos : « Vive la Hongrie socialiste! » Le 14 novembre, celle d'André Stil (cablée de Budapest) : « Budapest revient à la vie. » Enfin, celle de Léo Figuères dans *France nouvelle :* « Le peuple hongrois peut à nouveau travailler dans la paix. » En 1831, après la répression de Varsovie par les troupes russes, *la Caricature* avait publié une lithographie de Grandville et d'Eugène Forest représentant un soldat russe plastronnant au-dessus d'un tas de cadavres polonais; la légende, reprenant un mot du ministre français des Affaires étrangères, disait : « L'ordre règne à Varsovie. »

L'ordre donc était revenu à Budapest. A compter de ces journées-là, le nimbe du Parti s'évapora.

La rupture de Sartre

Les événements sanglants de Hongrie n'allaient pas mettre sens dessus dessous l'univers politique français. Les chars de l'Armée rouge dans les rues de Budapest, tout le monde en prenait plus ou moins joyeusement son parti. Les anticommunistes, y compris les sociaux-colonialistes du gouvernement qui n'en attendaient pas tant pour faire aussi impunément leurs mauvais coups, savouraient des faits aussi merveilleusement conformes à leurs discours. Les communistes, hormis ceux qui avaient des délicatesses de conscience, proclamaient en tous lieux le bien-fondé d'une intervention même un peu brutale (mais quoi! pas d'omelette sans casser des œufs) qui mettait fin à une tentative de contre-révolution fasciste et sauvait le « socialisme » en Hongrie. On restait donc furieusement sur ses positions, y compris le parti *niniste* dont j'étais (secrétaire général : le roi Salomon), qui pouvait s'époumoner plus que jamais : « *Ni* Suez, *ni* Budapest! »

Il y eut pourtant une catégorie d'individus un peu plus surpris. En particulier quelques fidèles compagnons de route du PC qui se réveillèrent un triste matin d'automne avec une horrible gueule de bois : « Budapest » venait de les dessoûler du communisme soviétique. Sartre fut le représentant le plus éloquent et le plus prestigieux de ces désenchantés. Après avoir signé une pétition que lui avait tendue Vercors, il s'expliqua en long et en large dans *l'Express* du 9 novembre. Catégoriquement, il « brisait » avec le parti communiste : « On ne peut plus avoir d'amitié, disait-il, pour la fraction dirigeante de la bureaucratie soviétique : c'est l'horreur qui domine. »

On pourra peut-être se demander pourquoi Sartre avait attendu novembre 1956 pour se détacher d'un parti qui s'était montré si fidèlement solidaire de tous les crimes du stalinisme. Mais cette réflexion-là pèche sans doute par anachronisme, venant *vingt ans après*, à une époque où les communistes français eux-mêmes ont pris l'habitude de faire du mot « stalinien » une injure qu'ils servent allègrement en public à des adversaires qui en ont le souffle coupé. Comme toujours, il faut faire effort d'imagination, mettre les pieds dans le plat du passé, et tenter de comprendre.

Longue histoire, que celle de ces Français d'après-guerre qui avaient tracé de leurs vies tous ces sentiers parallèles au grand boulevard communiste! Sans vouloir la raconter ici, je voudrais qu'on se représente tout de même quelques-unes des raisons qu'ils avaient, ces « progressistes », ces suiveurs, ces compagnons de route, et, s'ils avaient quelque prestige, ces « potiches d'honneur » comme dira bientôt Vercors qui en avait subitement ras le vase depuis le temps qu'il était sur l'étagère à côté des moustaches de Staline et de la colombe de Picasso. Beaucoup avaient encore la tête pleine des trompettes de la Libération; la défaite des « collabos », c'était l'espoir d'une nouvelle France... Les lendemains qui déchantent, les nantis qui se redressent, les résistants qui se divisent. Et puis la guerre de nouveau, celle que l'on croit imminente entre l'URSS et les Etats-Unis, la guerre froide, les guerres de libération nationale dans les colonies qui entament la série. Dans ce contexte, l'exclusion du parti communiste du gouvernement, les anathèmes incessants dont les folliculaires emplissaient les journaux qui tombaient les uns après les autres aux mains des grands mécènes désintéressés du capitalisme national, tout cela prenait clairement le sens d'un alignement sans réserve sur la politique américaine. Au début des années cinquante, les intellectuels français détestaient sincèrement les Etats-Unis. La corde des lyncheurs de nègres, la chaise électrique des Rosenberg, les plantations de bananes guatémaltèques que la United Fruit donnait à défendre aux *marines*, la sale gueule de MacCarthy, c'étaient des images qui s'imposaient plus durablement que les comédies musicales de Minelli.

En gros, l'intellectuel moyen de ce pays faisait à peu près ce raisonnement. Il y a deux blocs et, quelles que soient les critiques à faire à l'URSS et aux démocraties populaires, ce sont elles qui incarnent les forces de progrès, le socialisme, la paix, bref, l'avenir. Naturellement, moi intellectuel, lucide donc, je n'avale pas comme le lecteur de *l'Huma* toutes les couleuvres du PC. Je sais pertinemment que tout n'est pas pour le mieux en URSS, que la démocratie n'y est pas achevée, que l'antisémitisme n'en a pas disparu; je ne crois pas à l'infaillibilité de Staline et, sur ce point, je trouve que le camarade Aragon et autres rimeurs moins doués pourraient atténuer leur enthousiasme, etc. Mais, *en dernière analyse*, l'intellectuel moyen de ce pays (je parle de l'intellectuel moyen de gauche, pas de l'intellectuel moyennement de gauche) savait faire la part des choses et donnait son soutien au bloc communiste – glorieusement rejoint par la Chine depuis 1949 – contre le camp du capitalisme et le camp de la guerre.

Sur cette toile de fond grossièrement tramée se dessinaient toutes sortes de figures particulières. Si elles avaient généralement une origine commune (la Résistance, les espoirs de la Libération), elles se détachaient ensuite les unes des autres par une série de décrochages dont on pourrait faire la rapide typologie : le schisme titiste, les procès staliniens dans les démocraties populaires (Rajk, Petkov), la guerre de Corée, les camps de concentration de Sibérie et d'ailleurs... Malgré tout, ce qui retenait bien des compagnons de route sur la route du soleil levant, c'était toujours l'ennemi commun, l'homme de droite, le colonialiste, le vendu aux Américains. Il y en avait, de ces braves, qui avaient lâché le PC depuis longtemps, qu'on avait traités de « titistes » ou autres gros mots d'époque, et qui se trouvaient décorés de la légion d'honneur polonaise en raison de leur méritoire combat contre la CED et le réarmement allemand. Toujours la même rengaine : le parti communiste était le pire des partis de gauche mais c'était le seul! En plus, c'était le parti de la classe ouvrière, son incarnation, son Verbe. Il n'y avait pas que les intellectuels de gauche à prendre cette assimilation pour argent comptant. Dans les banlieues, il y avait aussi des vicaires assoiffés de justice (je dis ces mots-là sans sourire) qui entraînaient leurs adolescents dans les meetings de la CGT : je peux le dire puisque j'y étais. Même qu'un jour, en 1953, dans une salle des fêtes de banlieue aux trois quarts vide, nous, les « cathos », nous étions au moins aussi nombreux que les militants communistes. La rencontre du Christ et de la classe ouvrière passait d'une manière ou d'une autre par le PC.

Evidemment, ce n'était pas un curé progressiste qui avait conduit Sartre sur les tréteaux communistes. Au demeurant, il avait mis du temps à se décider. La politique, aux *Temps modernes,* c'était Merleau-Ponty qui l'écrivait. Jusqu'au jour où Jean-Paul, sur la route de Damas, fut renversé de cheval. C'était en mai 1952. Une grande manifestation communiste avait été organisée contre le général Ridgway, nouveau chef d'état-major des forces du pacte Atlantique. La répression avait été sévère, en même temps que bouffonne : on avait arrêté Duclos, sous prétexte qu'il avait des pigeons dans son auto et qu'il complotait donc contre la sûreté de l'Etat. Les pigeons de Duclos méritent l'éternité autant que les oies du Capitole. Mais, si Duclos avait mis comme si souvent les rieurs de son côté, la grève générale de protestation déclenchée par le parti communiste et la CGT fut un vrai fiasco. C'est de cet échec que date la conversion de Sartre.

Il s'expliqua donc longuement dans un article-feuilleton intitulé « Les communistes et la paix », où il expliquait, oui, que le parti communiste et la classe ouvrière, c'était tout un et que celle-ci sans celui-là n'était rien. Ce n'était pas pour convaincre tous ses camarades. Quelques-uns ruèrent dans les brancards. Il y eut d'abord Claude Lefort qui fit une critique serrée de l'article de Sartre. Celui-ci, avant de lui répondre, se piqua d'honneur de publier la critique de Lefort dans sa propre revue, en quoi Sartre n'était pas devenu stalinien. Il y eut aussi le départ d'Etiemble qui ne voulut pas « rejoindre les chiens de garde du PC ». Il y eut enfin Maurice Merleau-Ponty. Lui qui, jadis, avait expliqué rationnellement la « terreur » au nom de l' « humanisme » et prôné une attitude de sympathie active à l'égard du PCF avait changé de cap au moment de la guerre de Corée. Ce chassé-croisé avec Sartre l'avait peu à peu éloigné des *Temps modernes*, sans éclat, juqu'au jour de 1955 où il réserva dans ses *Aventures de la dialectique* son plus gros chapitre à l'ami Sartre, traité d' « ultra bolchevik ».

« Ultra bolchevik » ou pas, en tout cas Sartre devint un allié zélé du PC. Celui-ci ne l'avait jamais ménagé : les pittoresques injures zoologiques de la guerre froide étaient tombées dru sur le philosophe. Mais Sartre n'avait pas de rancune. Il donna son adhésion au Mouvement de la paix, monta sur les estrades du PC et donna mille autres preuves de sa bonne volonté. Emporté par son application, il en faisait même un peu trop. En 1954, il avait voyagé en URSS. A son retour, il expliqua dans *Libération*, quotidien paracommuniste, les beautés du socialisme soviétique. Pour couper court aux éternels ragots de la presse bourgeoise, il dit audacieusement : « La liberté de critique est totale en URSS. Le contact est aussi large, aussi ouvert, aussi facile que possible. » D'ailleurs, contre les mensonges anticommunistes, il fit jouer une pièce, *Nekrassov*, par laquelle il réglait leur compte à tous les professionnels de la calomnie bourgeoise et anticommuniste. Encore au début de 1956, alors que la déstalinisation pointait en URSS et que certains intellectuels du PCF méditaient une autocritique, Sartre taxa *la Révolution et les Fétiches* de Pierre Hervé de réformiste et répéta dans *les Temps modernes* : « Porté par l'histoire, le PC manifeste une extraordinaire intelligence objective : il est rare qu'il se trompe; il fait ce qu'il faut [même si] cette intelligence – qui se confond avec la *praxis* – ne s'incarne pas souvent dans ses intellectuels. » Un peu plus tard, Sartre jugea inopportun le fameux rapport Khrouchtchev parce que, disait-il, les masses n'étaient pas assez mûres pour l'avaler.

Et puis, Budapest. Le peuple, la classe ouvrière soulevée contre le parti communiste. La vieille équation *parti communiste = classe ouvrière* volait en éclats. La Hongrie démontrait qu'il y avait une classe ouvrière en dehors du parti communiste, et une classe ouvrière telle que Sartre la définissait, c'est-à-dire par le mouvement, par la révolte contre la condition inhumaine « sous-humaine », qui lui était faite, une classe ouvrière consciente d'elle-même, s'organisant elle-même dans ses conseils, après avoir déboulonné la statue de Staline et chassé du pouvoir la clique des bureaucrates staliniens. La classe ouvrière pouvait donc exister sans le Parti. Elle existait même *contre* le Parti. Telle était la leçon de ces nouvelles journées d'Octobre.

Les déclarations de Sartre à *l'Express* puis la longue explication qu'il donna de sa rupture dans un gros numéro des *Temps modernes* entièrement consacré à la Hongrie révoltée et martyre ouvraient sans doute une ère nouvelle dans notre histoire intellectuelle. Dans sa théâtralité même, l'attitude de Sartre était significative : c'en était fini du compagnonnage à bouche cousue. Le parti communiste était désacralisé; il revint à Merleau-Ponty de tirer, pour beaucoup qui sans rien dire n'en pensaient pas moins, la conclusion : il fallait voir le communisme « dans le relatif ».

Il me semblait que ce jour-là Sartre avait retrouvé son vieux copain Merleau, son vieil adversaire Camus, l'équipe d'*Esprit* qui elle aussi allait publier un numéro historique sur « les flammes de Budapest »; bref, le dessus du panier de l'intelligentsia française me semblait réconcilié tacitement dans cette unanime insurrection de l'esprit contre l'imposture soviétique. C'était une consolation au milieu de ces jours lugubres de l'automne 1956.

Le peuple et la machine

Cet automne 1956 fut une fracture dans l'histoire de notre intelligentsia. Le mythe du communisme soviétique auquel chacun de ses membres avait apporté sa pierre peu ou prou s'était tout à coup effondré. Bien des intellectuels qui, à l'instar de Sartre, avaient escorté le PC dans les lignes droites et les virages de son itinéraire ne voulaient plus désormais être sa dupe. Beaucoup, inscrits au Parti, le quittèrent, les uns de manière fracassante, en signant des manifestes, les autres sur la pointe des pieds. Un certain nombre d'entre eux différèrent leur départ, refusant de claquer la porte au moment où le PC était en butte à toutes les attaques. Le 7 novembre, les bureaux et l'imprimerie de *l'Humanité* furent pris d'assaut par tout ce que Paris comptait de furieux imbéciles, de nervis et de fascistes; dans ce siège d'une violence incroyable, les communistes perdirent trois hommes. Les militants resserrèrent leurs rangs autour des cercueils qu'on conduisit en grande pompe au Père-Lachaise. La bêtise et la sauvagerie de ces agressions ressoudaient, au moins provisoirement, les rangs des militants. La direction du PC pouvait proclamer qu'il n'y avait qu'un ennemi et que le fascisme de Paris n'était qu'une modeste réplique du « fascisme » de Budapest. La contre-offensive communiste, d'autre part, utilisa au mieux l'odieuse expédition de Suez pour se poser en défenseur des peuples. Contre les dissidents – dont les plus célèbres étaient Claude Roy, Roger Vailland, Jean-Francis Rolland, Claude Morgan, Gérard Lyon-Caen –, on faisait donner la vieille garde, poussive, usée, radoteuse mais, toujours prête au commandement. Garaudy répondit personnellement à Sartre dans *France nouvelle,* sans innover dans l'argumentation. Guy Besse et consorts expliquèrent aux camarades démoralisés que les blindés de Budapest continuaient la même bataille que celle entreprise jadis contre Hitler. Il fut encore plus difficile d'encaisser la nouvelle – parce que je les aimais – du départ d'Yves Montand et de Simone Signoret en tournée à travers l'Union soviétique[1]. Au mois de décembre, Thorez et ses sous-ordres évoquaient avec enthousiasme les nouvelles adhésions que le PCF, paraît-il, enregistrait. A la même belle époque, Mollet affirmait sérieusement : « On m'écrit, attiré vers le socialisme... par l'action gouvernementale. » Haut les cœurs! Haut-le-cœur, oui!

Il était difficile d'avaler ces couleuvres sans dire ouf! A la fin de novembre, on apprit que Nagy, réfugié à l'ambassade yougoslave de Budapest, avait été enlevé par les services secrets soviétiques. Staline, en vérité, vivait toujours; Pierre Courtade n'avait pas tort.

Il n'est pas exagéré de prétendre qu'à partir de l'automne 1956 le PCF cessa d'exercer son hégémonie sur les intellectuels de notre pays. En lui, deux éléments coexistaient qui l'avaient toujours rendu ambigu : c'était *un peuple* et c'était *une machine.* Depuis la dernière guerre, sa composante « peuple » avait souvent masqué sa composante « machine » : le résistant communiste, l'ouvrier communiste, le militant communiste faisaient oublier, tout auréolés qu'ils étaient, la hiérarchie bureaucratique, l'oligarchie de l'appareil, la subordination consubstantielle à Moscou. Si tant d'intellectuels « sympathisaient », c'est que vaille que vaille le PC était « le parti de la classe ouvrière » – le parti des « pauvres », comme disaient les chrétiens de gauche. L'oracle de Billancourt, pour la plupart de ces fils de bourgeois, c'était le nouvel oracle de Delphes. Bon an mal an, en

1. Voir S. Signoret, qui s'explique sur ce point, *La nostalgie n'est plus ce qu'elle était,* Paris, Ed. du Seuil, 1976.

dépit des procès iniques, en dépit du sectarisme, du jdanovisme, des prouesses joyeuses de Lyssenko, du culte idolâtre de Staline, de ce qu'on pouvait mais ne voulait pas savoir du Goulag (on ne l'appelait pas encore ainsi, mais sur les « camps » déjà, quelle littérature! – mais suspecte! réac! payée par les Yankees!), on était demeuré *aux côtés* du PC. La revue *Esprit*, dont les chrétiens de gauche étaient le pivot, représentait bien, quoique sur le mode mineur, ce conformisme en face du parti communiste : on y avait dénoncé les mauvais procédés staliniens, on y avait rompu des lances contre la faucille et le marteau au moment du procès Rajk et de la querelle titiste, on y refusait dignement de marcher dans les sornettes thoréziennes, oui! et ce n'est pas rien! mais on y gardait estime, sympathie plus ou moins avouée, admiration secrète pour le PC car le PC incarnait le prolétariat, le peuple des pauvres et des humilies. La lutte contre la guerre d'Indochine, contre le maccarthysme, contre la CED, ramenait toujours les intellectuels d'*Esprit* aux côtés du parti communiste, seule force de mobilisation populaire contre la réaction et l'impérialisme américain. Les nouvelles de Budapest saisirent les collaborateurs de la revue en plein congrès. Douche froide. Emotion sans précédent. Le numéro de décembre 1956 marque de ce point de vue une rupture dans l'histoire de la revue : « Les flammes de Budapest » – c'était le titre de l'éditorial d'Albert Béguin – avaient à jamais consumé l'illusion qui pouvait subsister sur le camp prétendu socialiste.

Ce qui apparaissait désormais à beaucoup, à la faveur du brasier de Budapest, ce n'était plus le peuple communiste, c'était l'appareil, l'idéocratie, la pesante machine du système communiste, jadis inventé pour délivrer les hommes de leurs chaînes et cruellement transformé en mécanisme de contrainte, de torture et de décervelage, en gigantesque laminoir, dont pouvaient s'enorgueillir les ingénieurs et les contremaîtres du système. Jusqu'alors, on craignait de tomber sous l'accusation d'anticommunisme, injure suprême! Désormais, l'apostrophe n'était plus infamante; en tout cas, elle avait singulièrement perdu de sa puissance de frappe, puisque le communisme s'était révélé comme une autre barbarie, plus perverse que la barbarie capitaliste puisqu'il avait la prétention de régenter le bonheur de l'humanité.

Et pourtant! l'émotion passée, il faut convenir que ce qui fait toujours aujourd'hui la force de séduction du communisme, outre sa puissance d'organisation, c'est son peuple et encore son peuple. Si l'on s'avise de demander à certains vieux militants comment ils peuvent encore militer activement au PC malgré Budapest, malgré Prague, malgré le Goulag et toutes ces années d'horreur, de mensonge, de mépris, leur réponse est sans hésitation. Contrairement à certains de mes collègues communistes, cherchant coûte que coûte à justifier le passé, à en atténuer les pires aspects, à minimiser l'impardonnable, ils ne défendent rien du régime soviétique ni de l'oligarchie poststalinienne tenant en main le PCF. Chacun dit simplement : « Je suis sorti de l'école à treize ans. A l'usine, perdu, isolé, déboussolé, j'ai été sauvé par les camarades communistes qui m'ont ouvert les bras. Le PC, c'est ma famille. Le reste, je l'abandonne aux intellectuels. Les débats théoriques et toute la sauce. Le PC, c'est ma mère, c'est mon père; même s'ils déconnent, je reste avec eux car ce sont mes copains. » Qu'on se réfère aux travaux de Philippe Ariès sur la banlieue parisienne : l'attachement au Parti qu'on y observe, a-t-il écrit en substance, ce n'est pas une affaire d'opinion, c'est un attachement existentiel, un lien d'habitudes plus ou moins héréditaires, sur lesquels les événements n'ont pas de prise durable.

Dans cette question du communisme français, on ne peut donc pas évacuer son peuple d'un revers de main. Mais prudence! Récemment, un professeur d'histoire, ancienne militante communiste, mettait en garde devant moi un étudiant américain contre un type de recherche sur le PC trop tourné vers l'étude des appareils. « Pour moi, disait-elle, l'appareil ne compte que pour un tiers et le reste pour deux tiers. » Je dis que j'étais d'accord sur le principe mais que j'inverserais les proportions. La réalité communiste, historiquement parlant, est irréductible à la sociologie de son appareil, c'est une affaire entendue! Mais ce que l'automne 1956 a révélé violemment à beaucoup, dont je suis, c'est que, politiquement parlant, l'appareil rigidifié décide de tout, y compris du pire.

Quoi qu'il en soit, 1956 libéra bon nombre de Français du complexe communiste. Puisque les communistes tiraient eux aussi sur la classe ouvrière, ils avaient cessé d'être tabous. La dictature du prolétariat qu'ils promettaient, on en avait vu la nature sous les feux de Budapest : la prééminence des bons et fidèles bureaucrates, des mouchards et des fayots dévoués à Moscou, étouffant au nom de l'ennemi de classe tout ce qui, dans les syndicats, les autres partis *de gauche* comme de droite, chez les intellectuels et dans la jeunesse, refusait de s'aligner purement et simplement.

Budapest avait tué le mythe de Billancourt

IV

PARIS, UNE NOUVELLE GAUCHE?

Quand, simultanément, lors de cet automne 1956, la décomposition du parti de Guy Mollet et l'imposture du parti de Maurice Thorez se révélèrent consommées, prit consistance l'idée déjà vieille, déjà expérimentée, mais jamais aussi opportune, de reconstruire sur cet amas de ruines une nouvelle gauche, un nouveau socialisme. En effet, je me trouvais parmi ceux qui étaient portés à croire que les socialistes et les communistes ne se relèveraient plus de leur respective culbute dans la honte et l'horreur. Notre double refus de la barbarie communiste et du socialisme à visage molletiste devait trouver quelque part son point d'ancrage, une contre-partie positive.

Depuis les débuts de la guerre froide, on avait assisté à des tentatives plus ou moins brèves de donner vie à une force politique rejetant la logique infernale des deux blocs – l'alignement *perinde ac cadaver* des communistes sur Moscou et l'anticommunisme névrotique des socialistes. Une autre gauche, un autre socialisme devait s'imposer, pour enrayer la division des forces populaires et ne pas laisser à la droite la bride sur le cou. Tentatives d'intellectuels, de marginaux, d'idéalistes – sans aucun effet, la guerre froide durant. Or, en 1956, ces essais antérieurement infructueux laissaient place à des possibilités apparemment nouvelles. La coexistence pacifique, proclamée par l'URSS, les premiers signes de la déstalinisation, la diplomatie même de la SFIO dans les premiers mois d'exercice du ministre Pineau, tout prêtait à espérer un rapprochement lent mais possible des deux grands partis. A leur charnière, les socialistes non alignés travailleraient à accélérer la réconciliation des deux partis ouvriers. Tel était le schéma théorique. C'est ainsi que Claude Bourdet, dans *France-Observateur*, que Jacques Madaule, dans *Témoignage chrétien*, avaient, au lendemain des élections de janvier 1956, préconisé la formation d'un gouvernement de gauche homogène, incluant les communistes – idée concevable du strict point de vue arithmétique. Les choses, en fait, n'étaient pas mûres. On ne sort pas de neuf années de guerre froide avec la fraîcheur de la rose. Cependant, au cours de l'année 1956, le double dégoût provoqué par la SFIO gouvernante et par le PC tankiste offrit bientôt à la nouvelle gauche une autre vocation : elle ne devait plus se contenter d'exercer la fonction utile mais modeste de catalyseur, elle devait croire en ses propres chances, car de nombreux militants aspiraient à se battre contre la guerre d'Algérie, sans adhérer au parti communiste, et contre le poststalinisme, sans accorder la moindre sympathie au parti socialiste.

Faisant moi-même cette analyse, je commettais l'erreur de considérer que ce qui était évident pour les milieux intellectuels et étudiants le serait aussi pour le reste de la population. Innocent! 1956 avait de fait opéré une rupture dans notre histoire intellectuelle : le progressisme – c'est-à-dire le suivisme à la traîne du PC – était bien enterré; le socialisme type Mollet, définitivement discrédité, oui, mais cela ne promettait nullement un avenir tout rose aux organisations qui escomptaient prendre leur place.

Pourtant, cet espoir d'une nouvelle gauche ne reposait par sur de simples illusions. Potentiellement, elle pouvait polariser de nouveaux bataillons disponibles.

J'en distinguais clairement deux : les étudiants et les catholiques.

Fréquentant la faculté des lettres de Paris depuis l'automne 1955, j'étais frappé par le nombre de lecteurs toujours plus grand de *France-Observateur.* C'était un signe. Sans doute l'immense majorité des étudiants restait-elle, comme l'ensemble du pays, indifférente ou passive aux événements que nous vivions. Sans doute, des manifestations racistes avaient-elles lieu à Montpellier, où l'extrême droite locale avait réussi à interdire la porte du restaurant universitaire aux étudiants algériens. Mais cet épisode même révélait la politisation du milieu étudiant, et ces excès de droite provoquaient par réaction le renforcement de la gauche, comme en faisait foi l'évolution de l'UNEF. Au sein du syndicat étudiant, deux tendances s'affrontaient de plus en plus âprement : l'une, majoritaire (les « majos »), défendait le principe de l'apolitisme – lequel couvrait souvent des sympathies actives pour les thèses de l'« Algérie française »; l'autre, encore minoritaire (les « minos »), refusait de considérer le problème algérien comme un sujet interdit et voulait engager l'UNEF à prendre position dans un conflit où les étudiants se trouvaient directement concernés, notamment à cause de leur sursis d'incorporation. Or, à la suite d'un conseil d'administration mouvementé au début de l'été, les « minos » devinrent majoritaires – en clair, l'UNEF passait à gauche, sous la présidence de Michel de La Fournière. Date décisive car, au fil des mois et au moins jusqu'à l'automne 1960, le syndicat étudiant allait devenir le fer de lance de la lutte contre le colonialisme et précisément contre la guerre d'Algérie.

Côté catholique, les tendances de gauche qui depuis longtemps pointaient n'arrivaient à s'épanouir ni dans le communisme – malgré les chrétiens progressistes – ni dans le socialisme traditionnel : le dogmatisme marxiste dans le premier cas, le sectarisme laïque dans le second coupaient de nombreux militants chrétiens de l'une et de l'autre tradition. Entre 1954 et 1956, le catholicisme de gauche – inspiré par *Esprit* (niveau universitaire), par *Témoignage chrétien* (niveaux primaire supérieur et secondaire) – fut tenté par le mendésisme. Lorsque, au congrès radical de 1956, le succès de Mendès France sur les nestors du radical-socialisme s'affirma avec autant d'éclat que d'ambiguïté – ses adversaires conduits par André Morice n'avaient trouvé d'autre issue que la démission, la motion finale du congrès critiquait sévèrement la politique Mollet-Lacoste, mais tout cela n'empêchait nullement ces messieurs les ministres radicaux de garder leurs portefeuilles, une belle inconséquence! –, François Mauriac tout réjoui, s'imaginant sans doute à l'extrême pointe de l'avant-garde, et jubilant à l'idée de faire enrager les révérends pères de l'*Osservatore romano* (imagination naïve mais jubilation assurée), invita ses lecteurs de *l'Express* à adhérer en masse au parti de Mendès France. Tout vin nouveau que j'étais, je ne me sentais aucune envie de contribuer à remplir une si vieille outre. J'eus la faiblesse d'écrire à *l'Express* (et *l'Express* eut la bonté de publier une partie de ma lettre) que les jeunes catholiques de gauche n'avaient nullement l'intention de venir raccoutrer un parti bourgeois d'outre-tombe, nonobstant les mérites de Mendès.

Le jour de la Toussaint, j'observai avec intérêt le petit drame de la communauté paroissiale de banlieue que je fréquentais alors. Dans un coin, F., militant MRP – qui malgré ses airs de brave type se propageait en propos antiarabes et avait salué naguère le « coup de l'avion » avec une hilarité sommaire –, devait encaisser, la mâchoire serrée, le sermon de l'abbé Paul. « Il fut un temps, disait le prêtre, où l'Eglise était un danger pour ceux qui possédaient, pour ceux qui opprimaient; aujourd'hui, elle n'est plus du tout un danger pour eux. Parfois elle est même pour eux une assurance. » Puis *crescendo :* « Nous sommes chrétiens avant d'être Français », et comme conclusion : « Il ne s'agit pas de *souhaiter* la paix, il faut la *vouloir*, et travailler à son avènement. Nous, chrétiens, nous n'avons pas le droit de laisser aux autres le soin de faire régner la justice. Nous devons être aux côtés de ceux qui ont soif de justice car sans nous, sans le message du Christ que nous apportons, leur justice risque fort d'être une nouvelle injustice. » J'admirais fort ce petit prêtre, scandaleux et doux, bravant la tempête qu'on sentait tout près d'éclater dans les crânes de ses paroissiens. Mon MRP attendait la fin de l'homélie en maîtrisant courageusement ses passions tandis que quelques paroissiens moins quiets quittaient les rangs pour s'oxygéner sur le parvis. C'était l'époque où les curés de gauche commençaient à figer le sang des intégristes. Une minorité de fidèles acquiesçait : l'Evangile avait des implications politiques...

Sociologiquement parlant, ces deux milieux – les étudiants et les chrétiens de gauche – me paraissaient la base solide, sinon marxiste, d'une nouvelle gauche. Sans doute celle-ci était-elle riche aussi de toutes les licornes de la zoologie politique : errants barbus de l'Idéal, chemineaux de l'Utopie, cavaliers de la Chimère, inventeurs de Systèmes définitifs, missionnaires de l'Ève future, petits-bourgeois phalanstériens, communistes gyrovagues, orphelins, trotskistes, pacifistes, espérantistes, naturistes, végétariens, prédicateurs en tout genre, mais les amphithéâtres et les bancs d'église rassemblaient le gros des troupes comme je le vis bientôt.

Avant la rentrée universitaire, cherchant à me dévouer pour la grande cause – la paix en Algérie et plus tard le bonheur du genre humain –, j'appris par hasard qu'il existait dans notre commune une section de la Nouvelle Gauche. La Nouvelle Gauche (avec majuscules), qui n'était pas à elle seule toute la nouvelle gauche, était une petite formation politique, dont les principaux animateurs, Claude Bourdet et Gilles Martinet, dirigeaient *France-Observateur.* Lecteur fidèle de cet hebdomadaire dont j'appréciais le courage et suivais la ligne, il était logique qu'en quête d'action je suivisse ses journalistes les plus engagés. Georges, responsable de la section de mon secteur, allait à la messe; il m'apprit que ladite section était truffée de catholiques – lesquels animaient aussi, avec d'autres militants, un comité local contre la guerre d'Algérie. J'étais réjoui d'apprendre la force de ce catholicisme de gauche et, naïvement, j'éprouvais une certaine fierté à savoir nos vicaires résolument de notre bord – tandis que le curé de la paroisse, plein de barbe et de raison, modérait paternellement leurs convictions. La section, catholique en majorité donc, se composait d'une douzaine de militants : instituteurs, professeurs, employés, et deux ou trois ouvriers de l'Action catholique. Evidemment, la Nouvelle Gauche n'était qu'un groupuscule, mais il était déjà sérieusement question de sa fusion avec deux autres mouvements : le MLP (Mouvement de libération du peuple) et la Jeune République, également d'origine chrétienne. Je m'imaginais donc au moment où les petits ruisseaux de l'histoire s'apprêtent à devenir rivière. Mis au courant des pourparlers qui préparaient cette confluence décisive, je ressentis l'enthousiasme communicatif des fondateurs. Mes nouveaux camarades, dont certains m'étaient déjà connus, m'apparurent presque tous comme des modèles de fraternité, de sérieux et de dévouement. Se réunir avec eux, c'était à chaque fois retremper sa ferveur. Mais la rentrée universitaire m'en éloigna un peu.

En novembre, à la Sorbonne, j'eus la chance de nouer des liens d'amitié avec Paul F. C'était un petit jeune homme frêle à la voix lente, dont le sourire m'éblouissait. Catholique lui aussi. Et poète. Il avait même déjà publié deux recueils de poésies, ce qui m'en imposait. Nous nous mîmes d'accord : il fallait mettre sur pied une section Nouvelle Gauche à la Sorbonne. En attendant, il m'entraînait au concert ou dans des cercles de jeunes écrivains; un dimanche, il me fit connaître la librairie de l'Escalier, rue Monsieur-le-Prince, où Aimé Césaire, qui venait de démissionner du parti communiste, signait ses œuvres[1]. Je me fis dédicacer par le grand poète martiniquais son *Discours sur le colonialisme*, que je lus d'un trait le soir même, saisi par cette harangue en lettres de feu. Paul lançait parfois de grandes idées : par exemple, organiser avec le concours de la Croix-Rouge et de l'UNEF un mouvement de reconstruction qui grouperait, lors des vacances de Noël, tous les étudiants désireux d'aller en Hongrie aider à rebâtir ce que les chars avaient détruit. C'était d'un bel irréalisme.

Tous les deux, nous nous retrouvâmes un soir dans le local enfumé des anciens prisonniers de guerre du Ve arrondissement, rue Lhomond, non loin de la rue Mouffetard. Une assemblée générale des étudiants parisiens de la Nouvelle Gauche s'y tenait. Il y avait là une quarantaine de garçons et de filles, parmi lesquels nous repérâmes les étudiants en lettres. L'un d'eux s'imposa d'emblée, le visage déjà mûr, portant des lunettes sans monture et fumant la pipe. C'était Marcel B., ancien instituteur, étudiant en anglais. Je sus plus tard qu'il avait été des chrétiens progressistes; que, depuis leur condamnation par Rome, il s'était éloigné de l'Eglise. Avec sa veste de cuir brune, son air résolu mêlé de douceur, il devait se révéler comme un de ces militants qui forcent l'admiration par leur générosité. Avec Paul et lui, nous groupâmes à la fin de la réunion les autres étudiants en lettres; une section Sorbonne fut décidée, rendez-vous fut pris pour la semaine suivante. Ainsi, quelques jours plus tard, au premier étage de la Chope parisienne, un café de la rue des Ecoles, se tint la première réunion de notre section Lettres. Nous étions une dizaine. La vente de *la Nouvelle Gauche*, le bimensuel du parti, fut notre premier travail militant; deux par deux, à tour de rôle, nous le vendions à la criée

1. Césaire avait quitté le PCF en raison de ses ambiguïtés en matière coloniale. Mais sa critique politique portait aussi sur le stalinisme : cf. texte p. 259.

devant la Sorbonne. Ce fut un succès immédiat, la section fut connue, elle s'agrandit, nous étions en terrain ami.

Mon adhésion à un parti qui s'affirmait révolutionnaire me força à la réflexion politique. Justement l'étude de la Révolution française que je faisais à travers les cours de Marcel Reinhard et les livres classiques de Mathiez et de Lefebvre tempérait singulièrement le mouvement du cœur qui m'avait porté à militer. Je constatais avec un certain trouble que les partis révolutionnaires, une fois au pouvoir, ou bien évoluaient vers la modération et freinaient donc le processus révolutionnaire – c'était le cas des Girondins –, ou bien imposaient leur marche en avant par la terreur – c'était le cas des Montagnards. Spontanément, je transposais l'exemple révolutionnaire au XXe siècle. Les communistes avaient choisi d'être des fusilleurs pour sauver leur révolution; les socialistes avaient préféré être traîtres à la cause prolétarienne, par crainte de la révolution. Je justifiais ainsi ma présence à la Nouvelle Gauche au nom de ce double refus : ni trahison ni terrorisme. D'autres disaient : ni réformisme ni stalinisme. Peu importe! Ce qui sautait aux yeux, c'est qu'après Suez et Budapest la gauche française, l'opinion de gauche, les militants et les électeurs de gauche devaient repousser également les socialistes et les communistes. Mais cette évidence restait confidentielle. Ainsi, le 16 décembre, il y eut des élections partielles au conseil municipal de L'Haÿ-les-Roses, où il m'arrivait d'aller vendre des journaux le dimanche matin. Non seulement les communistes gardaient leurs sièges mais les socialistes, eux, faisaient mieux que doubler les leurs. Ces nouvelles-là m'arrachaient le cœur, je résistais difficilement à la tentation du mépris. Les rares hommes publics qui avaient condamné en même temps l'intervention soviétique en Hongrie et l'expédition de Suez ne récoltaient qu'un nombre de voix ridicule. Je me fis à cette idée que les meilleurs sont toujours des minoritaires, tombant ainsi dans le piège élitiste de toutes les organisations d'extrême gauche : depuis Lénine, on sait que le prolétariat réduit à lui-même n'a que des instincts vachards mais qu'heureusement des intellectuels pensent et s'agitent pour lui. Trop démocrate pourtant pour accepter les conceptions léninistes du Parti, je souffrais de vouloir vivre au sein d'un peuple de dieux et de n'avoir autour de moi que des humains trop humains.

Au cours de ce mois de décembre 1956, je passais mon temps à m'indigner. Comme Gide, je ne souhaitais perdre l'indignation qu'avec la vie; je vitupérais donc du matin au soir, glanant avec fureur des petites phrases qui alimentaient ma hargne. Petite phrase d'un camarade communiste, qui vendait *Clarté* à côté de moi : « La classe ouvrière se fout de la Hongrie, ce qui l'intéresse, c'est son salaire. » Je ne sais s'il avait appris ce mépris-là dans Lénine, mais c'était dégoûtant, et je le lui disais. Petite phrase de Mme Degrond, député socialiste, lors d'un débat sur la Hongrie : « On parle de socialisme : le socialisme n'existe pas là où la liberté est opprimée. » L'impudique! Affirmer cela et organiser en Algérie la répression de tout ce qui, de près ou de loin, touchait à la lutte d'un peuple pour son indépendance. Petite phrase, lors du même débat, du député communiste Duprat : « Dans les usines et dans les villages, on commence à dire : ce qui se passe en Hongrie est très malheureux mais ne ferait-on pas mieux de penser aux jeunes Français qui meurent tous les jours en Algérie? » Comme si l'on manquait de temps, de cœur ou de mots pour condamner à la fois la sauvagerie policière en Hongrie *et* en Algérie. Dans la ronde interminable des tartuffes, on s'envoyait à qui mieux mieux du « Suez! » et du « Budapest! », du « Suez! » contre du « Budapest! », du « Budapest! » contre du « Suez! »; mais qui, dans cette Assemblée, avait suffisamment de lucidité et d'autorité pour condamner très haut Suez et Budapest? Le son de sa voix n'arriva pas jusqu'à moi. Indigné, indigné, je ne sortais pas de mon indignation, tempêtant, grommelant, serrant les poings, tel ce Regimbart dans *l'Education sentimentale* qui ne paraît lire les journaux quotidiennement dans les mastroquets que pour se donner le plaisir de décharger sa bile contre le gouvernement et le genre humain.

C'est en ce mois de décembre qu'André Mandouze fut arrêté. Les sbires de Lacoste avaient mis le grappin sur ses frêles épaules. Connivence avec le FLN! Tandis que la droite belliqueuse se montra pour une fois réservée et circonspecte, il revint à Gabriel Marcel – dont le passé antivichyste était pourtant estimable – de se réjouir publiquement de cette arrestation, poussant l'audace jusqu'à comparer Mandouze, ancien résistant, aux collaborateurs français des années noires. Mauriac confondit Marcel dans *l'Express*. Quelques jours avant Noël, André Mandouze fut libéré. Ainsi, parfois, la joie modérait mon indignation permanente.

Dans les derniers jours de l'année, de graves incidents eurent encore lieu en Algérie. Une personnalité pied-noir, Amédée Froger, maire de Boufarik et président de l'Interfédération des maires, fut assassiné en plein centre d'Alger par des nationalistes algériens. Lors de ses obsèques, la peur et le fanatisme entraînèrent des Européens à lyncher six musulmans. La radio commenta les faits par des mensonges effrontés : les musulmans – pauvres types pris au hasard et passés en moins de deux de vie à trépas parce qu'ils avaient eu le malheur de se trouver là à ce moment précis – devinrent dans la bouche du speaker des... « terroristes ». A la suite de ces ratonnades ignobles, les traminots musulmans se mirent en grève pour protester contre les violences des Européens. *France-Soir*, moniteur de l'opinion métropolitaine, présenta ainsi les faits : « Ce matin, les traminots musulmans d'Alger se sont mis en grève; ils entendent ainsi protester contre les violences commises par... [devinez qui?] leurs coreligionnaires lors des obsèques de M. Froger. » Bourrons les crânes, il en restera toujours quelque chose! Quiconque tient une plume dans un journal devrait pourtant se dire que le mépris de la vérité justifie à la longue le mépris de la liberté et qu'un journaliste qui ment prépare son suicide.

Au milieu de cette canaillerie, la Nouvelle Gauche était mon havre : on respire comme on peut. Et puis, l'avenir était prometteur. La rapidité avec laquelle nous avions constitué et renforcé notre section de la Sorbonne, la qualité humaine des militants que je fréquentais en banlieue, le succès de la presse de gauche « non alignée », le prestige des grandes revues, *Esprit* et *les Temps modernes*, c'étaient des signes encourageants, une sève ascendante.

A vrai dire, une contradiction travaillait la Nouvelle Gauche, contradiction que je refoulais de mon mieux mais qui restait évidente. Que voulait-elle au juste? Ou bien elle continuait à se réclamer du Front populaire, de la gauche unie, et mettait donc tous ses espoirs dans la réconciliation des socialistes et des communistes. Dans ce cas elle était une sorte de tabernacle où l'idée sacrée de l'union de la gauche était conservée comme une hostie... en attendant de disparaître du moment que l'union se ferait. Ou bien elle croyait dans la nécessité et dans les chances d'une nouvelle voie, d'une nouvelle force socialiste – et elle devait jouer son propre jeu, penser le long terme dans l'intransigeance. Beaucoup d'entre nous, également écœurés du communisme international et du socialisme *made in France*, étaient favorables à cette dernière solution. Pas de concession donc, ni au PC ni à la SFIO! Plus politiques sans doute, la plupart des dirigeants de la Nouvelle Gauche, Bourdet en tête, ne paraissaient pas jouer cette carte-là; ils exprimaient leur confiance dans l'évolution du communisme. Même si le PCF restait stalinien jusqu'à la moelle, ils prenaient tous les rayons de soleil venus de l'Est comme autant de vendanges futures. La Pologne de Gomulka s'offrit aux commentaires optimistes; dans *France-Observateur*, on fit de ce replâtreux du parti communiste polonais un héros et un exemple. Mais ceux-là mêmes qui souhaitaient plus d'intransigeance se trouvaient, dans le combat qu'ils menaient au jour le jour contre le colonialisme, le plus souvent aux côtés des communistes. Au quartier Latin, ils étaient les seuls alliés de poids sur lesquels on pouvait compter. Il fallait donc transiger.

Certains intellectuels restaient pourtant intraitables. C'était le cas de la petite équipe qui animait *Socialisme ou Barbarie*. Depuis longtemps cette revue m'intriguait, à la vitrine de la librairie Croville – qui n'existe plus aujourd'hui – juste en face de la faculté des lettres, rue de la Sorbonne. J'achetai le numéro de décembre consacré à l'insurrection hongroise. Je le lus avec une émotion joyeuse.

Socialisme ou Barbarie avait été fondée, en 1948, par un petit groupe venu du trotskisme; Castoriadis, Lefort, Laplanche en étaient les principaux animateurs. Ces quelques intellectuels avaient des relations très proches avec des militants ouvriers de chez Renault. L'entente entre ces contestataires de la gauche historique n'était pas toujours harmonieuse. Des tendances contraires s'y affrontaient : ceux qui voulaient jeter les bases d'une nouvelle organisation révolutionnaire tombaient sous la critique des plus libertaires qui prêchaient les comités, les petits noyaux actifs, les foyers autonomes qui font circuler les idées, et étaient résolument hostiles à toute nouvelle tentative de construction pyramidale. Quoi qu'il en soit, leur revue publia le meilleur ensemble sur la révolution hongroise – attachés qu'ils furent à montrer concrètement et théoriquement « les véritables tendances, prolétariennes et socialistes, de cette révolution ».

Ce numéro fut notre meilleure parade à la contre-offensive stalinienne, dont l'alpha et l'oméga de l'argumentation était : quand toute la droite occidentale se réjouit du soulèvement de Budapest, une telle unanimité et une telle joie chez les réactionnaires dénoncent le caractère fasciste de la rébellion. *Socialisme ou Barbarie* démontra, au contraire, la solidarité de *l'Humanité* avec *le Figaro* et *l'Aurore :* comme la presse bourgeoise, la presse communiste avait « essayé de cacher les manifestations révolutionnaires du prolétariat hongrois [...], le fait qu'il s'est organisé dans les Conseils »; de là cette question éludée par nos communistes : « Le socialisme consiste-t-il en la production, ou bien en ce que des Conseils d'ouvriers dirigent, comme le demandent les travailleurs hongrois? »

Une révolution prolétarienne anticommuniste, la première révolution antitotalitaire, les soviets contre les Soviétiques, la Commune contre le communisme, les premiers jalons du socialisme autogestionnaire – un socialisme qui ne serait plus seulement dirigé contre le capitalisme privé mais encore contre la bureaucratie d'Etat –, tel était le sens des événements de Hongrie révélé par *Socialisme ou Barbarie.* Dans des articles qui m'enthousiasmèrent, Lefort et Castoriadis illustrèrent à l'envi le sens caché (caché par les communistes comme par la droite) du soulèvement hongrois : Une « révolution prolétarienne contre la bureaucratie ». Nous étions loin des commentaires de la gauche habituelle, selon lesquels, eh oui, il y avait bien eu de la réaction, du nationalisme, voire du fascisme ici et là dans cette révolte – mais c'était la faute des méchants staliniens. Que non! Pour Lefort et Castoriadis, les révolutionnaires de Hongrie étaient une avant-garde annonciatrice de la vraie révolution du XXe siècle, la « pointe la plus avancée » du mouvement ouvrier contemporain, le premier soulèvement des travailleurs contre un régime totalitaire moderne.

Ce numéro de *Socialisme ou Barbarie* de décembre 1956 restera à jamais comme un des plus beaux hommages rendus à la classe ouvrière hongroise : « Face à cette bureaucratie exploiteuse, corrompue, décomposée, que la peur pousse à l'assassinat d'un peuple, se dresse la figure humaine du prolétariat hongrois » (Chaulieu/Castoriadis). Les Français qui, par le truchement de *l'Humanité* et de *France nouvelle,* auront tant calomnié cette révolution, auront du moins sauvé l'honneur grâce à cette revue – dont le nombre des abonnés ne devait pas excéder cinq cents.

Il faut avouer toutefois que *Socialisme ou Barbarie* ne nous offrait d'autre perspective que celle d'un travail intellectuel sans relâche de démythification. Or j'étais, à dix-neuf ans, impatient d'action, et suivre les conclusions de *Socialisme ou Barbarie* me paraissait aboutir à un isolement superbe certes, splendide assurément, mais à un isolement tout de même. La Nouvelle Gauche n'avait pas de base théorique solide ni de perspective stratégique évidente, mais je n'étais pas si exigeant : me retrouver avec une bande de copains, également hostiles aux « socialoderoses » et aux staliniens, décidés à se battre, ici, en France, contre le principal objet de notre colère : la guerre d'Algérie, voilà qui suffisait à rendre raison de mon adhésion.

V

L'ODEUR DE LA PESTE

1956 avait été une année terrible, 1957 fut une année de normalisation. Normalisation de la guerre, normalisation de la répression, normalisation de la censure : il ne fallait plus s'étonner de rien. Ce qui avait d'abord provoqué le refus d'obtempérer, la révolte, la colère – que l'on songe à la résistance première des rappelés soutenue par une bonne partie de l'opinion – laissait place à la résignation. Le pire était devenu normal.

Ce grand sommeil de la conscience populaire favorisa les signes précurseurs de la peste fasciste, qui se multiplièrent.

La décomposition de l'Etat

Le fascisme se présente d'abord comme le remède de cheval qu'on impose à un Etat libéral moribond. Quand l'Etat n'exerce plus son autorité légitime, quand il démontre chaque jour son incapacité d'affronter les problèmes qui lui sont posés, quand ses propres agents n'ont plus cure de la discipline à laquelle ils ont, par définition, accepté de se soumettre et minent de l'intérieur les instruments de la puissance publique – en particulier l'armée et la police –, auxquels ils assignent leurs propres objectifs, quand les hommes et les partis s'épuisent en querelles subalternes et en rivalités cantonales jusqu'à tomber dans le décri universel, bref, quand l'Etat, loin de pouvoir imposer encore le respect, n'inspire plus que de l'inquiétude ou le mépris tant sa faiblesse est visible, c'est alors que la peste, de proche en proche, gagne un peuple. La peste qui s'insinue dans les familles, qui s'infiltre dans les consciences, qui s'impose aux esprits, c'est d'abord une idée simple à deux faces : 1° il n'y a plus d'Etat, il n'y a plus de Père, il n'y a plus d'ordre, tout va à vau-l'eau, demain ce sera la ruine, la guerre civile, la misère; 2° il nous faut de nouveau un Etat, et il nous faut de l'ordre, il nous faut un Guide, un Sauveur, un Maître.

Cette idée simple est trop simple pour être ainsi formulée par chacun. Elle s'exprime seulement par des interjections, des moqueries grossières jetées à l'adresse des gouvernants, des expressions martiales ou des métaphores de ménagère : il faudra un jour *nettoyer* tout ça, donner un bon *coup de balai*, etc. La peste fait son chemin.

Cette décomposition de l'Etat libéral, l'opinion la discerne d'abord à travers les crises parlementaires. En moins d'un an, le pays en connut trois, de moins en moins solubles – la dernière précédant la crise finale du régime. La chute du gouvernement Mollet en mai 1957 annonçait les autres et résumait l'ingouvernabilité d'une société déchirée par ses contradictions. Mollet, modèle du traître de comédie, avait pourtant de beaux atouts pour prolonger sa carrière à la tête du gouvernement : chef d'un parti discipliné qu'il dominait et incarnait, rendant aux partis de droite l'inappréciable service d'accentuer la division de la gauche en faisant la politique des conservateurs et la diplomatie des colonialistes, il pouvait en principe se maintenir longtemps face à la double opposition d'extrême gauche (mais les communistes, malgré leurs votes négatifs, se réclamaient toujours du Front unique et paraissaient en ménager la chance en ménageant à qui mieux mieux les socialistes) et d'extrême droite (mais les poujadistes se singularisaient par la misère intellectuelle de leurs propos, et les inconséquences de leur chef amenuisaient chaque jour la cohérence de leur groupe parlementaire); un gouvernement de gauche faisant la politique de la droite, c'était une garantie de durée. De fait, le gouvernement Mollet dura tout de même seize mois – presque un record. Mais, lorsque la formule eut épuisé ses bons effets, on n'en trouva pas d'autre en échange : Bourgès-Maunoury, puis Félix Gaillard, émergés de la canardière radicale qui depuis un demi-siècle approvisionnait l'hôtel Matignon, furent de pâles imitations de la figure parlementaire molletiste, des succédanés sans lendemain.

Posant la question de confiance à la fin mars 1957, Mollet avait obtenu encore la majorité à l'Assemblée, mais les députés de droite commençaient à laisser échapper de leurs têtes penseuses des saillies menaçantes.

En février, Roger Duchet, qui avait trouvé sa vocation politique dans le rassemblement des droites sous le sigle rassurant du Centre national des indépendants, se plaignit publiquement de l'accaparement des hauts postes de la fonction publique par la clientèle socialiste; on évoqua le spectre de l'étatisation; les députés « paysans » dénoncèrent la politique des prix et la manipulation des 213 articles avec lesquels Ramadier – ministre des Finances – jonglait de son mieux pour dissimuler les effets de l'inflation..., enfin, la droite refusait dans ses profondeurs départementales un renforcement de la pression fiscale. La droite, la « droite la plus bête du monde » comme allait bientôt la qualifier Guy Mollet, se réjouissait de ce qu'on fît une guerre coloniale à sa place mais, dans ses fantasmes, elle aurait voulu pardessus le marché qu'on la fît avec l'argent des autres. C'est pourquoi, à la mi-mai, la triste réalité des chiffres fit sursauter sur leurs bancs les dignes représentants de l'intérêt national, enrubannés de tricolore, qui voulaient bien, pour garder l'Algérie française, payer avec le sang des conscrits mais certes pas avec leurs bas de laine : il fallait établir 150 milliards d'impôts nouveaux, c'était inadmissible. Les indépendants vinrent donc grossir l'opposition, devenue habituelle, des communistes et des poujadistes. Guy Mollet pouvait ainsi se prévaloir d'être tombé « à gauche ».

La droite qui avait exécuté, avec les communistes, le gouvernement Mollet était dans l'impossibilité d'offrir une solution de rechange : il n'y avait pas de majorité de droite, MRP compris, et la seule majorité de gauche qui existât – avec les communistes – était encore moins imaginable en ce printemps 1957 qu'un an auparavant. Il fallait se résigner à des compromis centristes boiteux qui rendaient tout le monde insatisfait. Bourgès-Maunoury remplaça Mollet mais, les mêmes causes produisant les mêmes effets, tout le mois d'octobre fut consacré à résoudre une nouvelle crise qui, cette fois, laissait dans le fossé le président du Conseil à cause de son projet de loi-cadre en Algérie.

Ces prises parlementaires répétées n'amusaient plus l'opinion car l'heure était aux choix décisifs. L'homme de la rue avait tendance à juger frivole l'homme du Palais-Bourbon. Mais ces crises ministérielles reflétaient les contradictions mortes ou vivantes – de la société française, d'une société kaléidoscopique dont on désespérait de trouver l'unité. Aux clivages économiques qui la tronçonnaient et l'équarrissaient (les luttes de classes, les oppositions régionales, l'industrialisation contre l'ancien monde), il fallait ajouter l'héritage idéologique des vieilles querelles entre ceux qui croyaient à l'école laïque et ceux qui n'y croyaient pas, entre ceux qui avaient suivi les bolcheviks et ceux qui étaient restés les locataires de la Vieille Maison, entre ceux qui brûlaient des cierges à Pétain et ceux qui appelaient de leurs vœux le retour du général de Gaulle. La France paraissait n'être que la rencontre fortuite, dans un même espace, de gens, de groupes, de familles qui n'avaient en commun que des aigreurs. Au vrai, la France digérait mal son histoire au moment où elle était confrontée au plus grand défi du siècle : entrer dans la modernité. Alors qu'elle devait faire face lucidement et courageusement au phénomène universel de la décolonisation, elle s'enfermait dans le mythe de l'âge d'or. Presque sans débat, les députés votèrent cette année-là la création du Marché commun, ne voyant pas la contradiction entre ce qu'il impliquait d'exogamie et la chimère endogamique d'une Algérie éternellement « française ». Par un côté d'elle-même, la France entrait résolument dans le monde industriel; par tout un autre côté, elle s'y refusait. Et ce côté-là ne manquait pas de folklore, c'était l'alliance du soldat et du laboureur, le vieux rêve populiste de la vieille France, la réconciliation coloniale du curé et de l'instituteur... Dans la chaotique redistribution des cartes que la France des années cinquante connaissait, il n'y avait plus de consensus – une addition de dissidences, comme disait à peu près André Siegfried, lequel Siegfried participait allègrement de quelques-unes des mystifications vieil-impérialistes qui rendaient plus opaque la compréhension de ce que nous vivions.

Deux intellectuels réputés incarnèrent un moment l'un la France moderne acceptant de passer l'éponge sur un certain passé désormais aboli, l'autre la vieille France cramponnée à son fauteuil de paralytique, refusant de mourir : ce furent Raymond Aron et Jacques Soustelle. Tous les deux, brillants normaliens, avaient été des adversaires résolus du fascisme mais, par je ne sais quels caprices de leur itinéraire particulier, ces deux hommes que l'on rangeait communément dans les rangs de la droite s'affrontèrent presque violemment sur la question algérienne. Aron publia courageusement *la Tragédie algérienne*, qui déplut à ses lecteurs ordinaires du *Figaro*. Pourtant, il s'en tenait au réalisme politique qui avait assuré son prestige. Il s'y disait partisan de l'indépendance algérienne, non point par humanisme ou autres dérivés de la sentimentalité, mais pour des raisons de bon sens, à la fois démographiques, financières, économiques et politiques. Il disait posément, chiffres à l'appui, ce que depuis des mois et des mois on pouvait lire dans des journaux comme *France-Observateur*, allant jusqu'à admettre que l'indépendance de l'Algérie – « inévitable » – entraînerait de toute nécessité le rapatriement d'une foule de pieds-noirs, ce qui généralement était nié par ceux-là mêmes qui étaient les partisans de l'Algérie algérienne.

Je lus ce livre décapant et scandaleux (scandaleux pour les admirateurs ordinaires d'Aron) à la fin du mois de juillet 1957, au moment où André Morice, ministre de la Défense nationale, faisait à Constantine un de ces discours à faire dormir debout un million de pieds-noirs et leurs cousins de la métropole : « Croire à la politique d'abandon est un leurre... La France ne cédera pas. A l'image de son armée, de ces jeunes dont les vertus humaines et la valeur militaire sont notre fierté, elle est résolue à poursuivre son effort aussi logtemps qu'il le faudra. » Entre le livre de Raymond Aron et les coups de clairon des ministres, le contraste éclatait. Du moins, les ministres n'étaient pas des intellectuels. Il revint donc à Jacques Soustelle, ancien ministre mais ethnologue de grande renommée, de relever le défi de Raymond Aron. A la va-vite, il publia dans la même collection, « Tribune libre », que Plon avait eu l'ingénieuse idée de lancer, une de ces répliques à l'emporte-pièce qu'inspire la passion plus que l'intelligence. Car c'était bien de sa part faire fi de ses facultés intellectuelles et de son expérience d'ethnologue que d'affirmer envers et contre toute l'histoire ancienne et récente de l'Afrique du Nord que l'Algérie était une terre française au même titre que la Provence ou la Bretagne. Il y avait en vérité un cas Soustelle, celui d'un fascinant retournement intellectuel. Lui qui dans ses travaux avait soutenu la cause de l'Indien contre les soudards de Cortés, le voilà devenu totalement incapable de comprendre l'identité arabo-musulmane et professant contre des vérités de béton la chimérique intégration de l'Algérie à la France. On racontait que sa conversion à la cause des ultras avait eu pour origine le choc qu'il avait éprouvé, lors de son mandat en Algérie, quand il vit pour la première fois de sa vie des cadavres – les corps mutilés de victimes du FLN. Quoi qu'il en soit, cette polémique à l'intérieur de la droite française en disait long sur le morcellement de l'opinion.

L'Etat qui reflétait ces divisions et ces subdivisions voulait donner à croire qu'il maîtrisait la situation en multipliant les mesures arbitraires contre ce qui restait d'opinion libre. La presse qui gardait son franc-parler face aux organes vociférants du jusqu'au-boutisme colonial tomba sous les coups de saisies répétées : *France-Observateur, l'Express, Témoignage chrétien, l'Humanité, Esprit, les Temps modernes* étaient victimes plus ou moins régulièrement de ces hérauts de la liberté qui faisaient carrière sous la bannière socialiste ou radicale – jusqu'à *la Croix*, le sage quotidien des révérends pères assomptionnistes, qui était saisie en Algérie parce qu'elle ne voulait plus renouveler l'alliance du sabre et du goupillon. Le gouvernement n'osa pas s'attaquer de front au *Monde*, dont les épines l'irritaient pourtant beaucoup; en juillet 1957, André Morice l'accusa de « diffamation publique envers les armées » à la suite d'un article de Maurice Duverger, après quoi la Fédération nationale des parachutistes français réclama au quotidien de Beuve-Méry 20 millions de dommages et intérêts. Quant à *l'Espoir-Algérie*, seul périodique en Algérie publié par des libéraux qui refusaient l'imbécillité de la politique ultra, ce fut une des hontes de l'administration Lacoste que de le persécuter et de le faire mourir. Pourtant, l'Etat libéral et prétendument démocratique ne démontre jamais sa puissance par le bâillonnement de la presse libre car, ainsi faisant, il renie sa propre légitimité, détruit ses fondements et, d'arbitraire en arbitraire, contribue à créer les conditions de sa chute.

Cet affaiblissement de l'Etat se laissait deviner encore dans la dérive progressive de l'armée et de la police. A la première était impartie depuis de longues années une tâche impossible : maintenir contre vents et marées le drapeau français, là où l'avaient planté jadis les héros aventureux de l'épopée coloniale, en Asie, en Afrique, où désormais des peuples découvraient, un siècle après les Européens, le sentiment national, la quête d'une identité et le refus de l'esclavage. Dépités par la fin sans gloire de la guerre d'Indochine, désorientés par la politique velléitaire de Paris, des officiers supérieurs et généraux étaient de plus en plus enclins, pour n'être plus l'alibi militaire d'une nouvelle déconfiture nationale, à prendre des initiatives politiques, du moins à prêter une oreille complaisante aux contempteurs du régime, et à rêver parfois de lui substituer quelque gouvernement de guerre qui mît la nation au pas pour de bon et dressât toutes ses forces pour maintenir l'Algérie à la France. Souvent inspirés par la générosité et l'amour ingénu de la patrie, ces soldats pensaient la politique à travers la mythologie des écoles nettement bornées qui les avaient formés, à travers les clichés conservateurs de leur milieu familial ou, plus certainement encore, à travers la mésaventure indochinoise qui les avait meurtris sans les rendre lucides. Qu'ils fussent « bêtes », au demeurant, ne tirait pas à conséquence – on connaît la formule! Mais la conjugaison de la bêtise et de l'indiscipline dans les armées est grosse de tous les dangers pour la République. Il y eut donc des complots plus ou moins larvés, des conjurations plus ou moins sérieuses, des manigances plus ou moins rocambolesques; l'opinion en connut quelques bribes. En janvier 1957, le général Faure, adjoint au commandant de la région d'Alger, se fit connaître pour avoir trempé dans une intrigue de médiocre envergure. De façon plus inquiétante, le général Salan fut visé par un attentat au bazooka, le 16 janvier; il s'en sortit indemne, mais son chef de cabinet, le commandant Rodier, fut tué. On étouffa l'affaire, où se trouvaient impliquées apparemment de trop nombreuses et de trop hautes personnalités des milieux militaires et politiques de Paris et d'Alger. Le général Massu, commandant la 10e division de parachutistes, reçut le 7 janvier la haute main sur le maintien de l'ordre dans l'agglomération algéroise; ses interventions brutales lors des grèves lancées par le FLN assurèrent d'emblée sa popularité dans la population pied-noir. Ses allures de matamore, vues de Paris, laissaient craindre un homme de pronunciamiento. En tout cas, le pourrissement de la guerre coloniale tendait à séparer le pouvoir militaire du pouvoir politique.

L'état de la police connaissait dans le même temps une rapide détérioration. Quelques-uns de ses anciens chefs, comme le commissaire Dides, devenu député poujadiste, rivalisaient en fanatisme avec les ultras du colonialisme. Plus gravement, il était visible que la police parisienne, comme au temps du préfet Chiappe, était devenue ostensiblement partisane, épargnant les manifestants de droite, molestant de manière sauvage les manifestants de gauche. On en arriva ainsi à la journée du 13 mars 1958, qui vit des cohortes policières manifester en force au Palais-Bourbon. A l'origine, ce n'était qu'une manifestation « syndicale » convoquée à la préfecture de police : les policiers exigeaient la « prime de danger » qu'on leur avait promise. Mais on n'en resta pas là; on prit le boulevard Saint-Germain qu'on remonta jusqu'à l'Assemblée nationale. Les slogans qui fusèrent n'avaient plus rien de corporatif. Le ministre de l'Intérieur, l'irrémédiable Bourgès-Maunoury, ne tenait plus ses troupes en main. Tout branlait décidément dans l'Etat. La peste avait déjà investi les rues et les maisons.

La peste fasciste et ses imitations se renforcent toujours des exacerbations et des perversions du sentiment national. L'Etat libéral s'effondre au moment même où il devrait ressaisir le destin de la nation menacée et humiliée. De la corde nationaliste, Mussolini comme Hitler avaient su jouer en virtuose. La France de ces années-là, irritée par sa dépendance économique dont la dépréciation monétaire du franc et les emprunts à l'Amérique étaient la sanction quotidienne, humiliée d'être définitivement rabaissée au rang des Etats de deuxième ou de troisième ordre, mortifiée par son échec en Indochine après y avoir entretenu une guerre de sept ans et souffert le siège de Diên Biên Phu, donnait tous les signes de l'exaspération nationaliste – comme si elle avait placé dans le maintien de l'Algérie française toute sa mise et tout son destin : l'Algérie resterait à la France ou la France serait définitivement rayée de la carte du monde. C'est en ces termes apocalyptiques qu'on racontait à l'opinion ce qui nous attendait si par malheur l'Algérie devenait indépendante.

Mais, de ce nationalisme, quel était l'ennemi? Sans doute les fellagha, cette poignée de fanatiques musulmans. Pourtant ce n'était pas là qu'une façade. L'ennemi principal était nécessairement extérieur – ou alors il eût fallu convenir que l'ensemble des Algériens avait rallié la cause de l'indépendance, ce qui était inadmissible. Dès lors, il devenait indispensable de briser toute manifestation collective, tout élan d'unanimité du côté musulman – de telles manifestations démontrant l'absurdité de la thèse française. Aussi bien, lors des grèves de vingt-quatre heures ou d'une semaine déclenchées par le FLN, on voyait les paras de Massu faire lever de force les rideaux de fer des magasins algériens : les musulmans étaient solidaires de la communauté française, qu'on se le dise, ils *en* étaient. L'ennemi, le vrai, celui qui armait et encourageait les rebelles, était donc au-delà des frontières. C'étaient tous les Etats arabes qui aidaient plus ou moins efficacement la guerre d'indépendance algérienne et, bien entendu, principalement l'Egypte de Nasser dont la victoire diplomatique accrut l'exaspération nationaliste des Français. Puisque ce tribun sous-développé s'en était tiré triomphalement, c'est qu'il avait été soutenu par les grandes puissances – l'URSS et les Etats-Unis. La rébellion algérienne, c'était donc non seulement Le Caire, mais Moscou (au demeurant, les communistes français ne s'affirmaient-ils pas en cette année 1957 partisans de l'indépendance?), mais Washington (ce qui fut confirmé par le discours au Sénat des Etats-Unis du jeune espoir du parti démocrate, John Kennedy, lequel affirmait le 2 juillet 1957 : « L'Algérie a cessé d'être un problème français et ne le sera plus jamais... Parce que la guerre affecte notre position dans le monde, notre prestige, notre sécurité et donne de puissants arguments aux anti-Occidentaux en Asie et au Moyen-Orient... »). Ainsi tout le monde s'acharnait contre la cause française – à l'exception des voix fidèles que lui donnaient à chaque session de l'ONU le Portugal salazariste et l'Afrique du Sud ségrégationniste –, de sorte que la xénophobie devenait le complément logique d'un chauvinisme de plus en plus hystérique.

Les hommes de droite, les Duchet, les Bidault, les Soustelle, les Morice, les Teitgen, donnaient le ton du délire en leurs discours. Dans ses *Taxis de la Marne*, qui avaient obtenu un beau succès, Jean Dutourd évoquait « les voyous du Caire », « les bradeurs », etc. La presse – *l'Aurore, le Parisien libéré, Paris-Presse, Paris-Match, Jours de France,* à un degré moindre *France-soir* et *le Figaro* –, les actualités cinématographiques, la télévision qui commençait à être répandue, tous les médias vulgarisaient à qui mieux mieux le contentement de soi et la défiance maladive du monde extérieur. A ce concert de chauvinisme, il était particulièrement pénible de voir participer les élus socialistes. Max Lejeune et Robert Lacoste se distinguaient entre tous leurs camarades par les excès de leurs propos, leurs rodomontades, leurs avis de faux durs.

Robert Lacoste, notre immortel « pacificateur », entretenait de sa faconde le moral des troupes. Il avait remis au goût du jour la fameuse formule de Clemenceau : « Nous en sommes au dernier quart d'heure », qui lui valut bien des quolibets de la part du *Canard enchaîné,* les quarts d'heure s'ajoutant aux quarts d'heure et Lacoste répétant nonobstant à qui voulait l'entendre : « Notre optimisme est justifié », ce qui justifiait aussi probablement l'envoi renouvelé de dizaines et de dizaines de milliers d'hommes nouveaux « pour l'Algérie ». Certains dirigeants socialistes avaient honte. « Comment se fait-il, écrivait ainsi Oreste Rosenfeld dans *France-Observateur,* que, juste au moment où Guy Mollet dénonçait publiquement les méfaits du nationalisme, il a, avec son ministre des Affaires étrangères, porté à leur paroxysme les sentiments de fierté nationale et même de chauvinisme français les plus primitifs à l'occasion de la crise de Suez? Comment se fait-il qu'en ce moment Guy Mollet et le ministre résidant en Algérie n'ont cessé d'exciter le nationalisme français en proclamant que la France ne renoncerait jamais à l'Algérie [...] qu'elle avait cependant conquise par la force et où les musulmans, jusqu'en 1946, n'étaient même pas des citoyens, mais des sujets sans droits politiques et sociaux? » (4 juillet 1957). Mais ces étonnements légitimes restaient sans écho. Car personne au fond n'était justifié pour coloniser d'autres peuples, hormis la France, fille aînée de l'Eglise et mère des Droits de l'homme.

Les jeunes gens du contingent, déjà mobilisés pour la guerre ordinaire, devaient encore subir la mobilisation rhétorique des tribuns. Eux qui étaient tenus d'aller risquer leur vie dans un silence poli et réglementaire trouvaient heureusement en chaque homme politique un porte-parole zélé. A l'instar de Georges Bidault, qui inondait les congrès MRP de son flux labial, on parlait paternellement de « nos garçons » comme si l'on avait leurs confidences. « Nos garçons ne permettraient pas... », « ce serait insulter nos garçons... », nos garçons par-ci, nos garçons par-là... Ce qu'ils pensaient au juste, les chers garçons, c'était bien le cadet des soucis de ceux qui les expédiaient éloquemment au casse-gueule.

Dans la vie quotidienne, il était visible que les sentiments de chauvinisme, de racisme, de xénophobie gagnaient tous les milieux, ou – quand ils y avaient été latents – s'exprimaient désormais sans vergogne. Georges C., avec qui je prenais souvent mes repas au restaurant universitaire, me racontait régulièrement les propos entendus chez son oncle et sa tante, chez qui il vivait. Un jour qu'il avait rapporté une pièce de monnaie tunisienne à sa jeune cousine, celle-ci s'était exclamée : « Ce qui me dégoûte, c'est qu'un Arabe ait pu y toucher avant moi. » Moi-même j'entendis cette réflexion d'un lecteur du *Parisien libéré*, venant d'apprendre qu'un accident de voiture avait fait six victimes : « Heureusement, ce n'était que des crouillas. » A ce propos, disons que c'était une résistance modeste mais déjà ferme que la résistance sémantique au vocabulaire raciste, car dans le vocabulaire usuel il n'était plus question d'Algériens ou de musulmans mais de « crouillas », de « bougnoules », de « melons », de « bicots », de « ratons », et j'en passe. Dans l'autobus, j'assistai un jour à une de ces scènes qui vous font regretter la marche à pied. Un travailleur étranger (nord-africain? italien?), encombrant maladroitement le passage, se faisait insulter par le receveur en termes grossiers : assis en face de moi, un quinquagénaire cramoisi prenait ses voisins à témoin : « Ils ne vont tout de même pas faire la loi chez nous, ces métèques! » Ce racisme était de toutes les classes sociales. Mon ami D., syndicaliste chez Renault, m'expliquait que, lors de l'arrivée de nouveaux embauchés d'origine nord-africaine, on entendait régulièrement des appréciations du genre : « Encore des crouillas, y en a marre. » La peste gagnait l'usine.

Et voici un personnage clé dans toutes les montées du fascisme : l'ancien combattant[1]. Nous avions les deux sortes : le vieux porte-drapeau à béret basque, réchappé de la boucherie de 14-18, et qui tympanisait les jeunes générations au nom de Clemenceau; le jeune ancien combattant, l'ancien d' « Indo » qui avait souvent repris du service en Algérie, qui était assurément plus proche des *arditi* de D'Annunzio et des réprouvés d'Ernst von Salomon.

Dans ces années-là, les anciens de 1914-1918 étaient encore nombreux; ils arrivaient même à l'âge de la retraite, ce qui leur donnait le loisir d'occuper la place. Evidemment, tous ceux qui avaient enduré les malheurs de la Grande Guerre n'étaient pas des « anciens combattants » : c'étaient ceux-là seulement qui faisaient l'étalage de leurs services passés, exhibant leurs mutilations et leurs décorations dans les cortèges, chœur insupportable de gérontes martiaux appelant le sang des jeunes de leurs poumons gazés. Tels nous les voyions, tels nous les détestions. Il revenait au président de la République, René Coty, ancien combattant lui-même, de donner le *la.* A Colmar, le 9 juillet 1957, il trouva la formule appropriée : « Qu'on ne compte pas sur nous pour sacrifier de l'autre côté de la Méditerranée une nouvelle Alsace-Lorraine. » Pauvre Coty, chef d'un Etat qu'il aurait dû faire bénéficier de ses lumières et qu'il entretenait dans la mythologie lugubre du « bleu horizon » – celle qui devait être probablement à l'origine de l'expression : « N'y voir que du bleu! »

La nouvelle génération d'anciens et de présents combattants prit la figure légendaire du parachutiste. Quel-

1. Dans une thèse récente, A. Prost a montré le rôle positif qu'eurent les AC dans la résistance au fascisme, en France, entre les deux guerres. Avaient-ils changé en 1956-1958? L'expression officielle de leurs mouvements me semblait en tout cas d'un nationalisme obsédant.

ques récits de la dernière guerre, quelques films héroïques avaient déjà vulgarisé les traits saillants de ce baroudeur moderne, aimant cogner, buvant sec, sauf aux heures de danger, faisant pâmer les filles et sauvegardant l'honneur de la patrie par des opérations de commando où l'audace le disputait à la vaillance. La guerre d'Algérie cristallisa le mythe à travers ces jeunes hommes vêtus de treillis léopard, que les pieds-noirs encensaient comme des dieux guerriers. Cette image de conquérant fascinait certainement une partie de la jeunesse. A la Sorbonne, nous voyions chaque jour un freluquet qui, pour vendre à la criée la presse d'extrême droite, revêtait régulièrement le béret rouge des « paras ». Un jour il prit congé de nous, revêtu de l'uniforme complet de ses héros familiers, en nous déclarant plein de morgue : « Fini, les cocos de la Sorbonne, je pars demain torturer les fellagha. »

Le 14 juillet 1957 fut une de leurs journées d'apothéose. Trois mille parachutistes – « secte de guerriers magnifiques », comme les chantait Jean Lartéguy dans *Paris-Presse* –, Massu en tête, les manches du treillis retroussées et le pistolet-mitrailleur sous le bras, furent en effet de la revue traditionnelle des Champs-Elysées. La foule parisienne leur réserva un accueil enthousiaste. Dans les heures qui suivirent ces défilés dans les villes françaises, la chronique des faits divers s'enrichit de manière significative. On en vit, dans la soirée du 14 à Paris, se ruer sur des Algériens pour les rosser à leur aise, histoire de ne pas perdre la main sans doute. Le 16 juillet, à Marseille, une centaine de « paras » manifestaient devant le journal communiste *la Marseillaise*, dont la vitrine fut brisée, tandis qu'en plusieurs quartiers des rixes éclataient entre « paras » et Algériens. *Le Monde* rapporta qu'un Nord-Africain avait succombé à des blessures graves. C'était l'image attrayante de la peste que composaient ces jeunes gens musclés : l'image de la force, de l'aventure, le goût de « vivre dangereusement », loin du morne travail quotidien et des disciplines triviales. L'armée d'Afrique, comme jadis aux jeunes Romains de Marius, offrait la gloire, le dépaysement et le plaisir du danger.

Nos nationalistes, pour qui l'ennemi était avant tout extérieur, dénonçaient complémentairement, selon la logique de leurs fantasmes, ceux qui, de l'intérieur, se faisaient ses alliés – la 5e colonne! dont les rangs se recrutaient presque exclusivement chez les intellectuels. C'est un autre trait du fascisme que son mépris ostensible de ceux qui, par la parole et par l'écrit, regimbent à sa loi. La bataille, j'en parlerai plus loin, se focalisa sur le problème de la torture, la question de la question : ceux qui émettaient des critiques, voire de simples doutes sur la régularité des méthodes employées par l'armée et la police en Algérie, les ténors du Parlement et les grandes plumes de la presse prétendue nationale les désignaient à la vindicte publique en des termes aussi vulgaires que stupides. Bourgès-Maunoury avait inventé les « chers professeurs »; Soustelle fustigea, quant à lui, les « quatre grands de la contre-propagande française » en évoquant *le Monde, France-Observateur, l'Express* et *Témoignage chrétien*, en mars 1957, à l'Assemblée nationale, ce qui lui valut un joli succès de séance auquel prirent part maintes paumes sur les rangs de la gauche; Duchet, Lejeune, Bidault, Teitgen et combien d'autres élus de la nation, perdant toute dignité, se mettaient au diapason d'un Poujade pour flétrir ce que le pays sécrétait encore de résistance intellectuelle à sa fascisation générale. En juillet 1957, Robert Lacoste (on revient toujours à ce fier-à-bras), pour élever les âmes des milliers d'Algérois qui l'écoutaient dans une manifestation organisée par les anciens combattants, rendit publiquement « responsables de la résurgence du terrorisme » ceux qu'il appela « les exhibitionnistes du cœur et de l'intelligence », ajoutant à la satisfaction générale : « Je les voue à votre mépris. » En décembre 1957, *Esprit* publia un remarquable ensemble sur « La France et les Français » où, dans un article de

L. Bodin et de J.-M. Royer, « Vocabulaire de la France », se trouvaient rassemblées toutes les caricatures de la « France éternelle », réactualisées par l'impossible décolonisation de l'Algérie. Du florilège bouffon et sinistre que les auteurs avaient composé avec humour, je détache cette citation de Jean Legendre, bel échantillon de l'éloquence « indépendante et paysanne » : « Académiciens, professeurs, savants, hommes de lettres, journalistes, éditeurs, tous bien rentés, bien nantis, repus d'argent, comblés d'honneurs, constellés de décorations, personnalités éminentes du Tout-Paris des générales comme des partouzes, tous éprouvaient sans doute un frisson délicieux à jouer les fellagha honoraires. » Tel était le style.

Tous ces matamores ne pouvaient « comprendre que la grandeur d'une nation ne se mesure pas à la quantité de sang qu'elle fait couler mais au nombre de problèmes humains qu'elle résout » – c'est Sartre qui écrivait cela dans *l'Express* en septembre 1957; ils ne savaient pas que « si le nom de la France représente quelque chose dans le monde, quelque chose de plus que le total, somme toute assez modeste, de nos tonnes d'acier ou de blé, s'il a mérité, ô Whitman, d'être chanté par les poètes, c'est parce que le peuple français est apparu dans l'histoire comme le porteur, le champion, le symbole d'un certain nombre de valeurs absolues » – c'est Marrou qui écrivait cela. Sartre, Marrou : des « intellectuels fatigués », selon l'élégante expression du tonique Max Lejeune, alors socialiste et ministre du Sahara.

Des groupuscules en attendant mieux.

Les circonstances politiques se prêtaient admirablement au renouveau du fascisme militant. La guerre d'Algérie fut d'abord l'occasion inespérée d'un retour sur la scène publique des anciens « collabos » et de célèbres pétainistes, que l'après-guerre avait tenus en respect. Un Tixier-Vignancour, ancien responsable de l'information du Maréchal, avait déjà su tirer les avantages de la guerre d'Indochine, grâce au prétoire. Il fut élu le 2 janvier 1956 dans les Basses-Pyrénées, ce qui lui permit de transporter son éloquence « nationale » du palais de justice au Palais-Bourbon. Armé d'un culot à toute épreuve et d'une voix de stentor, il tint bureau de *résistant* contre les *bradeurs* de l'Empire : c'était une belle promotion pour un homme qui avait commencé sa carrière dans la braderie pétainiste contre la Résistance. Un hebdomadaire regroupait symboliquement et avec quelque succès tout un ramas de vieux fascistes, d'anciens maréchalistes, de contre-révolutionnaires de tout poil, et s'appelait *Rivarol*. C'était un joli titre et, ma foi, les vertugadins qui le composaient ne manquaient pas de talent. Ils croyaient tenir leur revanche; de « rétros » qu'ils étaient naguère, voilà qu'ils étaient de nouveau « dans le vent » grâce à la défense de notre terre d'Afrique. Eux qui avaient plié le genou, l'échine et tout ce qu'ils pouvaient plier devant l'occupant nazi, les voilà qui bombaient le torse et tendaient leurs moustaches en face des fellagha. Mais ce n'était que le parti des Emigrés, vieux courtisans de l'hôtel du Parc, fascistes de cure thermale.

Les vrais fascistes ne viennent pas de la réaction, ne veulent pas la restauration et n'ont pas de respect pour les vieux tableaux. « Selon la grande tradition française, l'Armée sera jeune et patriote, ardente et invincible », c'est en ces termes que Me Biaggi annonça la création de son parti patriote révolutionnaire. Lui se réclamait des grands ancêtres : « Comme en 1792, la Patrie est en danger. » Biaggi, avec quelques dizaines ou quelques centaines de jeunes gens, devait, l'espace d'une République agonisante, défrayer la chronique par ses actions de commandos, ses appels retentissants, l'entraînement de ses troupes au pistolet-mitrailleur – comme des photos parues dans la presse en faisaient foi. Il avait été, qui plus est, l'organisateur efficace du 6 février 1956 à Alger : un conspirateur de talent.

Plus jeunes, plus excessifs, plus audacieux étaient les anciens députés poujadistes Le Pen et Demarquet. Le Pen, ancien leader de la Corporation des étudiants en droit de Paris, avait rompu avec Poujade au moment de l'affaire de Suez. Député et parachutiste (il avait été sous-lieutenant en Indochine), il avait fondé avec son collègue Demarquet un Front national des combattants, qui se donnait pour programme : « Contre tous les matérialismes, pour la révolution nationale, unissons-nous. » Ceux-là se réclamaient aussi de la tradition révolutionnaire de la France, de la Résistance, et prétendaient à un socialisme national. Demarquet unissait dans un unique et même hommage « les combattants de Verdun et ceux d'Algérie, les combattants de la Résistance et de la déportation, et, pourquoi ne pas le dire aussi, ceux de la lutte anticommuniste ». Le Pen exerçait une certaine fascination à laquelle un de mes anciens amis du lycée Lakanal avait succombé.

Il y a au moins deux itinéraires pour venir au fascisme : le premier suit la collection « Signes de piste », l'éducation des RP jésuites, les lois de l'hygiène, de l'abstinence et de la continence, la lecture des bons auteurs et la morale du chef; le second emprunte les voies détournées, celles des soldats perdus, des étudiants ratés et désœuvrés, des têtes brûlées, des amateurs d'armes à feu – c'est la race des aventuriers, des paumés, quêteurs d'émotions violentes, fondamentalement antibourgeois, car rien ne les accable tant que la vie familiale et régulière. Les premiers sont des moines guerriers, pouvant devenir – selon les circonstances – technocrates ou *apparatchiks* staliniens, s'ils ne sont pas déjà aumôniers militaires. Je fis connaissance d'un de ceux-ci, ancien vicaire de la paroisse où je fus baptisé, chez des amis en 1957. Comme dans le fameux dessin de Caran d'Ache à propos de l'affaire Dreyfus, nous fûmes quelque temps sans parler de la guerre d'Algérie par une sorte d'accord tacite; mais, subrepticement, le sujet interdit vint sur la nappe au moment où nous croyions l'avoir définitivement évité. Certes, nous ne nous retrouvâmes pas sous la table, mais, au bout d'un quart d'heure, exaspéré par les arguments que j'opposais aux siens, le prêtre m'imposa silence tout à trac au nom de son expérience, de ses décorations, de son sacerdoce. Pas de réplique! pas de vérité hors la sienne! Je n'ai jamais revu ce menu Torquemada – sauf qu'en 1976 la presse fit grand bruit de ce qui était survenu dans un établissement pour handicapés dirigé par un drôle de curé, dans la région de Montpellier. Une fillette était morte, victime des méthodes impérieuses de l'abbé – car c'était lui, le directeur! A la fin des guerres coloniales, on s'était reclassé comme on avait pu mais le naturel fasciste était revenu au galop.

Autre chose est le fascisme apollinien si je puis dire, autre chose le fascisme dionysiaque – auquel on arrive non par la passion de l'ordre et de la symétrie, non par la volonté de puissance mais par le goût effréné du mouvement, l'irrésistible besoin de subvertir, le prurit de l'aventure. Condottieres, mercenaires, demi-solde, réprouvés, longue lignée que l'Histoire a pourvue d'emplois successifs! C'est à cette dernière catégorie qu'appartenait François. L'idéologie n'était pas son fort. J'avais connu ce grand garçon blond en classe de philo au lycée Lakanal. Entre deux cours, il me racontait intarissablement des histoires « vécues » de la Corrèze, où ses grands-parents vivaient à demeure. Ayant un penchant pour l'humour noir, il bondait ses légendes de funérailles cocasses, d'accidents macabres et de cimetières en folie. Il était capable de tous les excès, manquait de toute mesure, forçait régulièrement la note. Au moment du bac, il se disait de gauche, vociférant dans les cinémas bourgeois : « A bas les colons! » ou « A bas les flics! » selon les images montrées par les prétendues actualités cinématographiques; un jour, traversant le jardin du Luxembourg avec moi, il s'était tourné théâtralement vers le drapeau tricolore du Sénat en s'exclamant : « Je compisse l'armée française. » En quelques mois, il vira de bord, toujours aussi sommaire dans ses jugements, mais ses têtes de Turc avaient changé de tête. Il avait embouché la trompette depuis qu'il s'était brusquement entiché de Le Pen et professait l'anticommunisme avec une ardeur égale à celle qu'il mettait naguère à son antimilitarisme. Ses parents pendant ce temps étaient désespérés de le voir rater ses examens de droit, passer son temps à vider ses poches dans les billards électriques, baguenauder avec les plus tristes spécimens de la jeunesse dorée, prendre du goût à l'agitation, jetant son bonnet d'âne par-dessus les moulins – jusqu'au jour où, sur l'injonction de son papa, il résilia son sursis, s'engagea dans les parachutistes, mais pour continuer en Algérie cette vie sans feu ni lieu qu'il avait commencée à Paris. Entre-temps il s'était mis dans l'escorte de Le Pen. On le repérait de loin à sa haute taille et à ses blés murs. Je le voyais parfois à la faveur d'une « rencontre » entre manifestants de droite et manifestants de gauche. Il me semblait avoir perdu sa gaieté de jadis, parlait de l'Algérie avec emphase et des intellectuels de gauche avec dégoût.

Ces bandes que François fréquentait prenaient de plus en plus d'audace, sous l'œil débonnaire de la police. Le 21 février 1958, un traditionnel meeting eut lieu salle des Horticulteurs, à l'occasion de la journée internationale de lutte anticolonialiste. Une grenade fumigène fut lancée au début de la réunion. A la sortie, les participants au meeting durent passer entre une double haie de nervis – au premier rang, des civils avec de longues matraques, au second rang, des parachutistes, enfin derrière, comme toile de fond, des policiers. Le service d'ordre des étudiants était improvisé, ce fut la débandade. La collusion policiers/fascistes était de plus en plus manifeste. Au cours de ce même mois de février 1958, on vit la police protéger Le Pen et ses acolytes venus déposer une gerbe à la Sorbonne, à la mémoire des « 15 Français morts à Sakhiet », ce village tunisien que l'aviation française avait bombardé. Le Pen pouvait se vanter de tenir une partie du quartier Latin. Pour le combattre dans la guerre des graffiti, des disciples de Tchakotine, à chaque fois qu'ils repéraient un « Vive Le Pen » sur un mur, rajoutaient un *is* paillard, qui mettait du moins les rieurs à gauche.

D'autres groupes d'extrême droite s'activaient, au rang desquels Jeune Nation, des frères Sidos, qui se distinguaient par leur antisémitisme. Blousons noirs, chaîne de vélo ou matraque à la main, ils participaient à l'assaut de *l'Humanité* au moment de Budapest, on les avait vus brisant la vitrine de *l'Express* et partout où se distribuaient plaies et bosses. En décembre 1957, le rédacteur en chef de *Témoignage chrétien*, Georges Suffert, fut enlevé à Nancy, où il devait tenir une réunion, par une bande de jeunes activistes qui l'emmenèrent faire une promenade nocturne dans les bois. « Vous n'avez pas le droit de m'empêcher de parler, leur dit Suffert, vous ne pouvez pas vous substituer au pouvoir. » Réponse : « Il n'y a plus de pouvoir. Ce régime est pourri; nous n'en voulons plus. »

Ce n'étaient que des groupuscules mais ils se sentaient forts de la débâcle gouvernementale, encouragés par tout ce qui se passait en Algérie – où tant de jeunes pieds-noirs, derrière Gautrot et Lagaillarde, réclamaient la guerre à outrance. Ils n'avaient pas trouvé de chef authentique ou charismatique; sans doute comptaient-ils d'abord sur un coup d'Etat militaire. En tout cas, la place élargie qu'ils prenaient dans les rues et l'impunité dont ils jouissaient de la part de la force publique exhalaient l'odeur méphitique de la peste.

La gauche introuvable

A l'origine de sa victoire, le fascisme profite toujours des divisions de la gauche et du mouvement ouvrier.

C'en est même une raison *sine qua non.* En Italie, le parti socialiste, pourtant si puissant en 1919, se décomposa en trois tendances – dont celle qui forma le parti communiste – au moment même où toutes les forces populaires étaient nécessaires pour faire pièce à Mussolini. Le groupe le plus fort – celui des « maximalistes » – se trouva également incapable de faire la révolution et de faire une alliance avec la bougeoisie libérale pour résister au délabrement de l'Etat et à l'avancée des squadristes. En Allemagne, ce fut encore pis : le parti communiste combattait (tout comme en France à pareille époque) le parti socialiste – les « social-fascistes » – comme leur principal adversaire, envisageant même la victoire (éphémère, croyaient-ils) des nazis comme une opération de salubrité politique : la voie du pouvoir leur serait ouverte quand l'imposture social-démocrate serait dissipée.

Dans la France de 1957-1958, la situation de la gauche était tout aussi misérable. La guerre froide, qui avait ouvert un nouveau conflit entre socialistes et communistes, faisait progressivement place à la coexistence pacifique. Cette nouvelle conjoncture internationale pouvait laisser espérer des convergences entre les deux grands partis ouvriers. Le parti communiste ne se décourageait pas de répéter que le Front uni et le Front populaire étaient possibles, que la gauche devait gouverner – elle en avait les moyens au Parlement. Mais les socialistes n'étaient pas aussi prompts que les communistes à prendre des virages politiques acrobatiques et à effacer les injures et les polémiques de la veille. La SFIO restait aimantée par le centre, par la concentration avec les radicaux et le MRP. Et puis arrivent Budapest et Suez. Tous ceux qui, comme Bourdet s'en faisait le prophète à *France-Observateur,* appelaient de leurs vœux la formation d'un gouvernement de gauche – allant des mendésistes aux communistes – durent accepter cette évidence : l'union de la gauche n'était pas pour demain.

La situation était d'autant plus désespérée que la SFIO, pour se ressaisir, aurait dû se ressaisir contre elle-même puisque c'était elle qui, jusqu'à la chute de Guy Mollet en mai 1957, dirigeait le gouvernement et continuait, après cette date, à rester le pilier de la majorité – sa politique algérienne enfoncée dans l'impasse continuant à être dirigée, sous Bourgès comme sous Gaillard, par le camarade Lacoste. Sans doute vit-on, au cours de ces mois sinistres, des militants socialistes regimber de plus en plus aux fautes du trio Mollet-Lacoste-Lejeune, mais ils étaient trop minoritaires pour changer le cours des choses. Quand ils criaient trop fort comme André Philip, il ne leur restait plus qu'à quitter le parti. Les autres, les Depreux, les Verdier, les Mayer, faisaient de leur mieux mais leurs progrès paraissaient si lents que tous les espoirs que nous pouvions mettre en eux étaient régulièrement trompés. Il fallait se rendre à l'évidence : si Mollet tenait si bien son parti, c'est que son parti, hélas! se reconnaissait trop bien en lui. C'est ce qu'écrivit en substance Maurice Duverger, dans un remarquable article publié par *le Monde* en juillet 1957.

Duverger, analysant les discours publics des responsables socialistes, notamment ceux de Max Lejeune, notait que l'état d'esprit qu'on y discernait aggravait encore celui des thèses « néos » de 1933 – quand Déat, Marquet et quelques autres firent scission. « Le mépris des intellectuels, le mépris des idées, le mépris de la morale, le goût de la force, le pseudo-" réalisme ", le nationalisme... » enrichissaient la nouvelle doctrine. On assistait à pis encore : au détournement d'une idée fondamentale de la SFIO (son sigle même en faisait foi) : l'internationalisme, au service de la cause colonialiste. Car le refus d'accorder l'indépendance était justifié par la chance qu'avait l'Algérie de se voir épargner « l'étape nationale ». C'était à ce bas niveau de casuistique qu'en était arrivé le marxisme de Mollet-Escobar. En sociologue politique, Duverger montrait comment la

SFIO, faute de ressourcement intellectuel, de débat théorique, de personnalités vraiment marquantes qui l'eussent rappelée à ses devoirs, se repliait sur les automatismes de l'organisation et faisait du secrétaire général un secrétaire perpétuel : un processus de « stalinisation » à petite échelle donnait à Mollet un pouvoir dont jamais Jaurès ni Blum n'avaient disposé. Au communisme d'appareil qui avait sclérosé le PCF correspondait ce socialisme d'appareil, qui méritait l'appellation de « poujado-socialisme ». Pour l'expliquer, Duverger insistait sur le recrutement de la clientèle socialiste, constatait l'affaiblissement de la proportion d'ouvriers, montrait que la SFIO représentait désormais une classe moyenne qui aspirait à s'incorporer à la bourgeoisie. De cela, j'étais moins convaincu, et je ne le suis plus du tout aujourd'hui car il me semble que c'est un type d'explication qui prête à la classe ouvrière des vertus imaginaires : ce n'étaient pas seulement les classes moyennes qui voyaient leur niveau de vie s'élever, c'était aussi le fait de la classe ouvrière; la sclérose d'un parti complètement dominé par un appareil peut tout aussi bien être le fait d'un parti resté ouvrier. Sans parler des staliniens, l'exemple de la social-démocratie allemande dès avant 1914 en est une illustration probante. Mais Duverger avait raison de montrer que Mollet, Lacoste, Lejeune n'étaient si forts que parce qu'ils s'appuyaient sur une opinion largement majoritaire aussi bien à la SFIO que dans le pays – lequel traversait « une crise de chauvinisme, voire de racisme ». Maurice Duverger concluait son article en appelant de ses vœux l'ascension et la victoire des minoritaires.

En attendant, il fallait se résoudre à admettre cette évidence : le parti socialiste n'était pas « trahi » par Mollet, mais bien plutôt *exprimé* par lui. Et quand, à chaque élection partielle, on voyait les socialistes maintenir leurs positions, c'est bien que la politique de Mollet ne faisait pas scandale. Le journaliste anglais Alexander Werth publia en 1957 un essai sur *la France depuis la guerre*; il y forgeait l'expression de « national-molletisme » pour désigner une maladie collective de frustration et d'humiliation nationale. Or Mollet n'était que Mollet, c'est-à-dire un médiocre[1]. Là où les dirigeants socialistes devaient faire comprendre à l'opinion – et d'abord à l'opinion socialiste ! – que la « grandeur » de la nation nécessitait la lucidité et que le courage d'admettre la vérité valait bien le courage de prolonger des guerres impossibles, les molletistes se laissaient porter par le courant. Si Mollet « trahissait » le socialisme, c'était en compagnie des huit dixièmes des adhérents de la SFIO[2]. Comme il disait : « On a le droit de dire que le parti se trompe, on n'a pas le droit d'accuser ses dirigeants de n'en avoir pas respecté les décisions » (décembre 1957).

Le parti communiste, lui, était devenu un parti malade qui devait digérer ces deux énormes pavés restés sur son estomac : la déstalinisation et l'intervention stalinienne à Budapest. La crise fut profonde et durable chez les intellectuels, dépassant même, si l'on en juge par les chiffres des élections partielles ayant eu lieu en 1957 (à Paris et dans l'Ain), ce cercle limité. On ne sait d'ailleurs pas s'il faut imputer cette baisse électorale aux effets du stalinisme prolongé; il se peut aussi que l'indépendance de l'Algérie défendue désormais, même avec timidité, ait été jugée inacceptable par une partie de son électorat. Quoi qu'il en soit, le PC était en convalescence. Bien que Thorez relançât rituellement le thème du « front unique », dorénavant les députés communistes votaient contre le gouvernement Mollet et ses successeurs. L'impasse était totale : on ne

1. Au sens étymologique du mot (*mediocris* : moyen, de qualité moyenne, de grandeur ordinaire).

2. Lors du XLIXe Congrès national SFIO (27 juin-1er juillet), la motion de la direction du parti obtenait 2 547 mandats contre 498 à la motion Verdier – et 779 à la motion chèvre-chou de Defferre. En mars 1958, la poussée des minoritaires devient pourtant sensible : 2 754 mandats pour la motion majoritaire contre 1 157 à la motion Depreux-Savary.

voyait pas quand pourrait se terminer la guerre que se faisaient les deux partis ouvriers français.

Le PC se régénérait pourtant peu à peu. Le souvenir des chars soviétiques s'estompait, l'échec même des socialistes au pouvoir contribuait à renforcer ses positions. D'ailleurs, qu'on le voulût ou non, toute action d'envergure, c'est-à-dire toute action de masse contre la guerre d'Algérie, ne pouvait se dissocier des troupes qu'encadraient le PC et la CGT. A l'automne 1957, le lancement du premier satellite artificiel, le fameux spoutnik, renforça indiscutablement le prestige des communistes. Bien des Français, même dans les rangs de la droite « nationale », se réjouissaient de cette victoire morale des Soviétiques sur les Américains, tant l'antiaméricanisme, de sources multiples, restait vivace. Les colonialistes reprochaient aux Américains d'être favorables à l'indépendance de l'Algérie, le sénateur Kennedy venait encore d'en donner une preuve; d'avoir saboté l'expédition franco-britannique de Suez... Chez les intellectuels, les effets du maccarthysme (ou du postmaccarthysme, car le célèbre chasseur de sorcières venait de mourir), les images du racisme et les produits de la culture de masse soulevaient le dégoût. En juillet 1957, Arthur Miller était condamné à un mois de prison avec sursis et à 500 dollars d'amende pour avoir refusé de dénoncer devant une commission d'enquête du Congrès les personnes qu'il avait rencontrées dans des réunions communistes. A la même époque le syndicat américain AFL dénonçait la 20th Century Fox et la Metro Goldwyn Mayer pour avoir engagé des « techniciens procommunistes de préférence à des anticommunistes » en Europe, et menaçait de faire appel à l'American Legion pour faire cesser cet abus scandaleux. On apprenait aussi que des catholiques américains avaient lancé un appel au pape pour le maintien de la ségrégation raciale. La rentrée des classes en septembre fut d'ailleurs pleine d'incidents. Les quelques étudiants noirs qui voulaient profiter de l'abolition de la ségrégation dans certains Etats étaient pris à partie par la foule des Blancs. Les incidents de Little Rock dans l'Arkansas furent particulièrement violents. *Paris-Match* lui-même publiait des photos accusatrices : les lycéens noirs entrant à l'école sous la protection des baïonnettes fédérales, une bande de petites crapules se détachant de la foule hystérique pour se ruer sur deux jeunes Noirs, etc. Le président Eisenhower nous semblait d'une incroyable faiblesse face à ces loups hurlants... Enfin, les discours furieusement anticommunistes de l'archevêque de New York, le cardinal Spellman, achevaient le tableau hideux de cette Amérique 1957, que nous détestions sans la connaître autrement que par ses excès, ses injustices et ses bêtises. De surcroît, le succès technique des Soviétiques portait sur cette image déjà noire une ombre supplémentaire. Ainsi, sur le terrain même où les Américains croyaient régner sans concurrence, celui de la technologie de pointe, ils étaient largement dépassés par leurs rivaux. Après le succès du spoutnik, l'échec quelques semaines plus tard de leur satellite « pamplemousse » le confirmait. Du même coup, dans cette nouvelle compétition « pacifique » opposant Russes et Américains, on pressentait plus ou moins que la victoire finale serait pour les premiers et que, une fois émergés de leur retard économique initial et de la pesanteur stalinienne, les Soviétiques marcheraient sinon vers le bonheur communiste, à tout le moins vers une société plus juste que les sociétés occidentales. Dans cette perspective, Budapest pouvait apparaître comme une des séquelles malheureuses de la période stalinienne – un épisode affreux mais qui serait dépassé.

J'essaie de dire là ce qui pouvait plus ou moins se passer dans la tête d'un intellectuel de gauche français à la fin de 1957. Les communistes thoréziens – ou staliniens, c'est tout comme – rebutaient beaucoup, mais on ne pouvait pas se passer d'eux pour lutter contre le colonialisme triomphant; le PCF restait figé dans son appareil, sous la houlette du couple Thorez-Veermersch, mais il appartenait à un ensemble géopolitique qui, tout bien pesé, contenait plus d'espoir que le camp d'en face. On détestait donc le PC mais on se sentait tout de même plus proche de lui que de la SFIO. Sur ce schéma, on imagine que se greffaient toutes les nuances dues aux itinéraires personnels. Le PCF était désacralisé, mais il restait, là encore, puissant, et une bonne partie de la classe ouvrière lui gardait sa confiance. A preuve que, dès février et mars 1958, lors de quatre nouvelles élections partielles – à Marseille, dans la Nièvre, dans le Nord et à Paris –, non seulement les candidats communistes retrouvaient leur électorat, mais ils dépassaient sensiblement leurs résultats de 1956.

Ce redressement, toutefois, ne s'accompagnait pas d'un nouveau dynamisme. Les moyens employés pour lutter contre la guerre d'Algérie étaient misérables. En février 1958, le PC réussit bien à mobiliser 50 000 militants dans les rues de Paris. Hélas! ce n'était que pour l'enterrement de leur vieux leader Marcel Cachin! Discutant avec des camarades communistes de cette extraordinaire inaction du PC, j'entendais deux versions qui n'étaient pas forcément contradictoires. Les uns, étudiants « oppositionnels », soutenaient que les carences du PC venaient de la stratégie de front uni défendue par Thorez : il fallait ménager les socialistes, ne pas perdre l'occasion d'un compromis avec eux. Les autres, plus orthodoxes, disaient que le PC ne faisait pas ce qu'il voulait, qu'il ne pouvait pas prendre trop d'avance sur les masses et s'isoler ainsi dangereusement, car c'est un fait que « les masses » n'étaient pas disposées à lutter pour l'indépendance de l'Algérie. Il fallait donc faire leur éducation, patiemment. Ainsi, le PC se trouvait également impuissant dans sa volonté d'alliance avec les socialistes et dans sa lutte contre la guerre d'Algérie : c'est que ces deux objectifs étaient contradictoires.

Troisième composante historique de la gauche : le parti radical. Il y avait encore suffisamment de pharmaciens « éclairés », de vétérinaires fils des Lumières et de petits-bourgeois républicains pour faire survivre cet anachronisme vivant qu'était le parti radical. Au mois de mars, son président Edouard Herriot avait rendu son âme... à qui, au juste? Le cardinal Gerlier prétendait que c'était à Dieu, Herriot étant mort muni des sacrements de l'Eglise. Mais les déclarations du cardinal soulevèrent la réplique cinglante de la vieille garde laïque qui ne tolérait pas ce détournement de trépassé. Edouard Daladier, ancien « taureau du Vaucluse » dont les ans avaient émoussé les cornes mais certes pas les convictions rationalistes, eut un mot de répertoire à ce sujet : « C'est un complot contre la République. » Pauvre République! Si elle n'avait eu à se défendre que contre les coups de goupillon! Hélas! nous n'étions plus à la Belle Epoque. Herriot donc était mort. Celui qui, tout en étant maire de Lyon, n'avait rien trahi de ses origines normandes, au point de porter le célèbre « p'têt' ben qu' oui, p'têt' ben qu' non » à la hauteur d'une philosophie politique, n'était donc plus là pour concilier l'inconciliable et maintenir sous le même drapeau ses armagnacs et ses bourguignons. Avant son décès, il n'avait pu empêcher la scission de son parti qui, secoué par Mendès France, lequel, tout député de l'Eure qu'il était, tranchait habituellement entre le *oui* et le *non*, avait laissé partir quelques vieux burgraves plus réactionnaires que les autres. Ceux-ci, sous la haute figure d'André Morice, avaient en commun une hostilité avouée pour Mendès France tout en restant fidèles à l'idéal laïque, dur et pur – ce qui leur permettait, en leurs médiocres débats, de vitupérer au nom de la France et de la libre pensée les curés et les intellectuels catholiques qui rameutaient l'opinion contre les mauvais procédés de l'armée française. (O Badie, ô Marie, ô obscurs épigones de Voltaire, en a-t-on entendu en vos congrès de « dissidents » sur « ces docteurs en foi religieuse toujours prêts, sous le couvert des Ecritures, à donner tort à la France » – il suffisait de vous écouter pour comprendre que la réaction la plus noire ne portait pas toujours en France la soutane!) Ces vieux crabes éliminés d'eux-mêmes, on était en droit d'espérer que le parti radical, sous l'influence de Mendès France, allait prendre une dimension tout autre et, faute d'un parti socialiste socialiste, du moins pourrait-on compter sur un parti radical vraiment libéral. Hélas!

Lorsque les « valoisiens » tinrent leur premier congrès, après la scission, il fallut admettre que le mendésisme n'y était pas encore maître. Il suffit de savoir que Bourgès-Maunoury continuait sa carrière pour comprendre que les écuries de la rue de Valois n'étaient pas encore nettoyées par l'Hercule de Louviers. Celui-ci éleva le ton : « C'est le fascisme qui règne en Algérie. De proche en proche il s'attaque à des catégories de plus en plus nombreuses de Français. La presse libérale est saisie... Les hommes qui ont dirigé la politique française en Algérie depuis quinze mois ne sont plus qualifiés à aucun titre pour diriger la politique nouvelle. » La triade molletiste, Bourgès, Billères et Maurice Faure, se porta au secours de Lacoste avec véhémence. Et pourtant, dans la plus pure des traditions radicales, Pierre Mendès France et les autres s'accordèrent sur une motion... de « synthèse ». Après ce congrès-là, ceux qui gardaient encore des espoirs d'un renouvellement du radicalisme devenaient rares sur la place. A la fin de l'année, les députés mendésistes n'étaient plus qu'un groupe minoritaire à l'intérieur de leur propre parti. Le néo-radicalisme de PMF qui avait soulevé tant d'espoirs depuis 1954 mourait misérablement : la régénérescence d'un tel parti de sépulcres blanchis était au-dessus des forces humaines, même si celui qui s'y était essayé avait été un moment surnommé par l'opinion « superman ».

Des partis divisés, racornis, sclérosés, telle était la gauche officielle – celle des trois grandes formations du Front populaire. Qu'y avait-il à attendre d'elle? Ses querelles, son délabrement moral, son impuissance à mobiliser la nation étaient bien propres à favoriser toutes les aventures du fascisme. Celui-ci disposait d'une cause nationale sacrée, d'une idée simple, qui pouvait focaliser toutes les énergies : la défense de l'Algérie française; il pouvait gagner à lui tous les instruments de l'appareil d'Etat, l'armée surtout, engagés dans cette mission... Quand le régime en place, après quelques crises successives, aurait fait la démonstration de son impéritie, aurait également désespéré ceux qui voulaient la paix et ceux qui voulaient la guerre, ne verrait-on pas toutes les conditions réunies de l'avènement d'un régime botté, un de ces régimes de « salut public » que la guerre-rien-que-la-guerre autoriserait aux procédés totalitaires? Mais si la gauche était dans un tel état de déconfiture, de qui pouvait alors venir le salut?

Un Sauveur, s'il vous plaît

Quand tout va mal, les Français appellent un sauveur, un homme providentiel, qui est parfois une femme, Jeanne d'Arc étant de tous les hommes providentiels le plus connu, le plus célébré, le plus extraordinaire! Notre histoire est pleine de ces glorieuses figures, espoir suprême et suprême pensée d'un peuple d'anticléricaux si profondément croyants. Cela commence par Vercingétorix (qui finit mal mais glorieusement), et ça se termine (provisoirement) par l'antagonique figure de Pétain et de De Gaulle. Le premier était déjà réclamé par Gustave Hervé en 1935 : « C'est Pétain qu'il nous faut. » C'est effectivement Pétain qu'on eut. Hélas! le vieux maréchal n'était plus bon qu'à couvrir de sa vieille légende de Verdun l'un des applatissements les plus éhontés de notre histoire nationale. Les courbettes devant les nazis, c'était plus réconfortant de s'y casser les reins sous l'auguste patronage du « vainqueur de Verdun ». Mais, par un de ces miracles bien connus de notre histoire, les sauveurs ne nous font jamais défaut. Quand celui-ci se révèle complètement obsolète et digne du marché aux puces, en voilà un autre, surgi de sa boîte inconnu la veille, et adoré le lendemain! Charles de Gaulle arrive, superbe. Superbe de superbe, devant tous : Anglais, Américains, Russes – et naturellement superbe de mépris à l'égard des siens, ceux de sa caste, égarés sous les étoiles du vieux maréchal thermaliste. Sauve-t-il la France? On n'en est pas sûr. Ce qu'il sauve, magistralement, c'est l'honneur; grâce à lui, les Français se retrouvent dans le camp des vainqueurs, dans le même temps où le Père la Défaite, le maréchal de l'armistice, l'homme de Montoire, est jeté aux oubliettes.

De Gaulle est fait pour gouverner un empire, il n'a à son usage qu'un Etat de second rang. C'est Alexandre qui serait condamné à administrer sa Macédoine natale, c'est Napoléon tournant en rond dans l'île d'Elbe, c'est Vienne après la décomposition de l'empire d'Autriche, une immense capitale pour un pays soudainement réduit aux dimensions de la Suisse... Vaille que vaille, avec la France, il rêvera. Un rêve vite dissipé, la paix revenue. De nos divisions qui, dit-on dans les manuels, avaient déjà fait le malheur de la Gaule, de Gaulle ne peut prendre son parti et quitte, toujours hautain, la scène en janvier 1946. Pas si vite! Les autres, les politiciens méprisés, arrivent malgré tout à maintenir leur foutu « système ». Le général fait alors l'erreur de sa vie : il fonde le RPF, coalition douteuse de vaillants et de malins, qui commence sous la cathédrale de Strasbourg et qui s'achève dans les marais du Palais-Bourbon. Les loisirs forcés du général, devenus dans la légende cette célèbre « traversée du désert », on leur doit ces *Mémoires de guerre*, qui sont, comme on a si bien dit, un chef-d'œuvre français de littérature latine.

En lisant en 1956 le premier tome paru de ces *Mémoires*, j'avais profondément admiré cette figure altière si démesurément élevée au-dessus de nos médiocres gouvernants – Mendès France excepté, Mendès, toujours Mendès, autre sauveur celui-là, mais un sauveur républicain, jacobin, Clemenceau, pas Jeanne d'Arc! Je dois avouer pourtant que, lorsque, en 1957, au moment où le gouvernement Mollet venait d'être renversé et qu'ici ou là on se mit à susurrer puis à dire tout haut le nom de De Gaulle, je tombai des nues. D'abord, au nom des principes : le boulangisme, maladie endémique de la France, pas de ça, merci! C'était nous rabaisser au niveau infantile des peuples incapables de se gouverner eux-mêmes. Et puis, dois-je l'avouer, le fait même d'avoir lu ses Mémoires m'amenait à entrevoir de Gaulle comme un homme préhistorique (de *ma* préhistoire), comme s'il n'était plus qu'un fantôme ou un général du musée Grévin.

France-Observateur se fit l'écho de ce mouvement d'opinion qui se dessinait – non pas à droite, mais au « centre gauche », parmi des mendésistes, bref, dans ce qu'il est convenu d'appeler la bourgeoisie libérale. Bourdet fit un grand papier, nuancé dans les formes : c'est vrai, on prête à de Gaulle des idées avancées sur l'Algérie, c'est vrai, il veut redonner à la France une diplomatie indépendante, c'est vrai, ce n'est pas un fasciste, etc., mais sans équivoque dans ces conclusions. Si de Gaulle voulait finir en beauté, il le pouvait – mais alors il fallait qu'il se déclare sans ambages contre la guerre d'Algérie, qu'il rompe, toutes affaires cessantes, avec la droite, qu'il se mette, comme pendant la Résistance, à la tête des forces populaires du pays. Comme tout cela était fort improbable, il fallait en finir avec ce rêve et songer plutôt aux « seules chances durables de notre pays : le redressement des partis ouvriers traditionnels, la constitution d'une nouvelle force socialiste et populaire, le rétablissement de l'unité d'action de la gauche ». J'acquiesçai sans hésiter. Or, si Bourdet était un remarquable *analyste* politique (ses éditoriaux sur l'Algérie méritent tous les éloges), on ne peut en dire autant de ses vues *stratégiques*. Il dépeignait en *réaliste* la situation réelle mais il dessinait les perspectives politiques de la manière la plus *idéaliste.* Car la gauche unie, ce n'était alors qu'une idée platonicienne, flottant quelque part dans l'éther. Et si de Gaulle pouvait représenter une chance (en même temps qu'un risque), celui-ci n'allait tout de même pas la gâcher en déclarant aux populations : « Je vais revenir sauver la France avec les idées de la Nouvelle Gauche! » Car Bourdet n'avait pas d'*a priori* contre les généraux. Un général, pourquoi pas? mais c'était à condition qu'il fît au pouvoir la politique de *France-Observateur.*

Dans le même journal, Roger Stéphane – qui devait se rallier à de Gaulle – donnait un avis beaucoup plus favorable; Gilles Martinet était plutôt contre, mais avec beaucoup de nuances... L'ombre du général hantait de nouveau les salles de rédaction.

Je trouvais l'idée si scandaleuse qu'à la suite d'un article de Joseph Rovan j'écrivis à *Témoignage chrétien,* pour protester contre cette idée d'homme providentiel qui, d'un coup de baguette magique, devait apporter la paix et l'abondance. La fin de la guerre d'Algérie naîtrait, comme disait Bourdet, de la volonté des forces populaires, de la combativité des syndicats, de l'unité de la gauche – tout le reste n'était qu'imagerie d'Epinal. Comment pouvait-on croire le contraire!

L'article qui me parut à ce propos le plus fol fut celui que publia Maurice Clavel dans *Combat,* le 24 juin 1957. C'était intitulé : « Veux-tu vivre camarade? » et avait pour sous-titre : « Lettre parlée à un jeune communiste. » Dans cet article, Clavel voulait nous faire croire que la nouvelle peur des « capitalistes », ce n'était plus le PC mais... « Lecœur d'ici deux ans » – Lecœur exclu du PC en 1954, qui avait fondé une toute petite organisation, le Mouvement communiste international, c'était déjà énorme. Surtout, Clavel justifiait la guerre d'Algérie au nom des idées de gauche : « 40 millions de Nord-Africains crèveront de misère autour des camps et des bases atomiques des USA – dirigées contre l'URSS » – il fallait donc faire la guerre aux fellagha pour protéger les Soviétiques des bombes américaines : « Tu préfères braire à l'indépendance algérienne et rien qu'elle, un point c'est tout, pour faire le monstrueux cadeau d'un continent à l'impérialisme capitaliste »; d'où s'ensuivait l'éloge de « l'officier du bled » comme dans les livres de Psichari d'avant 1914. Pour terminer, Clavel disait son choix : de Gaulle, seul capable de nous tirer d'affaire – mais s'il choisissait de Gaulle, Clavel, c'était parce qu'il se sentait, par ce choix, agir « en vrai communiste ». Au vu de ces incohérences, les éditoriaux de Bourdet paraissent d'un réalisme politique digne de Bismarck. Et pourtant, dans les chimères de Clavel, dans la tête si peu carrée de Clavel – et précisément parce qu'elle n'était pas carrée –, il y avait cette intuition que de Gaulle allait effectivement nous débourber de notre triste situation – non point, comme le pensait alors Clavel, pour préserver l'Algérie française, mais bien pour assumer la nécessaire décolonisation et pour tenir la dragée haute aux Etats-Unis. C'est que l'Histoire – ce qu'on appelle l'Histoire – suit son chemin capricieusement et que les journalistes politiques, non plus que les historiens, ne sont des augures infaillibles.

VI

DES FENÊTRES DE LA SORBONNE

Nizan l'a dit une fois pour toutes : il n'est jamais facile d'avoir vingt ans, quoi qu'en pense la sagesse des nations. Mais qu'ils vous tombent sur le dos en 1957, dans cette France poujadiste, tout de même! on peut espérer mieux. Mon état d'étudiant cependant ne m'obligeait pas à les fêter en pataugas, le PM en bandoulière, dans « une guerre imbécile et sans issue ». Cet avantage du sursis, maintes fois dénoncé par les patriotes zélés qui voulaient être égalitaires au moins quand il s'agissait de l'abattoir, n'était qu'apparent car, si certaines classes d'étudiants lui doivent d'avoir échappé aux embuscades d'Algérie, d'autres au contraire (par exemple, les classes 1952, 1953, 1954) y furent exposées anormalement en raison de ce même rapport d'incorporation. La menace de supprimer les sursis fut suspendue au-dessus de nos têtes comme une épée de Damoclès : être expédié avant d'avoir fini ses études, on y regardait à deux fois. Mais le maintien général du système des sursis fut un permanent motif d'indignation pour les va-t-en guerre, qui croyaient tenir là un argument contre les étudiants de gauche de plus en plus bruyants. Vieux thème nationaliste de *l'arrière* qui se goberge pendant que « nos garçons » sont au casse-pipes.

Heureusement, dans ce pays pestiféré, nous pouvions encore compter sur une enclave protégée, une république autonome, une cité libre dans la Ville verrouillée C'était la Sorbonne.

Un sanctuaire de la gauche

Un des effets, secondaire mais malheureux, de la réforme de l'enseignement qu'Edgar Faure fit voter en 1968 aura été d'anéantir la Sorbonne par l'éclatement de l'université de Paris en je ne sais combien de morceaux épars. La Sorbonne abrite toujours aujourd'hui des locaux universitaires mais disputés entre trois ou quatre universités rivales, de sorte qu'elle n'est plus qu'une plaque tournante et donc centrifuge, alors qu'elle était jadis le cœur et l'âme du quartier Latin. C'est misère de voir aujourd'hui cette cour célèbre, qui, à midi, s'emplissait autrefois de milliers d'étudiants, devenue un terne parc à autos, un lieu mort, une place déserte, sous la vigilance nostalgique des statues de Pasteur et de Victor Hugo.

La Sorbonne, dont les bâtiments modernes, édifiés à la fin du XIXe siècle par Nénot, autour de la vieille université médiévale restaurée par Richelieu, abritait – outre l'Ecole des chartes et divers services du rectorat – la faculté des lettres au nord et la faculté des sciences au sud. Les locaux des étudiants en lettres donnaient – privilège! – sur la fameuse cour d'honneur qui s'étale au pied des marches de la chapelle et qui servait alors de forum. Les étudiants en sciences, dont les amphithéâtres et les salles de travaux pratiques se trouvaient du côté de la rue Cujas, y étaient en quelque sorte des étrangers. Cela doit être mentionné si l'on veut comprendre à quel point cette cour de la Sorbonne était un fief de la gauche car à l'époque, pour des raisons plus ou moins obscures, les étudiants en sciences de Paris n'étaient pas réputés de gauche. Leur association défendait au sein de l'UNEF le parti de l'apolitisme, ce qui les situait entre la gauche des « littéraires » et l'extrême droite qui, par tradition, était le fait des étudiants en droit, dont le bastion se tenait en leur faculté, place du Panthéon.

La cour de la Sorbonne est accessible par deux entrées principales, l'une qui assure la communication par une longue galerie intérieure avec la rue des Ecoles, l'autre qui ouvre par une porte cochère directement sur la rue de la Sorbonne, par où les voitures peuvent entrer aujourd'hui. C'est cette entrée du 17 rue de la Sorbonne qui était le point stratégique à tenir. Par là, les neuf dixièmes des usagers de la faculté entraient et sortaient, passant de la cour à la rue – ou *vice versa* – sous un porche d'une dizaine de mètres de longueur, dont l'intérêt était capital pour tous les militants, vendeurs de journaux et distributeurs de tracts. La vente des journaux (et activités annexes) était en effet interdite en principe à l'intérieur de la Sorbonne; à l'extérieur elle était possible mais risquée à cause de la police

28 mars 1957. Photo AFP.

(les journaux en question étant souvent des journaux interdits ou dont l'édition du jour avait été saisie). D'où l'on comprend l'intérêt de ce porche opportun, interzone, *no man's land,* abandonné déjà par le doyen comme externe à la faculté mais jugé aux yeux des policiers comme *intra muros,* donc hors de leur juridiction. Toute l'astuce des vendeurs était de jouer de ce non-lieu. De temps en temps, le concierge de la Sorbonne, dont la loge précisément s'ouvre sous le porche et dont les oreilles étaient mises au supplice par les slogans beuglés des militants, sortait de sa guérite, et, au nom du règlement, repoussait sur le trottoir, donc hors des murs, les vendeurs trop sonores. Ceux-là y restaient quelques instants mais, dès la première alerte extérieure, opéraient un repli stratégique sous le porche, dont le cerbère patenté était alors réduit à l'impuissance par l'afflux des renforts surgis devant le danger. Le mâtin de l'époque était tout de même vindicatif, on le soupçonnait d'avoir obtenu son poste en gratification de ses états de service en Indochine. Vrai ou faux, il y avait entre lui et les militants du porche une petite comédie qui se renouvelait chaque jour. Un pas en avant, un pas en arrière, la révolution à la Sorbonne commençait par une oscillation tactique entre une cour et un trottoir.

Aux douze coups de midi qui sonnaient à l'horloge de la chapelle, les amphithéâtres et les salles de travaux pratiques, surpeuplés, dégorgeaient une marée d'étudiants. Beaucoup s'attardaient à bavarder par petits groupes, s'offrant aux rayons timides du soleil parisien ou battant de la semelle pour s'échauffer, tandis que la foule des autres s'engouffrait en rangs serrés sous ce porche, qu'ils franchissaient entre une double rangée de crieurs qui proposaient, à l'exclusion de quelques provocateurs aussi hardis qu'occasionnels et des habituels « talas[1] » du Centre Richelieu, l'ensemble de la presse

1. Les militants catholiques, ceux qui von*t-à-la* messe.

de gauche, quand ce n'étaient pas les livres interdits et saisis par le gouvernement.

Les étudiants d'extrême droite, quand ils se sentaient en force, tentaient l'assaut de notre périmètre sacré. La façon la plus bénigne était de descendre du Panthéon pour vendre « en masse » *Aspects de la France* ou *France indépendante*, faute de mieux. Les monarchistes n'étaient plus ce qu'ils avaient été, le temps glorieux des camelots du roi était révolu. Les « indépendants » n'enrôlaient que quelques rejetons de notables provinciaux par-ci, par-là. Mais, autour de ces feuilles de droite, les énergumènes ne manquaient pas, et certaines de ces ventes de journaux contradictoires s'achevaient en empoignade générale, toujours sous ce porche qui accédait du même coup à la gloire des défilés historiques où deux armées s'entre-tuent. Les vendeurs de gauche, renforcés incontinent par les militants accourus, se rangeaient en phalange, dos à la cour, pour repousser leurs adversaires dans la rue, après quoi ils fermaient à la crémone la porte cochère sans que le concierge dans ces cas-là montrât sa douloureuse oreille. Ces batailles avaient principalement une fonction symbolique. En raison du lieu, d'abord : violer ou non le sanctuaire. Mais aussi en raison du nombre des combattants car seuls les premiers rangs vis-à-vis pouvaient échanger des coups, de sorte que la largeur du porche permettait à une vingtaine d'étudiants au maximum de combattre activement. Or ceux des rangs de derrière, compacts mais frustrés, ne se satisfaisaient pas tous d'être réduits à une simple arrière-garde, à une force de poussée, à un chœur de réservistes. Aussi certains s'armaient-ils de tuyaux ou de planches capables d'atteindre les premiers rangs ennemis par-dessus la tête de leurs premières lignes. Capables ou non, car, lors d'une de ces matinées récréatives, me trouvant au premier rang, je fus saisi de surprise autant que de douleur en recevant par-derrière un coup de matraque *trop court*. Refluant vers les ambulancières, les mains sur le crâne, je confesse n'avoir pas avoué à ceux qui vinrent caresser ma bosse que le coup m'avait été porté dans le dos et par mes propres camarades. J'avais le souci de conserver ma dignité en ne brisant pas la belle ardeur de mes consolateurs – et surtout de mes consolatrices – qui commentaient ma blessure par des cris de vengeance homériques. Les grandes douleurs sont muettes, comme disait Lamartine.

La façon la meilleure de lancer son défi à la Sorbonne restait l'attaque militairement préparée. Imaginez-vous un samedi frisquet du mois de février 1957 (c'était souvent le samedi, ces assauts, peut-être parce que nous étions beaucoup moins nombreux dans la faculté, peut-être aussi parce que nos agresseurs étaient de consciencieux travailleurs qui faisaient la semaine anglaise). Nous sommes là, notre paquet de journaux à la main, frigorifiés par les courants d'air, ne gueulant pas trop fort pour le repos du concierge. La routine, quoi. Et

A l'entrée de la Sorbonne. Photo AFP.

puis, un cri qui déchire la Sorbonne morfondue : « Les fascistes arrivent! » Oui, ils sont bien là, attaquant par surprise, du côté de la rue des Ecoles, nous prenant à revers : piégés! Devant nous (parce que nous nous étions retournés), une quarantaine de vaillants guerriers, conduits par des bérets rouges, armés de matraques et de chaînes de vélo, qui ont fait irruption. Certains ont dépassé allègrement l'âge des écoles; quelques-uns ont même des trognes à n'y avoir jamais été. Militaires de carrière en permission? Mercenaires des tribuns d'extrême droite? Membres des syndicats jaunes? Avaleurs de sabres au chômage? Marmiteux des soupes populaires? Le mot vient sur nos lèvres : c'est le *Lumpenproletariat* qui débouche, derrière ses patrons fascistes. Aussitôt les vendeurs du porche, secourus par de braves volontaires, se replient en bon ordre sur les marches de la chapelle, tournant le dos à celle-ci comme s'il s'agissait d'en défendre l'accès sacré aux fascistes. Par une de ces ruses dont l'Histoire moqueuse n'est pas chiche, nous sommes en train de défendre le tombeau de Richelieu, qui trône derrière la porte de la chapelle. Elle est raide, celle-là! Nous voilà, avec les communistes, formant la nouvelle garde du cardinal. Alexandre Dumas n'y avait pas songé.

Les coups pleuvent, des nez saignent, des mouvements de débordement s'esquissent de part et d'autre. Je me réjouis du moins de n'avoir dans le dos ni ennemis ni faux amis. En quoi je me trompe car, au bout d'une dizaine de minutes, une compagnie d'agents de police, probablement alertée par notre doyen, fait à son tour une entrée fracassante dans la cour, sépare sans ménagement les protagonistes en cognant à qui mieux mieux sur tout ce qui s'attarde à portée de leur main, ce qui me vaut, d'un inspecteur en civil, un nouveau coup derrière la nuque. Mais ce n'était pas l'unique objet de mon ressentiment. Si je sortis de cette bagarre encore plus furieux qu'étourdi, c'est que, pendant toute sa durée, elle n'avait opposé que quelques dizaines de militants de gauche à la charge des assaillants, devant une foule de spectateurs, soit aux fenêtres de la bibliothèque du premier étage, soit tout simplement dans la cour – le balcon et le parterre d'un intéressant spectacle. Cette apathie voyeuse, c'était, transposée dans ce théâtre improvisé, celle de l'opinion française devant la guerre d'Algérie – une opinion muette, regardant de très loin quelques poignées de gens passionnés décider pour eux de leur destin.

Mon amertume était renforcée par une autre observation plus cuisante encore, sinon plus naïve. Dans ces rangs de spectateurs, j'avais eu le temps d'apercevoir, pendant la bataille, quelques militants de gauche restés passifs – et tout particulièrement un beau parleur, se piquant de *rigueur théorique,* nous faisant habituellement honte de notre ignorance de telle ou telle brochure du profus Lénine et qui restait là, les bras croisés, lui qui pourtant se portait bien, était même assez costaud, au lieu de courir toutes affaires cessantes au secours des petits camarades. A dater de ce jour, je conçus nettement moins d'admiration pour la *rigueur théorique;* les docteurs en révolution avaient cessé de m'intimider.

Dans ce sanctuaire de la gauche, qui connaîtrait onze ans plus tard son apogée, avant de devenir un parking insignifiant, les professeurs et les étudiants ne communiquaient guère ensemble – si ce n'est peut-être pendant l'année du diplôme d'études supérieures, l'ancienne « maîtrise ». Durant les années de licence, nous suivions surtout des cours dans des amphithéâtres parfois pleins à craquer. Le professeur était lointain, entrait et sortait par une autre porte que nous, comme des coulisses de théâtre, et parlait pendant une heure sans que la moindre question, la moindre objection, l'amorce du moindre échange pût s'élever des rangées où tous, l'échine courbée, nous prenions ce que nous pouvions saisir des paroles tombées *ex cathedra.* Cela nous était d'autant plus indispensable que l'examen du certificat de licence préparé consistait le plus souvent en une question de cours, ce qui avantageait les plus aptes à régurgiter le discours du maître. Cela dit, certains cours magistraux pouvaient susciter l'enthousiasme. Je n'avais pas éprouvé grand plaisir à écouter les professeurs de littérature française qui nous accablaient, me semblait-il, d'une érudition vaine – à quelques exceptions près, comme Antoine Adam qui disait drôlement des platitudes, Castex qui allait à l'essentiel avec une belle clarté pédagogique ou Etiemble en ses foucades contre le babélien (« écrivez " Nouillorque ", pauvres gens, en bon français! »). Je fus au contraire séduit par les cours d'histoire, puisque finalement je m'engageai dans cette discipline : entendre Ernest Labrousse commenter un texte de Saint-Simon avec une telle ardeur qu'il en tapait du poing sur la table et que parfois on se croyait à un meeting, c'était un vrai plaisir; c'était vrai aussi d'Edouard Perroy, grand médiéviste, tout petit bonhomme cacochyme aux belles moustaches des années trente, qui faisait des cours d'une densité incomparable, avec une malice anticléricale, sur l'Eglise au XIIIe siècle; vrai aussi du grand Charles-André Julien, dont les leçons d'histoire coloniale étaient d'une prégnante actualité. Mais les professeurs de gauche – ces trois-là en étaient – n'avaient pas le monopole de nos faveurs. Roland Mousnier, réputé le plus « vache » des examinateurs, allait donner son nom aux comités Algérie française; malgré tout, nous suivions ses leçons sur la Renaissance italienne avec un plaisir de néophytes; Louis Girard qui n'affichait pas d'idées politiques, mais que l'on pouvait classer sans risque au rang des conservateurs, déployait un talent bien à lui pour évoquer une époque disparue, à petites touches – littéraires et autres –, c'était notre meilleur historien « impressionniste ». Quelle que fût pourtant l'influence personnelle de nos maîtres, entre eux et nous la barrière de l'institution était insurmontable : il n'y avait pas de *communauté* universitaire, c'était là une des profondes faiblesses de l'Université française de l'époque, et je ne crois pas que Mai 68 ait toujours et partout recréé cette communauté perdue dans la nuit des temps. Evoquant ces professeurs de Sorbonne, je dois mettre à part la grande figure d'Henri Marrou, titulaire de la chaire d'histoire du christianisme.

Les talas

Ce n'est pas que Marrou – Henri-Irénée Marrou – fût très différent de ses collègues dans ses conceptions pédagogiques. Lui aussi parlait sans être interrompu, sans solliciter la question, en maître incontesté – cette habitude du cours magistral s'étendait jusqu'aux séances de travaux pratiques où les assistants administraient leurs propres leçons, après un exposé d'étudiant : nous n'avions ainsi que deux monologues successifs au lieu d'un – maigre originalité. Mais Marrou avait une personnalité hors du commun. Evidemment, lorsque je vins m'asseoir la première fois dans cet amphithéâtre souterrain de l'annexe de la Sorbonne, où il donnait un cours sur le Bas-Empire, j'étais prévenu en sa faveur, c'était le « cher professeur » de Bourgès-Maunoury –, un catholique de gauche, collaborateur de la revue *Esprit,* un militant de la paix en Algérie, etc. Oui, mais on peut être tout cela sans être pour autant un grand maître. Or Marrou était un professeur incomparable. Un long corps efflanqué, un beau visage d'ascète rieur, gardant de ses origines méridionales l'art de parler avec les mains – il lui manquait pourtant de la voix. C'était même, dans les premiers instants, très inquiétant de le voir commencer comme un asthmatique qui reprend souffle à tout moment, avaler sa salive pour humidifier ses cordes vocales. On s'y accoutumait pourtant, et le silence était tel que l'auditeur perché au dernier rang de l'amphithéâtre l'entendait sans effort. Une absence de toute raideur, une franchise de bon aloi, un humour inséparable de sa vivacité d'esprit – cette manière poussée à la perfection de tout faire avec sérieux sans jamais se prendre au sérieux : d'entrée de jeu, nous étions sous le charme. Une anecdote me revient à ce propos. Plus tard, vingt ans plus tard, membre de l'Institut, il avait dû assumer à son tour, quelques mois avant sa mort, la présidence de l'Académie des inscriptions et belles-lettres. J'étais alors devenu son voisin à Châtenay-Malabry. Un soir, nous le vîmes revenir dans son solennel habit brodé, revêtu d'une cape noire à col de vison, l'épée battant la hanche... Mes enfants accoururent sur le palier pour admirer la métamorphose théâtrale de celui qu'ils appelaient « oncle Henri ». Julien (cinq ans) lui demanda s'il se battait souvent en duel, à la suite de quoi oncle Henri, dégainant l'épée, mima quelques estocades victorieuses. Marrou narra ensuite avec gaieté le déroulement de la cérémonie d'où il revenait : les gardes républicains sabre au clair, le président de la République et tout le cirque. Mais comme on s'extasiait sur sa mise, et particulièrement sur cette cape somptueuse, il nous avoua que, pris au dépourvu, il l'avait empruntée... à sa fille.

Marrou s'amusait des honneurs; il avait gardé de sa jeunesse khâgneuse et normalienne ce goût de la plaisanterie et du canular. En face de lui, les gens graves et grandiloquents devenaient grotesques. Ce monument de science avait l'humilité d'un petit enfant. Nous étions nombreux à avoir pour lui le coup de foudre. Même de sa chaire, il ne pontifiait jamais, avait un langage imagé, souvent drôle, émaillé de rapprochements inattendus. Au lieu de suivre, comme phrase à phrase, les notes d'un cours rédigé, il tirait de sa poche un minuscule papier où il avait consigné les quelques idées maîtresses de sa leçon du jour – à partir desquelles il improvisait savamment. Parfois il prenait un hebdomadaire de la semaine – *l'Express* en général, où lui-même écrivait de temps en temps – et nous lisait tel ou tel article qui lui paraissait propre à illustrer son sujet (sur le Bas-Empire!).

Marrou n'assenait pas ses leçons comme des vérités éternelles et indiscutables. Ce fut lui qui nous initia, avant même que nous ayons lu ses ouvrages, aux problèmes épistémologiques de l'histoire. Les autres historiens enseignaient l'histoire comme si cela allait de soi; Marrou, lui, posait les questions fondamentales et faisait sentir, à travers les différents objets de sa recherche, les imperfections et les aléas de la connaissance historique. Ses étudiants marxistes ne l'appréciaient qu'à demi car il ébranlait leur penchant au dogmatisme. L'histoire qu'il professait était une histoire-questions. Il passait en revue, à propos de tel ou tel sujet, les différentes *réponses* que les historiens précédents avaient données; il les discutait avant d'avancer prudemment les siennes.

Marrou était chrétien – vivant sa religion dans tous les instants de sa vie – mais il distinguait sérieusement l'historien chrétien de l'historien clérical. L'historien chrétien, disait-il, ne peut pas juger, ou alors il se substituerait à Dieu. Cité du bien et cité du mal sont inextricablement mêlées ici-bas. De là fusait l'ironie cinglante de Marrou à l'égard de tous les calotins qui, dans l'histoire, savent toujours distinguer le Bien du Mal. Mais cette conception de l'histoire n'épargnait évidemment aucun dogmatisme – fût-il matérialiste. Nous prenions tous là quelques cours de liberté.

Marrou était alors sans doute à la Sorbonne l'incarnation chaleureuse d'un christianisme d'affrontement et de tolérance, le contraire des religions triomphalistes et fermées sur elles-mêmes. Il n'était pas politiquement engagé (militant d'un parti), mais ses interventions contre la torture et pour la paix en Algérie le classaient dans cette colonne des catholiques de gauche qui commençaient à représenter une force et dont le nombre à la Sorbonne, dans les organisations militantes, et tout particulièrement à l'UNEF, imposait l'estime ou le respect.

Sous le magistère de Pie XII, le monde catholique demeurait massivement conservateur. Les interventions pontificales en matière politique prenaient presque toujours l'aspect de fulmination contre le communisme. Le « Saint-Siège » était une formule de croisade inversée car le Vatican paraissait toujours une citadelle assiégée qui, un jour ou l'autre, risquait de tomber, comme jadis Constantinople, sous la poussée des Turcs. L'Exposition universelle de Bruxelles en 1958 était révélatrice de cet état d'esprit obsidional : le pavillon du Vatican n'était qu'une carapace obturée face aux menaces extérieures. Cette obsession de la montée du marxisme, dépourvue d'effort pour en comprendre les causes, amenait à localiser le catholicisme d'avant-garde dans ses rapports précisément avec le marxisme et le communisme . quelle dose de marxisme est-elle assimilable? Jusqu'où peut-on aller avec les communistes sans enfreindre les foudres du Saint-Office? C'est à quoi l'on réduisait misérablement parfois la majeure partie des questions des intellectuels et des militants catholiques dans les pays comme la France, où vivait un puissant parti communiste. Déjà quelques épisodes douloureux avaient déchiré la communauté catholique française. L'arrêt de l'expérience des prêtres-ouvriers en 1953 avait été ressenti par les couches les plus militantes du catholicisme comme un diktat insupportable du Vatican et l'illustration concrète de sa collusion avec le capitalisme : la religion chrétienne s'affirmait comme un garde-fou idéologique de la classe dominante.

Un petit noyau de « chrétiens progressistes » éprouva en ses avatars successifs les limites des audaces à ne pas dépasser. *La Quinzaine,* leur journal, avait été récemment interdit. Lui succéda un discret périodique, *le Bulletin,* lequel évitait soigneusement toute complaisance à l'égard du PCF et s'inscrivait dans une ligne politique assez voisine de *France-Observateur :* à son tour il fut interdit en octobre 1957. Depuis le Concile de Vatican I, en 1870, l'Eglise – à part quelques rares et lumineuses exceptions – ne cessait de se défendre contre tous les visages du monde moderne, qui étaient pour elle autant de masques de Satan. Cependant, les catholiques français n'étaient pas unanimement dociles, beaucoup ruaient dans les brancards. Tout spécialement chez les nouvelles générations : les mouvements de jeunesse catholiques – la JEC surtout – étaient « en crise », et bien des militants les quittaient pour des organisations profanes, voire politiques. Dans une large mesure, la mutation de l'UNEF qui, de vieille fédération corporative estudiantine, est devenue dans ces années-là un véritable syndicat étudiant est due au travail de ces anciens jécistes et de leurs camarades talas – comme en fait foi la liste des présidents et autres responsables de l'UNEF pendant la guerre d'Algérie.

Cette émancipation des catholiques était aidée par des publications diverses – depuis *Esprit,* particulièrement influent dans les milieux intellectuels, jusqu'à *Témoignage chrétien,* hebdomadaire assez populaire dont le tirage n'était pas loin à cette époque de 100 000 exemplaires. Les milieux ouvriers – ce qui en existait dans l'Eglise, ce n'était pas énorme, du moins leur concentration en faisait-elle parfois des petits groupes très dynamiques – étaient touchés par cette évolution : c'était souvent autour des prêtres de la Mission de Paris ou de la Mission de France qu'ils tentaient de trouver les solutions à même de leur faire vivre la contradiction de leur état : être chrétien sans être un jaune. Bien des militants de l'ACO étaient des adhérents de la CGT, tandis qu'à la CFTC la minorité « Reconstruction » qu'animaient Paul Vignaux et les futurs dirigeants de la CFDT progressait d'année en année.

Dans les milieux bourgeois, l'influence de Mauriac n'était pas négligeable. Il avait poussé l'audace – c'en était une pour sa génération – jusqu'à demander à ses lecteurs de voter pour le parti radical – le parti du petit père Combes, le parti des francs-maçons, des ennemis de l'Eglise! En 1957, Mauriac alla plus loin. Ce ne fut pas un geste insignifiant que la participation de ce vieillard chargé d'honneurs, le samedi 23 juin, à une manifestation silencieuse préparée par les petites organisations de « Nouvelle Gauche » en faveur de la paix en Algérie – et en dépit de son interdiction par le préfet de police. On le vit aux côtés de Sartre, de Claude Roy, d'André Philip... Mauriac avait un penchant sectaire pour la récupération. S'enchantant de voir tant de chrétiens autour de lui mener le combat contre la guerre d'Algérie, il lui arrivait de ne plus voir qu'eux. Mais cette exagération ne doit pas dissimuler un paradoxe, une sorte d'inversion des rôles que nous vivions ces années-là : tandis que les socialistes faisaient la politique de la répression et du colonialisme, ils se voyaient contestés par des catholiques de plus en plus nombreux. Mauriac pouvait se réjouir en pensant à l'affaire Dreyfus dont son enfance avait été bercée : les catholiques seraient nombreux aujourd'hui à lutter pour la libération du bagnard de l'île du Diable.

Parfois, le jeudi, de jeunes instituteurs venaient vendre à la porte de la Sorbonne *la Raison,* « organe de l'anticléricalisme militant ». Cela me paraissait complètement intempestif. Albert Bayet, champion de la libre pensée, avait pris fait et cause pour l'Algérie française; les radicaux dissidents, les radicaux antimendésistes, les laïques de la SFIO en arrivaient à utiliser la libre pensée et l'anticléricalisme traditionnel contre les catholiques de gauche. C'étaient Mollet, Lacoste et Lejeune, socialistes anticléricaux, qui faisaient une politique colonialiste; c'étaient les chrétiens Mandouze, Barrat, C. Gérard, les prêtres de Souk-Ahras, Marrou, Maisonneuve, qui étaient interpellés, poursuivis, arrêtés! Nous allions peut-être en finir avec la vieille imposture de la bourgeoisie voltairienne : couvrir ses privilèges de l'étendard « progressiste » du rationalisme et du laïcisme.

A la Sorbonne coexistaient les représentants de deux milieux catholiques. L'un avait pour base le Centre Richelieu, place de la Sorbonne, qu'avait longtemps dirigé un chanoine conservateur qui venait d'être nommé recteur du Sacré-Cœur de Montmartre. Son remplaçant, le père Lustiger, était d'une tout autre trempe, mais la « clientèle » du Centre restait celle des bons jeunes gens. Ceux-ci ne manquaient ni de vaillance ni de gentillesse, ils me paraissaient cependant d'une candeur incommensurable et, pour tout dire : a-politiques, impolitiques, ignares donc. Ils ne me semblaient avoir qu'une idée en tête : faire le plein pour le pèlerinage annuel de Chartres. Dans leur zèle missionnaire, ils m'étaient insupportables. L'un d'eux, fort brave et pourtant pas bête, était complètement bouleversé, indigné par les cours d'Etiemble, dont l'antichristianisme lui était un sujet permanent de scandale. Il me suffisait généralement de brancher ces « apôtres » sur la question de la guerre d'Algérie (« Quelle est votre réflexion chrétienne sur la guerre, sur la torture, etc.? ») pour éloigner ces importuns.

Un autre centre irriguait, moins officiellement mais de manière toute différente, les étudiants de la Sorbonne : c'était la paroisse Saint-Séverin. Là, autour du père Moubarak, d'origine libanaise, nous nous retrouvions de manière tout informelle pour dîner ensemble, discuter, parfois partir vers quelque lieu de retraite. Les sujets de discussion n'étaient pas politiques à proprement parler; il y était plutôt question de théologie. Mais le regroupement était significatif : les étudiants qui se retrouvaient là étaient tous des militants de l'UNEF et des organisations de gauche. Nous aussi étions de braves jeunes gens – plutôt sérieux, plutôt chastes, pleins d'idéal et de chansons – mais nous étions de braves jeunes gens de gauche, ce qui naturellement changeait tout.

En 1957 nous lancions un bulletin ronéotypé, sous une belle couverture rose découpée sur un plan Turgot : cela s'appelait *Quartier Latin/Rive gauche* – organe en quelque sorte des « minos » (devenus majoritaires) de l'UNEF. L'UNEF fut l'un de ces lieux de fusion – et la Nouvelle Gauche, à une échelle plus modeste – entre ces nouveaux militants catholiques ou d'origine catholique et les autres : marxistes, athées, laïques, etc.

La mobilisation des chrétiens et leur alliance avec les « autres » trouvèrent dans la question des tortures une occasion impérieuse.

La torture, nouvelle affaire Dreyfus

C'est en 1957 qu'éclate le scandale de la torture. La torture n'était pas une invention de la guerre coloniale. Elle était encore une institution au XVIIIe siècle. Toutefois, sa condamnation, sa disparition progressive – sinon son extinction définitive – étaient à porter à la gloire de ce XIXe siècle prétendument « stupide ». Dans le contexte de la guerre d'Algérie, elle était doublement scandaleuse : parce qu'elle était le fait d'une armée censée victorieuse de l'Allemagne nazie (que de films n'avait-on vus depuis 1945 sur les tortures infligées aux résistants par les SS et la Gestapo!), parce qu'elle était couverte par le gouvernement d'un pays qui a fait sa révolution au nom des Droits de l'homme et du citoyen et dont toute la suffisance se nourrissait précisément des origines éclairées de sa civilisation opposées aux ténèbres médiévales de l'Islam. De la part d'un gouvernement dont la thèse voulait que le nationalisme algérien ne fût le fait que d'une poignée de rebelles, la torture était impensable, inavouable, impossible, car, outre le déshonneur attaché à sa pratique, admettre l'existence de la torture eût été reconnaître une ampleur à la rébellion qui lui était justement déniée. La thèse officielle fut donc que les cas de torture signalés n'étaient que des anomalies, répréhensibles, certes, mais desquelles on ne pouvait induire une volonté déterminée. Christian Pineau, ministre des Affaires étrangères de Guy Mollet, crut pouvoir faire accroire aux délégués de l'ONU que ces histoires de torture n'étaient que des « inventions de *France-Observateur* »; Robert Lacoste – notre Lacoste *Pugilator* – tombait, quant à lui, précipitamment des nues quand on osait évoquer cet épineux sujet : rien, rien de rien, il ne savait rien, tout cela n'était que calomnie, perfidie et félonie, et je vous en prie, messieurs, passons à l'ordre du jour; la « question » n'était pas inconnue au bataillon mais elle était hors de question au Conseil des ministres.

Pour le malheur de la thèse officielle, la vérité sur les tortures et autres procédés ignobles de répression exercés en Algérie finit par émerger du puits au fond duquel les organes du pouvoir tentaient de la noyer. Les premiers rappelés en Algérie, démobilisés, n'avaient pas tous bouche cousue. La presse « défaitiste », « apatride » et « bradeuse » faisait écho à leurs récits. Au quartier Latin, au cours de petites réunions, des camarades revenus d'Algérie nous expliquaient certains faits – par exemple, ce qu'était la torture à la magnéto : un fil électrique sur le lobe d'une oreille et un autre sur un testicule. Nous faisions circuler des témoignages écrits. L'un d'eux disait : « S'il y avait un nouveau procès de Nuremberg, nous serions tous condamnés, car des Oradour-sur-Glane, nous en brûlons tous les jours. » Le premier témoignage accusatoire qui sortit de ces petits cercles et ouvrit cette nouvelle affaire Dreyfus que fut le scandale de la torture, on le dut au « dossier Jean Muller ». Le 26 février 1957, *l'Humanité* avait été saisie en raison des récits de rappelés que le quotidien communiste avait imprimés. L'un d'eux était celui de Jean Muller, un des dirigeants du scoutisme français, mort en octobre 1956. Durant son service en Algérie, il avait entretenu une correspondance avec ses amis. C'étaient ses lettres que, sous le titre « De la pacification à la répression », les *Cahiers de Témoignage chrétien* avaient publiées et dont *l'Humanité* avait donné des extraits.

Jean Muller y faisait l'énumération des méthodes sordides utilisées pour « pacifier » l'Algérie révoltée : il achevait l'une de ces lettres par ces mots accablants : « Nous sommes désespérés [...] de voir des Français employer des procédés qui relèvent de la barbarie nazie. » Ce document fut le plus bouleversant de ce que nous avions lu sur la fameuse pacification. A la Sorbonne, le « dossier Muller » connut un succès extraordinaire : notre section Nouvelle Gauche dut se réapprovisionner plusieurs fois dans la semaine auprès de *Témoignage chrétien*. L'émotion devenait publique. On eut droit à une « mise au point du ministère de la Défense nationale », à propos de la « campagne de dénigrement systématique contre l'action menée par l'armée [qui] s'intensifie depuis quelques jours dans une certaine presse et dans diverses publications ». Mais le jeudi 28 mars nous apprenions que le responsable du secteur est de l'Atlas blidien, le général de Bollardière, « demand[ait] à être relevé de son commandement. L'ancien chef des troupes aéroportées d'Indochine entend[ait] protester contre l'emploi de méthodes qu'il estim[ait] contraires aux traditions de l'armée ». La thèse gouvernementale du complot d'intellectuels et de journalistes n'avait plus aucune consistance. Au même moment, le 24 mars, on apprenait l'étrange « suicide » de l'avocat algérien Ali Boumendjel, détenu par les parachutistes à Alger depuis le 9 février. Nous n'en étions pas au premier cas de « suicide » carcéral, mais les qualités de l'accusé, la ferveur avec laquelle son frère, avocat lui aussi, interpella les pouvoirs publics, jetèrent le trouble dans la classe politique, jusqu'au Parlement. Au nom du MRP, M. Reille-Soult posa la question à Lacoste en disant : « Nous ne voulons pas que l'on puisse nous accuser des méthodes odieuses que nous n'avons cessé de combattre au cours de la Résistance », ce qui fut applaudi par l'Assemblée merveilleusement unanime! Lacoste répondit qu'il avait ordonné une autopsie. Pour le reste, il ne disposait pas – lui ministre rédisant en Algérie – « d'informations suffisantes » *(sic)*.

Quelques jours plus tard fut rendue publique la lettre que le doyen de la faculté de droit d'Alger, Jacques Peyrega, avait adressée au ministère Bourgès-Maunoury. Le doyen prenait au pied de la lettre les déclarations du ministre au sujet des « exactions », comme on disait, dont les témoins « seraient véritablement les complices s'ils n'en informaient les autorités », et du même coup relatait ce qu'il avait vu dans une rue d'Alger le 26 janvier précédent; comment un Algérien avait été tué froidement par un parachutiste; comment la presse du lendemain avait justifié mensongèrement ce meurtre, comment, depuis quelques semaines, les « faits divers » du même genre se répétaient à Alger; comment huit musulmans, à Baghari, amenés par les militaires et les policiers à la fin de la grève, avaient été retrouvés morts. La publication de cette lettre, à l'insu du doyen, provoqua une manifestation des étudiants d'Alger. Seize professeurs de la faculté de droit n'eurent rien tant à cœur que de se désolidariser d'avec leur doyen. L'affaire amena Claude Bourdet à écrire un éditorial dans *France-Observateur* qui valut une nouvelle saisie à son journal. Mais, quelles que fussent les dénégations et les répressions gouvernementales, la torture était désormais une question « posée ». Le gouvernement était sommé par l'opinion internationale de faire un geste. Qu'à cela ne tienne! On décida une « Commission de sauvegarde des droits et libertés individuels ». Mais – pas de panique! – ses membres, triés sur le volet, devaient être nommés par Guy Mollet, avec l'accord de Robert Lacoste.

On pouvait craindre que cette Commission n'eût d'autre fonction que d'enterrer le scandale, tout en servant d'alibi au socialisme pacificateur. Sa composition excluait quelques personnalités qu'on s'attendait normalement à voir figurer : René Cassin, vice-président du Conseil d'Etat, Me Thorp, bâtonnier du Barreau de Paris, M. Battestini, premier président de la Cour de cassation; de la même façon, on pouvait s'étonner de n'y voir aucun représentant de la gauche, aucun membre de la Ligue des Droits de l'homme – comme le constatait Bourdet, « les anciens fonctionnaires d'autorité y dominent nettement ». La Commission fit tout de même son enquête. Entre-temps, le gouvernement Mollet fut renversé. En septembre, on annonça l'imminence de la publication de son rapport, mais trois démissions successives de ses membres – R. Delavignette, Me Garçon et Pierret-Gérard – laissaient planer un grand doute sur sa liberté d'information. Ce fut à l'honneur de Bourdet que de dire, dans un article de *France-Observateur* du 5 septembre 1957, les étonnantes carences de cette Commission d'enquête et les faits précis sur lesquels la lumière devait être faite : son article avait les intonations du « J'accuse » de Zola. Le rapport de cette Commission fut tout de même publié en décembre. On l'appela le rapport Béteille, du nom du président de cette « Commission de sauvegarde »; il confirmait l'existence des tortures, des arrestations et séquestrations arbitraires, des camps d' « hébergement », des disparitions, des représailles collectives. Ainsi cette Commission, malgré ses limites (son caractère paragouvernemental en particulier), et cette synthèse Béteille (au lieu de rapports particuliers plus accablants comme ceux de Me Garçon, R. Delavignette et du préfet Haag) établissaient officiellement ce que les colonialistes taxèrent de « bavure », ce que les journalistes plus rigoureux dénoncèrent comme un « système » de répression généralisée.

Auparavant, le ministre Robert Lacoste, qui avait dit et répété qu'il favoriserait le voyage de tous les observateurs désirant juger *de visu* l'œuvre de l'armée française, fit savoir en avril au parti radical que sa Commission d'enquête était indésirable en Algérie. Cependant, au mois d'août, *le Monde* publia le rapport d'une autre Commission d'enquête – internationale cette fois –

« contre le régime concentrationnaire » – enquête faite en Algérie du 19 juin au 5 juillet – dû à la plume de Louis Martin-Chauffier et publié dans *le Figaro* et *Demain*. Son auteur faisait état des nombreux cas de tortures constatés sur la personne des prisonniers, de la négligence des pouvoirs supérieurs, de la quasi-impunité dont les tortionnaires jouissaient : « Il arrive que l'interrogatoire soit si rudement poussé que la victime en meure; il arrive aussi qu'elle en sorte vivante, mais dans un tel état qu'elle ne puisse plus être livrée à la justice ni rendue à la liberté. »

Trois affaires sinistres devaient renforcer toutes les inquiétudes au sujet des méthodes de « pacification » : la disparition d'un jeune mathématicien français, enseignant en Algérie, Maurice Audin; les plaintes portées par un communiste, Henri Alleg, qui devait publier *la Question* aux Editions de Minuit, livre saisi mais diffusé par les soins des militants de gauche, qui décrivait dans les détails les méthodes et la psychologie des tortionnaires; l'affaire Djamila Bouhired, condamnée à mort après un simulacre de procès – dont l'écrivain Georges Arnaud révéla le scandale. Autant d'affaires qui confirmaient l'iniquité de la justice en Algérie, les basses méthodes employées par la police et l'armée de la République française.

Ces faits clairement établis, en dépit des prévarications de langage que les gouvernements Mollet et Bourgès croyaient devoir commettre au nom de la raison d'Etat, provoquèrent un débat national qui rappela étonnamment, par ses données, la bataille qui avait opposé à l'aube du siècle dreyfusards et antidreyfusards. Deux camps se dessinèrent avec netteté, par-delà les tartuffes qui ne se lassaient pas de nier l'indéniable et les indifférents qui ne comptent jamais pour rien les destins collectifs, le camp de ceux qui, plaçant au-dessus de tout les buts temporels de la nation – en l'occurrence la sauvegarde coûte que coûte de l'Algérie – étaient prêts à lui sacrifier ses principes spirituels et universels de vérité et de justice, et le camp de ceux qui refusaient de rien mettre plus haut que ces principes mêmes, fondateurs de la République. Les apologistes de la torture parlaient au nom du réalisme. Vieille antienne : il n'y a pas d'omelette sans casser les œufs, on ne fait plus la guerre en dentelles, un torturé, c'est dix victimes innocentes d'épargnées, des attentats évités, etc. Ce fut l'honneur d'un grand nombre d'intellectuels français que de se considérer comme tenus de braver l'opinion majoritaire, de risquer leur carrière, de faire fi de leur sécurité, en ne donnant pas de relâche aux responsables politiques et militaires des ravages qu'opéraient sur les corps des uns et sur les esprits des autres les abjections qu'ils couvraient.

A tous ces hommes, obscurs ou illustres, qui firent tête au mensonge et à l'oppression, il ne saurait être question de rendre ici justice. Je fais seulement écho aux cris de quelques Français indociles. Ce que fit le général de Bollardière dans l'armée, René Capitant le fit dans l'Université. Ce professeur à la faculté de droit de Paris, qui avait eu pour élève Ali Boumendjel, déclara publiquement qu'il allait suspendre ses cours pour exprimer sa désapprobation des méthodes utilisées pour la « pacification ». Il ne pouvait plus supporter la honte d' « enseigner des principes de législation » chaque jour bafoués « par ceux qui ont la charge de les appliquer ».

Le même mois, en mars 1957, Pierre-Henri Simon, romancier, ancien officier, catholique, humaniste, patriote, bref, tout ce qu'il faut pour terminer sous la Coupole, écrivit un petit livre frémissant contre sa fausse réputation académique et *Contre la torture.* Rappelant la grande tradition de la France de Saint Louis, il retrouvait les accents d'un Bernanos pour s'élever, au nom de l'honneur, contre l'abjection d'une armée et d'un pays qui perdaient le sens de leur combat : « Même si la torture d'un Arabe est intolérable comme une tache à l'honneur, et mortelle au sens où l'on dit qu'un péché est mortel : quelque chose de plus essentiel que la puissance s'en trouve atteint et détruit; une défaite plus intime et plus irréparable que la destruction d'une armée est subie à jamais. »

François Mauriac, qui avait déjà dénoncé des cas de torture policière avant la guerre d'Algérie, prolongeait le réquisitoire de Simon dans le bloc-notes de *l'Express*. *L'Express* avait été mis par Jacques Soustelle au rang des « quatre grands de la contre-propagande française », où figuraient encore *le Monde*, *Témoignage chrétien* et naturellement *France-Observateur*. De fait, ce fut la gloire de ces quatre journaux (mais de quelques autres aussi, et il ne faudrait pas oublier dans cette distribution des prix *le Canard enchaîné* et *l'Humanité*) de tenir en éveil la conscience française sur les faits les plus iniques de la prétendue pacification. Jean-Jacques Servan-Schreiber, rappelé comme lieutenant de réserve dès 1956, démobilisé en 1957, entreprit la publication, en feuilleton, d'un admirable témoignage, *Lieutenant en Algérie;* il n'y relatait point de cas de torture mais dépeignait dans ses détails concrets l'état d'esprit des officiers de métier en Algérie – victimes d'une politique sans issue. Dans *Témoignage chrétien*, qui avait eu le mérite de publier le « dossier Jean Muller », Joseph Rovan, Georges Suffert, Georges Montaron et d'autres menèrent une campagne qui n'épargnait pas les personnalités catholiques. *Le Monde*, avec une intonation plus faible (il sut échapper aux saisies) mais avec l'efficacité d'une présence quotidienne et d'un prestige international, publiait toutes les informations que le quatuor Mollet-Lacoste-Bourgès-Lejeune eût préféré voir passer sous silence. Quant à *France-Observateur*, il n'est pas exagéré de dire qu'il fut le moniteur de la résistance française à la guerre d'Algérie : Bourdet, Martinet et leurs camarades, soutenus par la sympathie active de leurs lecteurs (il en fallait pour durer, tant les saisies rendaient précaires les finances du journal), ne laissèrent pas de confondre la hiérarchie tortionnaire, des hommes de main aux ministres.

Du côté des revues, *les Temps modernes* (par exemple, « Les jours kabyles » de G.-M. Mattéi) et *Esprit* (notamment « La paix des Nementchas[1] », témoignage implacable de Robert Bonnaud) rivalisèrent de documentation et de combativité. *Esprit* perdit en 1957 son second directeur : sept ans après Mounier, Albert Béguin était frappé mortellement, lui aussi, par une crise cardiaque. Jean-Marie Domenach assura la relève. Ces deux revues, qui avaient définitivement perdu tout complexe devant le parti communiste (« Nous sommes hostiles à toute mesure d'exception contre les communistes, mais nous refuserons toute collaboration publique avec le PCF tant qu'il soutiendra la contre-révolution stalinienne », écrivaient Domenach et Julliard en janvier 1957), retrouvaient une autonomie intellectuelle et une nouvelle audience dans la génération montante des étudiants.

En mars 1957, plusieurs centaines d'intellectuels et de personnalités de milieux divers adressèrent une lettre ouverte au président de la République, à laquelle était jointe un dossier de témoignages sur la « pacification » en provenance des rappelés. Un Comité de résistance spirituelle fut fondé, qui publia la brochure *Des rappelés témoignent.* Faisant allusion aux procédés criminels utilisés aussi par les nationalistes algériens – procédés servant de justification à la torture pour les nationalistes français qui ne s'entêtaient plus à nier –, le Comité écrivait : « Ces crimes n'excusent et ne justifient en aucune façon ceux que nous commettons nous-mêmes. Il est des procédés de combat, baptisés crimes de guerre depuis 1948, et auxquels nous estimons que des Français n'ont pas le droit de recourir sous peine de devenir eux-mêmes criminels de guerre. Quand ils y

1. Cet article a été repris avec d'autres dans R. Bonnaud, *Itinéraire*, Paris, Ed. de Minuit, 1962.

recourent, il est du plus impérieux devoir pour chaque Français de les dénoncer... »

La résistance à la torture s'organisa. Robert Barrat, Laurent Schwartz, Lanza del Vasto firent appel à un certain nombre d'intellectuels connus (Sartre, Domenach, Claude Roy, Claude Bourdet, Marrou, Vercors, etc.) pour patronner un Centre d'information et de coordination pour la défense des libertés et de la paix, qui élut domicile dans un vieil immeuble insalubre, rue du Landry, à Clichy. Le « Centre du Landry » devint une véritable agence de presse contre la guerre et la torture en Algérie; on y tirait notamment des tracts qui étaient ensuite diffusés aux quatre coins de la région parisienne; Maurice Pagat en était le permanent. Le Centre publia un mensuel, *Témoignages et Documents*, dont le premier numéro sortit en janvier 1958. Robert Barrat s'en occupait, avant que Pierre Vidal-Naquet, assistant d'histoire ancienne à la faculté des lettres de Caen, n'en devienne le rédacteur en chef en 1959. La tâche principale de cette publication fut la diffusion de l'information censurée par la grande presse et la reproduction d'articles ou d'ouvrages interdits par le gouvernement. C'est sous cette forme que fut divulgué, à des dizaines de milliers d'exemplaires, le témoignage d'Henri Alleg, *la Question*, que le gouvernement avait fait saisir aux Editions de Minuit.

Au mois d'avril, l'UNEF – dont la majorité avait basculé l'année précédente et qui était à la veille d'un Congrès du cinquantenaire orageux – prit à son tour nettement position : « Fidèles à l'enseignement traditionnel de l'Université française, fondé sur le respect du droit et de la personne humaine, nous ne saurions tolérer que la guerre d'Algérie se poursuive dans de telles conditions. S'il était vrai que la guerre d'Algérie ne pût se poursuivre par d'autres moyens, c'est à cette guerre elle-même qu'il faudrait mettre fin, car ni l'efficacité, ni une situation exceptionnelle ne sauraient justifier pour nous l'emploi de pareilles méthodes. »

Quinze jours plus tard, le Congrès de l'UNEF se tenait à Paris. Le bureau sortant conduit par Michel de La Fournière était approuvé par plus des deux tiers des mandats. Leur échec confirmé, les nouveaux minoritaires – groupant à la fois une extrême droite et des « apolitiques » – quittaient l'UNEF, à la suite des étudiants français d'Algérie. Le mouvement étudiant était désormais divisé, mais l'UNEF allait, grâce à l'allégement de ses éléments les plus réfractaires à un engagement politique ou les plus engagés dans la politique Algérie française, gagner en unité et en dynamisme et devenir en quelques années, vu les carences des partis de gauche traditionnels et des syndicats, l'organisation de masse la plus avancée dans la lutte pour la paix en Algérie.

Comme au temps de l'affaire Dreyfus, le parti des intellectuels se révélait une force, dont le cœur battait au quartier Latin, de la rue d'Ulm à la Sorbonne. Les manifestes, les pétitions, les manifestations silencieuses, les réunions publiques, les refus d'obtempérer individuels, il faudrait qu'un jour un historien nous en fasse le récit minutieux[1] : dans un pays comme frappé de stupeur, manipulé, conditionné par tous les moyens de bourrage de crâne dont dispose un gouvernement – et un gouvernement « de gauche » –, toutes ces actions ont constitué un cycle de résistance française aujourd'hui encore méconnu. Mais – ceci explique peut-être cela –, à la différence de l'affaire Dreyfus, les héritiers SFIO de Jaurès n'étaient pas du côté de l'« innocent châtié »; ils étaient des partisans de la raison d'Etat et mêlaient leurs injures anti-intellectualistes à celles de la droite colonialiste : « chers professeurs », « intellectuels fatigués », « défaitistes », « exhi-

1. On lira en attendant Janine Cahen et Micheline Pouteau, *Una resistenza incompiuta, La guerra d'Algeria e gli anticolonialisti francesi, 1954-1962*, Milan, Il Saggiatore, 1964, 2 vol. Sans oublier Pierre Vidal-Naquet, *la Torture dans la République*, Paris, Ed. de Minuit, 1972.

bitionnistes du cœur et de l'esprit », il n'était point d'injure vulgaire que les dirigeants molletistes n'aient utilisée contre la dissidence intellectuelle. Cherchant à la discréditer par tous les moyens, les ministres faisaient mine de croire que leurs objecteurs s'en prenaient massivement aux 700 000 soldats d'Algérie, présentés comme autant de bourreaux. Incapables de briser cette insurrection de l'esprit, ils voulurent n'y voir que l'effet d'un *complot.* « Mais enfin, ce complot, écrivait Pierre-Henri Simon dans *le Monde,* où est-il? Quels en sont les agents et les chefs? Qui sont les traîtres? »

Le lundi 2 décembre 1957, la Sorbonne s'anima à nouveau. Cette fois, ce fut du côté de la faculté des sciences. On y soutenait une thèse de mathématiques dont le sujet était *Equation linéaire dans un espace vectoriel. Cycles limités dans les systèmes différentiels.* Pas de quoi attirer les foules. Mais les circonstances étaient exceptionnelles car la soutenance devait avoir lieu en l'absence de son auteur, Maurice Audin. Celui-ci, assistant à la faculté des sciences d'Alger, membre du parti communiste algérien, avait été arrêté à son domicile par les parachutistes le 11 juin précédent. Sa femme, mère de trois enfants, ne put jamais savoir ce qu'il était advenu du prisonnier – sinon qu'il s'était « évadé » le 21 juin à 21 heures, lors d'un transfert en jeep...

La disparition du jeune professeur avait alarmé ses amis, ses collègues, beaucoup de monde finalement, qui rendaient publique leur émotion. Une pétition circula à Paris, sur l'initiative de deux professeurs communistes, Michel Crouzet et Luc Montagnier. De son côté, un professeur d'anglais au Prytanée militaire de La Flèche, Jean-François Cahen, en liaison avec Mme Audin, répandit l'idée d'un comité de recherche de Maurice Audin. Finalement, Laurent Schwartz, avec quelques autres dont Vidal-Naquet, venait de fonder en novembre 1957 un Comité Maurice-Audin, dont le but était de se transformer en organe de protestation générale contre la torture et les moyens illégaux utilisés contre les adversaires de la guerre d'Algérie. En 1958, le Comité Audin devait publier la brochure *Nous accusons*, mémorandum sur la torture et la répression en Algérie envoyé au général de Gaulle...

Cette soutenance *in abstentia*, c'était – avec les moyens dont elle disposait et qui ne manquaient pas d'impressionner – la plus digne des protestations que l'Université pouvait élever contre les crimes du pouvoir militaire et les silences complices du pouvoir politique, dont un des siens, un jeune savant de vingt-cinq ans, venait de tomber victime.

J'eus la chance de pouvoir trouver une place tout en haut de l'amphithéâtre de physiologie où des centaines de manifestants silencieux avaient tenu à prendre place. Derrière Mme Audin, l'épouse du disparu accompagnée d'un jeune garçon et de ses beaux-parents, je reconnus les visages de Marrou, de Massignon, de François Mauriac, d'Edouard Depreux, de Marceau Pivert, de Francisque Gay... L'émotion nous saisit une première fois quand le président du jury, le Pr Favart, debout face à l'assistance, appela selon la règle :

« M. Audin est-il là? »

Le rapport de thèse fut fait, en lieu et place de Maurice Audin, par son ancien collègue d'Alger, le Pr du Possel. La décision du jury, auquel participait Laurent Schwartz dont le visage m'était familier pour l'avoir vu dans maintes réunions de la Nouvelle Gauche, fut lu sans attente par son président. Maurice Audin était reçu docteur ès sciences, avec mention « très honorable ». Le Pr Favart venait de communiquer les conclusions du jury, en associant Mme Maurice Audin, M. et Mme Audin, ses parents, dans son hommage. Il acheva dans un cri étranglé :

« Je vous demande de ne pas applaudir mais de faire une minute de silence. »

Nous fûmes 300 ou 400 à communier debout dans la même émotion. Ce fut sans phrases inutiles et dans le simple exercice de ses fonctions que l'Université française venait de témoigner, face à la barbarie d'Etat, de la continuité de sa mission. Il y avait eu jadis Herr, Charles Péguy, Bernard Lazare; il y avait aujourd'hui Schwartz, Marrou, Capitant... Les intellectuels, si insupportables quand ils se mêlent de vouloir reconstruire le monde, retrouvaient comme spontanément en face de la corruption morale d'un pouvoir politique oublieux de tous les principes qui en fondaient l'existence leur vocation dreyfusarde.

Comme le dira un peu plus tard Paul Ricœur, au cours d'un meeting à la Mutualité : « Nous ne voulons pas ressembler à ces universitaires allemands, du temps nazi, qui se sont tus parce qu'ils étaient fonctionnaires et parce qu'ils ne croyaient pas avoir la charge de porter, hors de l'Université, l'honneur des principes qu'ils servaient dans l'Université. »

De la Nouvelle Gauche à l'Union de la gauche socialiste

Repenser la gauche, la reconstruire à partir de la double imposture – communiste et socialiste – qui avait éclaté en automne 1956, tel était le programme!

Les conditions étaient réunies d'un renouveau idéologique nécessaire. Depuis plus de vingt ans, le marxisme dont le parti communiste s'était approprié l'héritage servait plus à condamner, à exclure, à défendre des positions acquises qu'à enrichir notre vision du monde, à affronter les nouvelles « sciences humaines » et à stimuler une praxis conquérante. Les chars de Budapest, paradoxalement, avaient libéré ou allaient libérer la pensée de tant d'intellectuels qui, *volens nolens*, restaient dans les champs magnétiques du communisme.

Notre histoire intellectuelle est jalonnée de ces révisions du marxisme. Déjà, dans les années trente, bien des jeunes gens avaient trouvé dans les thèses d'Henri de Man les bases théoriques d'un *Au-delà du marxisme.* Mais de Man avait mal terminé, dans la honte de la collaboration, tandis que les partis communistes sortaient de la Seconde Guerre mondiale couverts de la double gloire de leur résistance et de celle de l'Armée rouge qui rejaillissait sur eux. Le marxisme – dont le label redevint l'exclusivité du parti communiste – domina de nouveau le monde de la pensée philosophique et politique. Il est remarquable qu'*Esprit*, né dans les années trente, on peut dire sur une critique du marxisme, ouvrait largement ses pages – après la guerre – à des intellectuels, catholiques ou non, largement fascinés par le parti communiste – quand bien même on savait y faire les critiques nécessaires, y prendre les distances raisonnables, y favoriser plutôt les originaux et les marginaux du marxisme plutôt que ses vulgarisateurs et ses fonctionnaires. Aussi bien, lorsque Jean-Marie Domenach – succédant à Albert Béguin l'année suivant Budapest – présenta la « nouvelle série » d'*Esprit* qui commençait avec une nouvelle équipe, il précisa la situation : « Nous avons emprunté des espérances et des thèses aux luttes où nous avons été jetés : contamination par l'espérance et quelquefois aussi par une inconsciente intimidation. Un nettoyage impitoyable s'impose. Les idéologies politiques voient successivement se briser leur prétention à la domination du monde et au salut de l'homme. » Lorsque, vingt ans plus tard, la traduction française de *l'Archipel du Goulag* aura fait exploser leur confort intellectuel chez tant de gens, ceux qu'on appellera les « nouveaux philosophes » ne diront pas autre chose que Domenach à l'époque – lequel ne disait pas autre chose que Camus dans les années d'après-guerre – lequel reprenait lui-même la critique que certains « non-conformistes » des années trente adressaient au marxisme, etc. Tout se passe comme si, à chaque génération, la critique intellectuelle du communisme redevenait une nécessité, tant la mémoire du monde est courte et tant reste vif l'attrait des idéologies armées.

En décembre 1956, les Editions de Minuit publiaient le premier numéro d'*Arguments.* Son directeur était Edgar Morin, ancien militant du PCF qui n'avait pas encore publié ce témoignage irremplaçable qu'est son *Autocritique;* les autres membres du comité de rédaction étaient Colette Audry, Roland Barthes et Jean Duvignaud. On y était résolu à repenser le marxisme, voire à le remettre en question fondamentalement, « ne fût-ce que pour en éprouver la validité », à approfondir la critique trop superficielle faite aux staliniens... On y traduisait et discutait des marxistes hétérodoxes comme G. Lukács, on y attaquait les variantes de la « culture socialiste » « parce que toute culture libre qui invente librement ses formes et amplifie l'expérience humaine est toujours socialiste » (Duvignaud); A.-J. Greimas y pourfendait le positivisme stalinien de Marcel Cohen et défendait les principes d'une linguistique moderne... En un sens, *Arguments* complétait, enrichissait – en particulier dans le domaine des sciences humaines – ce que *Socialisme ou Barbarie,* depuis huit ans déjà, avait entrepris dans le domaine politique.

Le débat intellectuel « s'ouvrait ». Au sein du parti communiste, deux bulletins oppositionnels étaient publiés clandestinement : *l'Etincelle* et *Tribune de discussion;* ils fusionnaient, se séparaient de nouveau. Dans *France-Observateur,* on pouvait lire la controverse qui opposait H. Lefebvre et A. Philip sur le régime soviétique et le socialisme. Lefebvre, qui devait être exclu du Parti en 1958, jouait déjà les francs-tireurs contre le marxisme « officiel ». *Les Temps modernes,* en juillet 1957, publiaient un article de lui sur « Le marxisme et la pensée française », qui avait précédemment paru dans une revue polonaise. Il y disait notamment : « Il y a un marxisme " officiel ", orthodoxe, ou passant pour tel. Et froid, et ennuyeux à pleurer, et surtout stérile. Les pages de Roger Garaudy sur la connaissance, ou de Besse et

Caveing sur la philosophie, ont le triste vernis luisant des affirmations définitives, que peu de jours suffisent à ternir. » Surtout, Lefebvre dénonçait l'utilisation étatique que le stalinisme avait faite du marxisme : « La pensée marxiste, devenue idéologie d'Etat, et idéologie de l'Etat – d'un Etat déterminé –, se transformait en organe de publicité politique : publicité des réussites et camouflage des échecs. La raison d'Etat et le mensonge officiel commandaient le savoir, l'utilisaient, se justifiaient par son moyen. » Bref, au sein même du parti communiste, les intellectuels s'émancipaient; hors ses rangs, certains commençaient à penser sans inhibition, pour la première fois. Le « dégel », quoi! comme on allait dire en URSS de la période khrouchtchévienne. C'est dans ce nouveau contexte intellectuel qu'une nouvelle gauche pouvait trouver pour la première fois l'oxygène propre à son épanouissement.

Simultanément, l'impasse de la politique algérienne allait profondément remuer le monde étudiant. On ne saurait trop insister à ce sujet sur l'importance du 50e Congrès de l'UNEF, auquel j'ai déjà fait allusion. Une partie des étudiants avait toujours été politisée (camelots du roi d'avant la guerre, étudiants communistes...); la nouveauté était que pour la première fois une puissante organisation de type syndical allait entrer progressivement dans la lutte politique, au point de devenir bientôt une des forces les plus indiscutables opposées à la guerre d'Algérie, réussissant – comme on devait le voir en octobre 1960 – à organiser les premières manifestations de masse, malgré l'absence et l'hostilité du parti communiste. Cette évolution de l'UNEF illustrait clairement la naissance d'une nouvelle catégorie politique : l'étudiant. Au moment même où l'UNEF faisait une scission, les mouvements de jeunesse catholiques étaient traversés par une crise analogue. A une époque où des jeunes gens, qui n'avaient jamais voté, qui ne s'étaient donc jamais exprimés politiquement, étaient envoyés sans avis dans une guerre coloniale, il devenait stupide et scandaleux de leur imposer éternellement silence. Cette guerre, défendue par les uns, dénoncée par les autres, fit entrer des milliers de jeunes gens dans le monde politique plus prématurément qu'il n'était naguère permis. Ce que l'UNEF gagna en pugnacité et en maturité, nous en eûmes aussi les effets à la Nouvelle Gauche.

De l'automne 1956 à décembre 1957, notre section Nouvelle Gauche de la Sorbonne devint la force politique la plus importante et la plus active après l'Union des étudiants communistes. Nous étions un pôle de convergence où se retrouvaient des anciens communistes, des trotskistes, des marxistes sans obédience, de nombreux chrétiens (y compris des prêtres qui venaient aux réunions en civil) – ou anciens chrétiens –, des idéalistes de tout poil, des abonnés de *France-Observateur* désireux de lutter contre la guerre d'Algérie...

Les réunions de la section se tenaient dans les arrière-salles de café pour l'ordinaire, le plus souvent au premier étage du Grand Cluny, où l'on déjeunait d'un sandwich dans un coin, à l'abri des joueurs de billard. Ces réunions étaient d'une totale liberté, sans consignes venues d' « en haut ». Notre souci immédiat était de nous renforcer : placer des cartes, vendre des journaux, organiser des meetings – au cours desquels Bourdet, Martinet, Schwartz, Craipeau venaient nous prêter main-forte. Lors des élections partielles à Paris, nous étions du service d'ordre. Nous tentions aussi d'élargir notre action en mettant sur pied des Comités de paix, le plus largement ouverts. De temps en temps, les meilleurs de nos orateurs prenaient la parole dans la cour de la Sorbonne, pour appeler les étudiants à entrer dans ces Comités de paix en formation; puis, pour conclure, les deux cents ou trois cents militants que nous étions là, nous sortions en scandant : « La-paix-en-Algérie! » Nous avions le souci de réaliser la plus grande entente possible dans cette lutte contre la guerre, et nous trouvions les alliés les plus disponibles chez les communistes. Cela n'allait pas toujours sans zizanie car la direction du PC restait étonnamment prudente sur la question algérienne. Ainsi, en avril 1956, le PCF jugeait indispensable de développer une campagne nationale contre la nomination d'un ancien général de l'armée hitlérienne, Speidel, au Haut Commandement des forces de l'OTAN. Les militants de l'UEC organisèrent une cérémonie dans la cour de la Sorbonne à la mémoire des martyrs du nazisme. Un de nos camarades prit la parole, au nom des étudiants de la Nouvelle Gauche, pour élargir le sens de la célébration. Il dit que le danger n'était pas Speidel en particulier, mais le militarisme en général – non seulement le militarisme allemand, mais aussi le militarisme français : « Nos armées sont pleines de Hans Speidel. » Il y eut des protestations de la part des communistes – leurs campagnes patriotiques nous exaspéraient. Tout de même, le suivisme des étudiants était moindre dans le PC que dans les cellules ouvrières; ils avaient beau nous taxer d'aventurisme, c'était avec eux le plus souvent que nous nous retrouvions dans les manifestations de rue du quartier Latin, ils en étaient même le gros de la troupe, derrière Philippe Robrieux, leur leader.

Avec les socialistes, c'était une autre affaire. Je n'en connaissais pas personnellement; ils étaient alors, à la Sorbonne, pratiquement introuvables. Mais nous aurions bien voulu entraîner les quelques ectoplasmes qui faisaient figure de « responsables » à signer un texte en commun avec les autres organisations de gauche contre la guerre d'Algérie. Tout de même! il y avait bien une minorité socialiste opposée à Mollet, les étudiants en étaient certainement! A la fin de janvier 1957, nous fûmes quelques-uns à aller quérir leurs signatures à leur siège. Mais les deux fantoches qui tenaient la permanence nous dirent qu'à leur grand regret il ne leur était pas possible d'entreprendre la moindre action commune, où les communistes figureraient. Non seulement ils n'existaient pas mais de surcroît ils n'étaient pas même capables de sauver symboliquement la face.

Notre petit parti se développait. Il vivait de l'espoir qu'une fusion prochaine allait l'enrichir, le fortifier, lui donner même la base ouvrière dont il manquait, tant les professeurs, les journalistes et les étudiants y occupaient de place. De fait, le 8 décembre 1957, l'Union de la gauche socialiste (UGS) vit le jour, au cours d'un congrès d'unification où la Nouvelle Gauche, le Mouvement de libération du peuple, une partie de la Jeune République et Action socialiste (issue de la minorité socialiste) votaient leur fusion. *Le Monde* convint « qu'il s'agi[ssait] de la tentative la plus sérieuse qui ait été faite depuis de nombreuses années pour rassembler ceux qui ont quitté ou qui refusent de rejoindre soit la SFIO, soit le parti communiste ». Cette fusion donna un rapide et vif essor à notre section de Sorbonne. Le premier numéro du nouvel organe, *Tribune du peuple*, connut un grand succès. Un de mes amis en khâgne à Lakanal – et que depuis des mois je bombardais d'appels en faveur de la Nouvelle Gauche – m'écrivait : « Cette fois, la décision est prise : il y aura une section de l'UGS à Lakanal. » A la Sorbonne, l'afflux des adhésions nouvelles nous permit de créer une sous-section des étudiants en histoire de l'UGS. En janvier, les philosophes créèrent aussi leur propre groupe. La faculté des lettres compta ainsi trois groupes de section.

Au début de l'année 1958, ne voulant plus en rester à la vente des journaux, aux distributions de tracts et aux meetings (que l'on tenait généralement salle des Horticulteurs, rue de Grenelle), nous fîmes de notre mieux pour mettre sur pied avec d'autres organisations étudiantes de véritables manifestations de rue. Ainsi, au début de février, une manifestation fut lancée contre la dissolution par le gouvernement de l'Union générale des étudiants musulmans algériens (UGEMA); la manifestation fut immédiatement interdite par la préfecture de police, tandis que les groupes d'extrême droite appelaient à une contre-manifestation. Pas très sûrs de nous la veille, craignant de rassembler trop peu de monde et de voir notre « manif » s'égailler sous les coups des flics et des fascistes, ce fut une joie le lendemain de se retrouver près d'un millier au coude à coude, après avoir joué superbement la police et les contre-manifestants. Tandis que toutes les forces de l'ordre étaient concentrées au lieu annoncé comme celui du rassemblement – c'est-à-dire l'angle de la rue de l'Abbé-de-l'Epée et du boulevard Saint-Michel –, nous nous réunissions dans les couloirs de la Sorbonne et, au signal, faisions une sortie en masse à midi vingt, par la rue des Ecoles. Le champ était libre. A un millier environ, chacun étant prévenu de bouche à oreille, nous pûmes tenir plus d'une demi-heure la chaussée, en particulier le boulevard Saint-Michel et les quais, aux cris de « Liberté pour l'UGEMA », « Libérez Khemisti[1] ». La dispersion se fit près de l'Ecole des beaux-arts, au moment où les paniers à salade et les cars de police, prévenus par l'hélicoptère qui depuis le début de notre action tournait au-dessus de nos têtes, nous avaient rejoints. La contre-manifestation d'extrême droite, quant à elle, fut un fiasco.

D'autres manifestations suivirent, généralement organisées par les étudiants communistes, radicaux (mendésistes) et nous – toujours sur le même modèle : le rendez-vous était fixé par tracts en tel ou tel lieu du quartier Latin et – par le téléphone arabe – les militants se rassemblaient en un tout autre lieu, attendant l'heure dans les files de cinéma, dans les stations de métro ou autres lieux publics, les banderoles cachées du mieux possible, jusqu'à ce qu'à l'heure dite tout le monde se regroupe au milieu de la rue, déploie ses bannières et se mette à hurler contre la guerre d'Algérie et contre le fascisme. Simplement, les lieux changeaient. Au lende-

1. Le président de l'UGEMA.

main du bombardement de Sakhiet, tandis que la police restait le bec dans l'eau au carrefour de l'Odéon, nous descendions la rue Mouffetard, depuis la Contrescarpe, tout heureux, dans ce quartier populaire, d'être applaudis par des passants. C'était plus douloureux, le soir, écoutant les radios nationales, de ne pas entendre un seul mot de notre manifestation ou d'entendre mentionner sur Europe nº 1 notre manifestation comme étant seulement celle des communistes. Quoi qu'il en soit, l'UGS progressait au quartier Latin.

Tout bien pesé cependant, je mesure à quel point nos manifestations étaient misérables depuis que nous avons vu celles de 1968 et des années suivantes. En attendant la grande manifestation de l'UNEF du 27 octobre 1960, nous n'arrivions jamais à rassembler dans les rues plus de 1 500 militants – et c'était beau quand nous les atteignions – et nous nous délections de voir le lendemain la photo de nos rangs serrés que publiait *Libération* ou *l'Humanité.* Les précautions, les ruses de Sioux dont nous usions avec la police révèlent par elles-mêmes notre faiblesse numérique. Dans une France apparemment amorphe, nous nous sentions désespérément isolés, la seule illusion de notre force nous étant offerte par les vieilles rues et les estrades improvisées du quartier Latin, où notre concentration pouvait donner le change. Chaque jour, dans ces années de guerre coloniale qui pourrissait tout et n'en finissait pas, nous sentions la fragilité de notre mouvement et le poids de notre solitude.

Militant

J'étais entré dans le militantisme par nécessité – de cette nécessité intérieure qui nous enjoint de mettre en accord notre pensée et nos actes. Il me paraissait intolérable de continuer à vivre comme si de rien n'était dans un pays qui s'enfonçait chaque jour dans une bêtise plus sanglante. Mon enthousiasme initial était à la mesure de mon dégoût, rien ne me paraissait impossible et je n'avais vu « la force des choses » que dans les livres. Au bout de quelques mois, je m'étonnai tout de même qu'aussi peu de Français aient fait le même choix que moi, un choix qui me semblait s'imposer avec le poids de l'évidence : contre le parti socialiste, qui était la cause de nos récents malheurs; contre le parti communiste, qui s'attardait dans le stalinisme et stérilisait du même coup le mouvement ouvrier français, il était logique d'accourir à la Nouvelle Gauche. La masse des militants déçus par les vieilles organisations autant que les nouvelles couches de militants devaient vite nous rejoindre.

La première déception fut d'éprouver l'indifférence des « masses ». Sans doute notre section se renforçait-elle, sans doute la naissance de l'UGS offrait-elle des perspectives encourageantes. Toutefois, nous ne restions qu'une force infime et, malgré l'actualité dramatique, il était souvent décourageant de constater l'apathie de l'opinion, la fidélité des électeurs aux partis faillis, leur si faible faculté d'indignation. Lorsque, le dimanche matin sur les marchés ou, en semaine, à la porte même de la Sorbonne – en terre familière donc –, il nous arrivait de rester plus d'une heure sans avoir vendu le moindre exemplaire de nos journaux; lorsque, après avoir passé toute une soirée à la composition et à la fabrication d'un tract, il fallait s'imposer le lendemain le spectacle du tapis de feuilles ronéotées qui jonchaient le sol, sans même avoir été lues; lorsque, pour une réunion de section considérée comme importante, on se retrouvait à trois pelés, oui, à la longue, la lassitude nous guettait.

Cette impression de perdre son temps, d'être inefficace, de se repaître de viande creuse, se trouve singulièrement renforcée par les excès du verbalisme, qui est la tare de toutes les organisations de gauche. Oh! combien de meetings interminables, de réunions enfumées ne doit-on pas subir en résistant au sommeil, sous l'empire de la logorrhée militante. Les imprécations, les coupes de cheveux en quatre, les trois stades de la dialectique, les tics de l'orateur, l'heure qui passe, les masses à galvaniser, et presque toujours ce langage d'état-major à la veille de la mobilisation générale... Ah! certes, nous ne parlions pas, quant à nous, du découpage des circonscriptions, nous ne guignions ni places, ni candidatures, ni profits d'aucune sorte. Mais raison de plus pour n'avoir pas à payer d'ennui notre ferveur! Nous voulions être transportés – et, quand un orateur y parvenait à coups d'abjectifs martiaux, expectorant puissamment ses appels à l'action, grand Dieu! nous serions restés à l'écouter jusqu'à l'aube. Mais quand le tribun trébuchait, s'enlisait dans les lieux communs, postillonnait dans la confusion, nous l'applaudissions vingt fois avant qu'il n'ait fini pour hâter sa conclusion. L'ardeur qu'on mettait à battre des mains à la fin, c'était le bonheur qui éclatait d'en avoir terminé avec celui-là. Au suivant! J'ai encore une chance d'attraper le dernier métro. On est parfois si fatigué du verbe que c'est un délice bien connu du militant que de s'affairer à ces tâches modestes : vendre un journal à la criée, écrire des enveloppes, coller des affiches. Un camarade me dit un jour, après avoir ajouté à la main sur 500 tracts une phrase qui manquait : « Enfin! j'ai eu l'impression d'avoir fait quelque chose. » C'est dire que la manifestation de rue nous comblait. Elle nous éprouvait, physiquement, psychologiquement : « Je suis capable de me faire casser la gueule pour ce que je crois »; elle nous enivrait du sentiment chaleureux qu'on éprouve, au coude à coude, devant le même danger; et, le lendemain, elle nous offrait ce résultat tangible : un article, une photographie, la preuve, oui, la preuve, que nous avions *fait quelque chose.*

Il y a toujours au fond du militant un chiendent de morale chrétienne : même si son action ne sert à rien, il fait l'offrande de ses échecs à l'humanité souffrante; les meetings sont comme des messes, où le sermon du curé tire un peu en longueur et suscite des bâillements, mais le principal c'est d'être ensemble et de communier avec les saints. De formation et de famille chrétiennes, je retrouvais dans cette vie de militant un paysage familier, les habitudes de comportement remontant au catéchisme – et je me consolais aisément de ce temps *apparemment* perdu, de cette peine si souvent infructueuse, de l'indifférence même des autres, car c'est le lot du chrétien de ne pas trouver ici-bas la réussite et la félicité.

Un jour de réunion ratée – car nous nous étions retrouvés à quatre –, nous nous laissâmes aller aux confidences. Le scepticisme sur notre action allait bon train, au grand scandale de Pierre A. Celui-ci, après quatre ans de militantisme (dont les trois premières au PC), avait encore la fougue du converti. Vibrant, tout en nerfs, volubile, il fit le procès du désenchantement. Mais, un peu plus tard, il avoua que cet enthousiasme politique était une sorte de remède nécessaire à son bon équilibre physique, psychologique et spirituel. Quant aux trois autres, pour nous justifier, nous disions à peu près : « Je continue à militer par mauvaise conscience. Ça nous emmerde, mais il y a déjà si peu de gens qui se soucient des autres! Notre action est peut-être vaine, mais elle est symbolique. » Elle nous prouvait à nos propres yeux que nous n'étions pas des salauds. Et les plus athées d'entre nous avaient souvent transféré de l'Eglise au Parti l'impératif moral.

Devant les autres, cette rage du prosélytisme! Je détestais ces catholiques du Centre Richelieu qui, chaque année, faisaient de la retape pour le pèlerinage de Chartres. Mais, dans un autre domaine, que faisais-je d'autre? Je passais le plus clair de mes loisirs à écrire des lettres interminables aux uns et aux autres; à passer des soirées prolongées tard dans la nuit pour convaincre tel camarade que je sentais mûr... La passion de convaincre! qui vient naturellement du sentiment intime d'avoir raison, de détenir la vérité – qu'il faut, toutes affaires cessantes, répandre tous azimuts. Le militant veut régenter les autres, soumettre les autres à sa vérité, les plier sous sa loi. Cette indifférence des autres qu'il déteste, c'est leur soumission qui lui échappe. Or cette vérité dont il se réclame, il lui arrive quelquefois, au cœur de la nuit, d'en douter lui-même.

Les défenseurs de la politique gouvernementale objectaient sans cesse au bien-fondé de notre cause les méthodes du FLN. Tout d'abord la rivalité sanglante qui opposait les militants nationalistes, partagés entre FLN et MNA[1], jusqu'à ce que celui-ci fût peu à peu éliminé par celui-là : leurs règlements de comptes – dont les journaux français faisaient leurs choux gras – ne servaient pas notre argumentation. Plus gravement, il était difficile de soutenir la violence aveugle des attentats, qui frappaient le plus souvent des gens – des enfants en particulier – sans responsabilité et laissaient indemnes les potentats de la colonisation. Pour nous qui étions entrés à fond dans cette campagne de dénonciation des tortures, il eût été difficile d'admettre que les mauvais procédés n'étaient condamnables qu'entre les mains de notre armée, qu'ils étaient au contraire licites dans les rangs insurgés. Un bon nombre de camarades défendaient pourtant ce point de vue. Dans notre journal, un des nôtres écrivit un article sur ce sujet, en mai 1957 : « Leur conscience et la nôtre », titre imité de Trotski, que l'auteur citait : « Que de méprisables eunuques ne viennent pas soutenir que l'esclavagiste qui, par la ruse et la violence, enchaîne un esclave, est devant la morale l'égal de l'esclave qui, par la ruse et la violence, se libère de ses chaînes »; puis il nous expliquait doctement la nécessité de « certaines formes de terrorisme et de terreur » pour la « libération de l'oppression ». Jusque-là, je pouvais être d'accord, mais l'auteur de l'article qui avait décrit « *certaines* formes de terrorisme » s'achar-

1. Voir plus haut, note p. 55.

nait plus loin à blanchir *tous* les actes criminels perpétrés par la rébellion – implicitement l'assassinat absurde et atroce des enfants. Je refusai de le suivre dans cette logique d'une dichotomie militariste et d'un terrorisme imbécile. Car les crimes gratuits, les attentats hasardeux, les atrocités infligées à des coreligionnaires, tout cela affaiblissait la cause du nationalisme algérien et renforçait la cause du gouvernement français : si le FLN et l'ALN contrôlaient bien leurs troupes, leur eût-il été indispensable de se conduire si souvent comme des bandits de grand chemin? Je tenais que la cause du nationalisme algérien avait une supériorité *morale* sur la cause du jusqu'au-boutisme colonial; encore fallait-il que cette supériorité fût évidente à l'opinion internationale; je doutais que le FLN l'illustrât par ses méthodes assassines.

Le débat au sein de nos groupes cessa d'être académique à la fin du mois de mai 1957, quand la nouvelle fut connue du massacre de Melouza. Un village musulman qui refusait de suivre les consignes du FLN voyait, au sud de la Kabylie, toute la population mâle, soit environ 300 personnes, exterminée dans la nuit du 28 au 29 mai. Cette fois, l'argument selon lequel les attentats aveugles avaient pour origine des actions purement individuelles tombait. Le FLN ne revendiqua pas[1] la responsabilité de cette horreur, mais tout laissait supposer que ce massacre avait été commis par ses hommes. Après la tuerie – complaisamment narrée, cela va sans dire, par la grande presse et solennellement dénoncée par le président Coty dans un message radiodiffusé –, nous étions beaucoup à nous sentir accablés. L'insurrection algérienne s'était disqualifiée. Personnellement, plus résolu que jamais à me battre pour l'indépendance de l'Algérie, je ne faisais plus de celle-ci une cause sacrée, je n'avais plus envie de parler à son sujet

1. Le MNA, dans un tract distribué en France, accusait le FLN de ce massacre.

de « justice » : je voulais la défendre au nom de l'intelligence, comme une nécessité politique, mais je ne trouvais plus de supériorité morale à la rébellion. Le 5 juin, *le Monde* publia un communiqué qui me redonna confiance; il était le fait de quelques hommes qui avaient su courageusement faire le procès de la torture : Robert Barrat, Claude Bourdet, René Capitant, Jean Daniel, Gilles Martinet, Jacques Nantet, André Philip, Jean Rous, Pierre-Henri Simon, Pierre Stibbe et Georges Suffert, qui disaient :

« Le massacre de Melouza a bouleversé l'opinion française et surtout ceux qui, depuis des années, se sont attachés à dire la vérité sur le drame algérien. Malgré des informations qui paraissent assez sérieuses pour justifier une intervention du président de la République, des porte-parole du FLN n'ont pas hésité à imputer la responsabilité des massacres à des soldats français.

» Tant que le FLN n'aura pas apporté la preuve irréfutable de ses allégations, les soussignés continueront de penser qu'il s'agit là d'un acte inqualifiable dont une unité de l'ALN s'est rendue coupable.

» Sans remettre en question les positions qu'ils ont pu prendre sur le fond politique du problème algérien – et notamment sur la nécessité de mettre fin après une négociation rapide au véritable massacre d'innocents qu'est devenue la guerre d'Algérie –, ils lancent un appel instant aux dirigeants du FLN et de l'ALN pour que ceux-ci désavouent publiquement de pareils procédés de combat et mettent tout en œuvre pour qu'il y soit définitivement renoncé. »

Les écailles de mon idéalisme tombaient les unes après les autres. Après deux années de militantisme actif, j'en arrivai à rédiger pour mon usage personnel un petit *credo*. Il s'agissait de m'aider moi-même à continuer à militer sans égarement et à rester lucide sans égoïsme.

Vade-mecum à double usage : contre l'inaction et le fanatisme

Le désenchantement suit à plus ou moins brève échéance l'enthousiasme initial des engagements volontaires. Il faut être un peu borné, en effet, pour s'entêter dans la ferveur, à moins d'y trouver son intérêt particulier. Un livre de Cioran, publié en 1949, tombé alors sous mes yeux, m'invita éloquemment à l'indifférence. J'y lisais :

« L'histoire n'est qu'un défilé de faux Absolus, une succession de temples élevés à des prétextes, un avilissement de l'esprit devant l'Improbable. Lors même qu'il s'éloigne de la religion, l'homme y demeure assujetti; s'épuisant à forger des simulacres de dieux, il les adopte ensuite fiévreusement : son besoin de fiction, de mythologie triomphe de l'évidence et du ridicule. Sa puissance d'adorer est responsable de tous ses crimes : celui qui aime indûment un dieu contraint les autres à l'aimer, en attendant de les exterminer s'ils s'y refusent. Point d'intolérance, d'intransigeance idéologique ou de prosélytisme qui ne révèlent le fond bestial de l'enthousiasme. Que l'homme perde sa *faculté d'indifférence :* il devient assassin virtuel; qu'il transforme son idée en dieu : les conséquences en sont incalculables[1]. »

Etait-ce dû à ma culture occidentale? Toujours est-il que tout en adhérant par toute une part de moi-même à cette *faculté d'indifférence,* qui est une autre manière de respecter son prochain, je ne pouvais m'empêcher de me juger requis par l'impératif catégorique, sommé d'agir par la conscience chrétienne, ou tout simplement mobilisé par une sorte d'impatience physiologique. Il me fallait donc *faire,* sans *croire* vraiment; agir, sans trop d'illusion; me prêter, sans me donner. A l'aide de mes

1. E.-M. Cioran, *Précis de décomposition,* Paris, 1949, p. 9-10.

auteurs familiers et de ma courte expérience, je me répétais donc :

1° *L'absolu n'est pas de ce monde.*

Il m'importait d'abord de récuser toute espèce de croyance dans un absolu terrestre. Je fus heureux de trouver cette idée bien formulée dans Emmanuel Mounier : « Nous ne nous engageons jamais que dans des combats discutables, sur des causes imparfaites. Refuser pour autant l'engagement c'est refuser la condition humaine. » La formule était peut-être dangereuse car l'on pouvait considérer, à partir de ce constat d'imperfection fondamentale, que – la part faite précisément aux *inévitables bavures* – on pouvait se lancer gaiement dans les actions les plus scélérates, à condition que les fins en fussent nobles, altruistes et tout ce qu'on veut. Oui, c'était un danger d'interprétation. Mais, en fait, cette constatation d'un impossible Absolu me réconciliait avec l'action, car le démon fraternel de l' « à quoi bon? » commençait à me tenter. Oui, il fallait continuer à se battre pour l'indépendance de l'Algérie, *malgré* Melouza; oui, il était possible de lutter pour cette cause « imparfaite » mais précise, avec les communistes, *malgré* Budapest, etc. Le refuge dans l'abstention me paraissait impossible, car l'abstention est un poids mort qui pèse quand même : du côté des maîtres en place.

2° *Conséquence logique : vive la révolte! à bas la révolution!*

L'action, donc. L'action, oui. Mais une action qui sait douter d'elle-même. Ou plutôt une action qui sait se donner pour finalité des limites précises. Je me mis ainsi à refouler puis à réfuter le principe de révolution. La révolution, en effet – non pas celle qui s'accomplit dans l'Histoire à l'insu de ses propres acteurs, mais la révolution voulue, la révolution programmée, la révolution appelée comme l'An I de la délivrance –, me parut, dans son principe, une régression du genre humain vers la pensée prélogique.

Tout le schéma de la pensée révolutionnaire repose en effet sur un raisonnement d'apparence logique qui n'est que le couvercle de fantasmes mythologiques :

a) Le monde est mauvais, injuste, insupportable.

b) Il était bon à l'origine, mais un agent de corruption – généralement, il s'agit de la propriété privée – en a détruit l'ordre initial.

c) Puisque l'on a désigné *la* cause du désordre, il suffit de la supprimer pour rétablir la félicité : abolir la propriété privée, rétablir la société sans classes.

Ce schéma de la pensée révolutionnaire, répété avec toutes les nuances et tous les progrès imaginables, disons de Rousseau à Marx, me paraissait inacceptable dans son refus du réel. Ses références à l'âge d'or perdu (les temps où il n'y avait ni famille, ni propriété privée, ni monnaie, etc.); sa condamnation radicale du présent, et partant sa volonté de tout refaire sur une *tabula rasa;* sa naïve espérance d'une société réconciliée avec elle-même, du moment qu'on aurait aboli les quelques agents de perversion qui auraient fait dériver l'humanité du bonheur originel au *pandemonium* capitaliste, cette haine de l'Histoire, cette peur du Temps, ce rêve d'en sortir une fois pour toutes, oui, tout cela me paraissait ressortir à la pensée archaïque. Non seulement cette pensée me paraissait naïve mais, de surcroît, elle me semblait dangereuse.

L'étude de la littérature utopique me confirma dans mes craintes. Tous ces auteurs – de Platon à Campanella, de Campanella à Cabet – étaient des volontaristes enragés, et, sous le masque de la critique des iniquités contemporaines, laissaient entrevoir leur soif d'autorité. En finir avec ce monde-là, en créer un autre de toutes pièces, en inventer l'harmonie délicieuse – mais c'était à coup d'obligations, de surveillance incessante, de mise au pas totalitaire! Derrière leur fantaisie et leur imagination, je découvrais le rêve féroce de l'égalitarisme, de l'alignement, du conformisme – bref, le socialisme de la caserne. Ils étaient fous d'*ordre,* ces utopistes, comme ces révolutionnaires. Un ordre conçu rationnellement, un ordre établi par la force et défendu au besoin par les miradors.

L'histoire des révolutions que j'étudiais me confirma dans mon idée. Il fallait rejeter ces prétentions politiques qui visent à tout refaire, à tout reconstruire, à prendre les hommes comme des cartes à jouer et à les redistribuer – faces visibles – pour faire pièce au *hasard.* Car, plus de hasard, plus de destin, plus de rencontres fortuites : l'avenir est en cage. Demandez le *programme!*

A l'utopie de la révolution j'opposais le mythe de la révolte. C'est en lisant Georges Sorel que j'appris à distinguer le mythe de l'utopie. Ne plus avoir en tête un Etat idéal, une cité parfaite, une société sans classes et je ne sais quelle fin de l'Histoire, mais se battre aujourd'hui et maintenant contre quelque chose qui se résume d'un mot : la guerre en Algérie – et positivement : l'indépendance de l'Algérie.

Il s'agit d'accepter le monde dans ses contradictions, sans vouloir à tout prix les surmonter, les résoudre – et les résoudre comment d'ailleurs? sinon par la mitrailleuse et la potence! Comme disait Proudhon : « La plupart des révolutionnaires ne songent, à l'instar des conservateurs qu'ils combattent, qu'à se bâtir des prisons. » Tous ces gens, au fond, retrouvant les habitudes mentales du vieux millénarisme, avouaient leur impossibilité d'accepter le tragique de la condition humaine. Sans doute y avait-il, dans le meilleur des cas, une grandeur prométhéenne dans cette impossibilité qui était aussi un refus. Mais une grandeur qui, s'affolant devant son propre échec, retourne toute sa force contre le genre humain qu'elle se jurait de libérer.

S'insurger, oui, pour faire trembler le tyran de l'heure, et le renverser au besoin. Se révolter, oui, contre toutes les injustices, et l'une après l'autre. Mais d'aucune façon ne prétendre voir dans le malheur des hommes une cause unique et vouloir édifier leur bonheur avec la toise et le cordeau.

3° *On n'est pas toujours en guerre.*

Si donc j'estimais devoir résister aux chants de sirène de l'Indifférence, je refusais pourtant de concevoir l'impératif politique comme une mobilisation permanente. On a le droit de vivre! vivre sa vie, vivre ses amours, vivre son œuvre s'il en est une à faire... Le militantisme continuel, qui avait cours dans les milieux intellectuels après la Libération, permettez! c'est bon pour les professionnels, les spécialistes, les carriéristes. Il y a sans doute des *époques* où l'on est sommé de s'engager tout entier, de ne pas s'attarder à ses affaires et de risquer sa vie : quand l'ennemi est sous votre fenêtre, sous votre toit, quand il viole votre femme et menace vos enfants; quand, sans aller jusqu'à ces violences qui vous atteignent personnellement, il vous occupe, il vous enchaîne, il vous tyrannise, alors il n'y a pas lieu d'hésiter. Savoir, me disais-je, réserver sa totale disponibilité pour ces cas-là. Référence clé : 1940-1944. Qu'auriez-vous fait? qu'aurais-je fait moi-même? Y songer toujours et toujours être prêt à tout risquer dans ces cas-là.

Mais les *époques* (selon les termes de Péguy) sont rares; nous vivons le plus souvent des *périodes*. La paix n'est que précaire, les injustices abondent, le malheur reste des nôtres. Mais l'ennemi? l'Ennemi contre lequel vous seriez prêt à réunir toutes vos forces? Existe-t-il? Est-il unique? Il n'est que les imbéciles qui le pensent. La politique n'est pas toute la vie – et la vie, Dieu merci, n'est pas toute politique.

4° *La gauche n'est que la gauche.*

A l'aurore de ma conscience politique, je faisais de la gauche un absolu moral et de la droite une perversion inavouable. En fait, quand je m'interrogeais sur la gauche, force m'était d'y compter le parti communiste et le parti socialiste – deux partis qui s'étaient vautrés dans le déshonneur en 1956; car, si je les excluais de la gauche (en renvoyant le PC « à l'Est » comme disait spirituellement Guy Mollet et la SFIO à droite, puisqu'elle était colonialiste), que restait-il « à gauche »? Quelques groupuscules, des intellectuels, deux ou trois hebdomadaires? Autant dire que les neuf dixièmes des Français n'étaient pas de gauche. Du même coup, la notion de gauche perdant son référent sociologique perdait tout intérêt. Il me fallait donc démythifier cette notion de la « gauche ».

La gauche était une force *historique*, composite, contradictoire. Ce n'était pas le grand Tout. C'était un élément de l'équilibre social, du mouvement social, bref, de la vie publique. Je me sentais à la fois pleinement de gauche par mes origines sociales autant que par mes convictions acquises – cela, je ne le discutais même pas. Toutefois, je refusais de souhaiter l'anéantissement de la droite autant que de dissoudre ma vie dans l'univers de la « gauche ». Il fallait relativiser la gauche, comme Merleau-Ponty avait dit du parti communiste.

Tel était le *b a ba* de ma philosophie politique. Je voulais agir car je ne pouvais me résoudre à l'indifférence (malgré ses grâces et sa *profonde* humanité). Mais je voulais me prêter seulement, toujours pouvoir me reprendre, ne jamais me laisser absorber, engloutir, anéantir. Ne jamais devenir l'homme d'un parti, le fonctionnaire d'une idéologie, en attendant de devenir le chien de garde d'un régime.

Je me réclamais des révoltés, des dissidents, des résistants, des contestataires, des protestataires, des objecteurs, des objurgateurs, des interpellateurs; je me méfiais, je me défiais et je suspecte toujours les léninistes, les architectes de l'avenir, les bonimenteurs de l'Utopie, les révolutionnaires qui, en s'entêtant, finissent par trouver leur job : devenir permanent ou commissaire du peuple. Si la révolution existe, ce n'est pas l'affaire des professionnels.

Et pour clore mon *vade-mecum*, j'appris par cœur

cette belle envolée de Proudhon – à la gloire de l'ironie – qui, malgré toute « la misère de [sa] philosophie », ne manquait pas de tête : « Ironie, vraie liberté! C'est toi qui me délivres de l'ambition du pouvoir, de la servitude des partis, du respect de la routine, du pédantisme de la science, de l'admiration des grands personnages, des mystifications de la politique, du fanatisme des réformateurs, et de l'adoration de moi-même. »

Amen.

VII

LE RETOUR DU GÉNÉRAL

La logique des guerres coloniales qui ne finissent pas, l'histoire de la République romaine en avait déroulé le fil : l'armée lointaine, excentrique, périphérique, prend finalement ses aises, développe ses virtualités propres et au dernier acte se retourne contre le pouvoir métropolitain – Marius, Sylla, Pompée, César, à chaque fois le pouvoir militaire empiète un peu plus sur le pouvoir civil, jusqu'au jour où il suffit de franchir un Rubicon pour en finir avec la loi républicaine. Il en fut de la Ire République française comme il en avait été de la République romaine. Bonaparte fit la conquête et la conquête fit Napoléon. Cette substitution du sabre à la toge prétexte, elle se fait progressivement. Déjà le gouvernement Mollet avait commencé à couvrir sans sévir des actions qu'il n'avait pas ordonnées – ainsi du détournement de l'avion de Ben Bella. Le 8 février 1958, une nouvelle étape était franchie : le village tunisien de Sakhiet-Sidi-Youssef était bombardé par l'aviation française, à l'initiative des militaires; le gouvernement Gaillard dut en assumer les effets, faute de pouvoir en châtier les coupables. La IVe République était poussée un peu plus en avant vers l'abîme.

Il y a une logique des armes qui fait fi de la raison politique. Pour le soldat, chargé d'écraser la rébellion algérienne, il était nécessaire d'empêcher les infiltrations venues de Tunisie. Coûte que coûte fermer de manière étanche la frontière. Le pouvoir politique appuie cette revendication stratégique. Au prix de lourdes dépenses, le gouvernement construit la « ligne Morice » – réplique légère et barbelée de la ligne Maginot. Mais puisque la guerre continue et que, de fait, les pays limitrophes et spécialement la Tunisie prêtent leur aide aux insurgés, il est dans la nature des choses, militairement parlant, d'étendre le conflit vers l'est, de tarir la source même de la rébellion. Le pouvoir politique le dit et le répète : les rebelles ne seraient qu'une poignée vite réduite sans l'aide extérieure. D'où s'ensuit l'idée extravagante de l'expédition de Suez. Mais en définitive une contradiction éclate entre les intérêts à court terme du pouvoir militaire et la diplomatie du pouvoir civil. Car une guerre ne se gagne pas seulement avec des avions et des chars. En faisant déborder la guerre au-delà des frontières algériennes, on internationalise le conflit et, tôt ou tard, les puissances étrangères s'inquiètent, les alliés mêmes craignent la généralisation du conflit, menaçant ainsi l'équilibre des forces et la paix internationale. Le bombardement de Sakhiet fut un *remake* au petit pied de l'expédition de Suez. Pour atteindre l'ennemi installé *extra muros*, on exporte la guerre. Ce faisant, la logique des armes et la faute politique vont de pair; le pas de charge n'est finalement qu'un pas de clerc. Sous prétexte qu'on avait repéré à Sakhiet un camp de regroupement de l'ALN, l'aviation française passe la frontière et fait un raid sur le village un jour de marché. Bilan : 75 morts, 83 blessés. L'ambassadeur de Tunisie à Paris est immédiatement rappelé; la presse mondiale – hormis celle de Salazar – n'a qu'une voix pour traîner la France au banc des accusés : sa cause est de plus en plus insoutenable. Clemenceau avait bien dit que la guerre est une chose trop sérieuse pour la confier aux militaires, mais c'est l'inexistence du pouvoir politique qui laisse aux militaires la bride sur le cou. Enfermés dans la logique des armes, obnubilés par l'idée fixe d'anéantir l'ennemi, ignorants de la politique internationale et de ses contraintes, les militaires foncent tête baissée, d'autant plus vite que le pouvoir politique leur offre moins de perspectives politiques.

Le ton était donné. A Suez, au moins, le pouvoir politique et le pouvoir militaire étaient solidaires; le premier donnait encore à penser qu'il soumettait le second. Après Sakhiet, c'en est fini. Le spectacle est piteux : un gouvernement sans autorité, sans force, se laissant jouer par les butors du parti de la guerre; une grande presse – où brillent les nullités vaticinatoires, les Robert Bony, les Gabriel-Robinet – qui s'acharne à applaudir ce qu'il faudrait fustiger, sous le prétexte de défendre l'honneur de la France. L'honneur! Etait-il donc de prendre fait et cause pour les chefs de l'armée proconsulaire qui avaient lancé cette opération inhumaine et impolitique? N'était-il pas plutôt de se désolidariser de la faute criminelle qu'ils venaient d'accomplir? Une presse insensée, une radio d'Etat enchaînée, une opinion qui prend Sakhiet pour Austerlitz : nous vivions ces jours-là, plus amers que jamais. Les commentaires saisis dans les lieux publics me jetaient hors de moi. « Ils sont tous contre nous »; « ils veulent la perte de la France ». La paranoïa nationaliste faisait des ravages dans les milieux d'ouvriers et d'employés qui m'entouraient autant que dans la presse bourgeoise. Jamais je ne m'étais senti plus contrarié d'être français.

Le gouvernement Gaillard s'en tira, provisoirement. Qu'importaient, au demeurant, les scrutins parlementaires, puisqu'on savait qu'en Afrique du Nord l'armée échappait au contrôle de Paris? Mais la scène politique, que l'on continuait à suivre par la force de l'habitude, montrait mal les tentatives de redressement que l'historien attentif pourrait reconnaître. Au cours du débat qui suivit le bombardement de Sakhiet, l'orateur de droite de service – Trémolet de Villers – osa déclarer : « La réalisation technique [du bombardement] a été parfaite, et seuls ont été touchés des objectifs militaires. » Un tel mensonge public fit aussitôt s'exclamer les députés communistes. Alors, sans perdre sa tranquillité, Trémolet enchaîna par ces mots en parfaite contradiction avec le début de son discours : « Il est possible que des femmes et des enfants aient été atteints, mais à qui la faute? » C'était parler pour ne rien dire. De fait, le Parlement n'avait exactement plus rien à dire. La droite était prête à applaudir, et applaudissait, à toutes les incartades des factieux que pouvait compter l'armée coloniale, et les socialistes n'avaient plus qu'à admirer les résultats de leurs propres œuvres.

Il se trouvait que je lisais à cette époque pour un certificat d'histoire le livre de Luc-Benoîst sur *la Sculpture française.* A la page 50, l'auteur évoquait une « œuvre [qui] donne une impression de gentillesse toute française. Ce n'est plus là une inquiétante contrebande d'importation. Cet art est de chez nous et il est chez lui ». Ce crétinisme chauvin, j'en voyais partout les ravages, dans les livres, dans les journaux, à la radio. « La France en 91, disait Michelet, apparaissait jeune et pure comme la vierge de la liberté. Le monde était amoureux d'elle. Elle ne venait pas comme une nation, elle venait comme la Justice, comme la Raison éternelle. » Las! La France en 1958 n'était plus que « le crépuscule des vieux ».

Vit-on jamais période de notre histoire où les médiocres régnèrent avec si peu d'opposition? Au moment même où les événements dramatiques d'Algérie tuaient quotidiennement et où le gouvernement vivotait dans le délabrement général, la nation était engourdie. Lors de la campagne pour les élections partielles de la Nièvre, on apprenait dans *le Monde* que « le corps électoral suit avec une apathie presque parfaite la campagne électorale »... Les Français s'étaient installés dans la guerre comme un voyageur de commerce dans un wagon de chemin de fer : ils attendaient le terminus en lisant *le Hérisson.*

Cette année-là le printemps ne se hâtait pas de nous

réchauffer. Nous n'avions rien perdu pour attendre : le mois de mai devait faire monter sensiblement la température ambiante. A la mi-avril, grâce à un camarade de l'UGS qui avait pu obtenir des cartes d'invitation, je pus assister à quelques-uns des instants de la mise à mort du gouvernement Gaillard à l'Assemblée nationale. Nous prîmes place au-dessus de l'hémicycle au moment où un député poujadiste balbutiait la lecture d'un discours cocardier. Suivit Jacques Soustelle, qu'on attendait. Il m'était arrivé de le voir quelquefois, sous le porche de la Sorbonne, après les douze coups de midi; il passait les dents serrées entre les vendeurs de la presse de gauche – qui redoublaient d'effort vocal en reconnaissant ce champion de l'Algérie française. Piètre orateur, mais homme de passion, il condamna d'un trait Bourguiba et les Etats-Unis, puis s'en prit vivement au président du Conseil, ce jeune homme distingué qu'on aurait cru frais émoulu de l'ENA, lequel lui répondit de son banc avec la vivacité de quelqu'un qui vient d'être outragé; enfin, il réclama une nouvelle fois, sur un ton déclamatoire, qu'on brisât ce que lui, ses amis et toute la presse de droite appelaient le « défaitisme ». Nous sortîmes lors de la suspension de séance. Devant les vestiaires, les commentaires allaient bon train, encore plus outranciers que les propos de Soustelle. Un gros homme, soigneusement vêtu, criait à la cantonade : « Les Français sont aveugles. Il faut les avertir. D'abord, les journaux, chaque jour, devraient porter des gros titres pour faire comprendre à leurs lecteurs *nos intérêts nationaux*. Moi, vous savez, je crois à la publicité : à force de lire que la Tunisie, que les Etats-Unis, que l'Angleterre nous trahissent, les Français finiraient par comprendre – et alors ça changerait. »

Les gens écoutaient ce tribun de couloir avec complaisance. Nous étions, mon ami et moi, à peu près les seuls à sourire, moqueurs, de ces professions de foi xénophobes. Mais nous souriions jaune : après Gaillard, qui viendrait? La gauche était hors d'état de prendre le relais; la guerre d'Algérie était promise encore à une longue carrière.

L'indolence de l'opinion – ou pis, son adhésion aux thèses jusqu'au-boutistes – m'était le plus pénible. Je l'ai déjà dit mais je dois y insister, c'était un crève-cœur surtout – pour moi et pour bien des camarades – de constater l'immobilité de la classe ouvrière, dans sa masse. Quand on s'affirme socialiste, il est dans la règle de ne pas discuter le mythe marxiste du prolétariat. En 1845, dans *la Sainte Famille*, Marx écrivait : « Il n'est pas besoin de démontrer qu'une grande partie du prolétariat anglais et français a déjà pris *conscience* de sa mission historique et qu'il s'efforce sans cesse d'amener cette conscience à la lucidité parfaite. ». Plus d'un siècle avait passé. A la guerre d'Algérie, les ouvriers ne réagissaient pas avec des sentiments de classe, un esprit de solidarité internationaliste – ils se comportaient tout comme les autres Français : à côté des militants impuissants, ils parlaient des « bougnoules » sans précaution oratoire. Bien sûr, nos doctes expliquaient ce racisme par l'analyse de classe : c'était le régime capitaliste qui, par l'immigration d'une armée de réserve, imposait la concurrence du travail et maintenait les bas salaires, provoquant ainsi un racisme « petit-blanc » diviseur de la classe ouvrière, dont le patronat tirait tout le profit. Soit! Mais, tout de même, la *lucidité* promise par Marx depuis 1845 n'avait-elle pas eu le temps de fondre sur la tête de chaque travailleur comme autant de flammèches du Saint-Esprit? Il fallait se résoudre à admettre que cette pentecôte-là n'avait pas eu lieu. Mais Paraclet mis à part, comment se faisait-il que tant d'années de luttes ouvrières et d'*organisation* n'avaient pas fait progresser, depuis Marx, la conscience de classe? Les optimistes nous rassuraient : ce n'est qu'une apparence de torpeur, l'effet de la trahison socialiste et de la propagande bourgeoise (on ne disait pas encore : les « appareils idéologiques d'Etat », et l'on parlait moins qu'aujourd'hui de « l'idéologie dominante »), ce n'était que provisoire, il fallait s'attendre à un sursaut terrible – et ces bons apôtres de nous donner cent preuves de la conscience des masses, renaissante ici et là. Hélas, la guerre continuait de brûler ses feux dans la bonne conscience nationale : combien de logements, de routes, d'hôpitaux, d'écoles, n'avions-nous pas construits là-bas... A croire que les bâtisseurs d'Empire n'étaient que des entrepreneurs de travaux publics.

Je venais d'avoir vingt et un ans et j'avais honte. Il me semblait qu'entre l'image apprise de la France, pays libre et libérateur, intelligent et généreux, hospitalier et émancipateur, et les Français de 1958, il n'y avait plus de commune raison. Au début du mois de mai, j'étais avec quelques amis en compagnie du père Moubarak, qui revenait de Bruxelles. Il était passé par l'Exposition universelle qui s'y tenait cette année-là. Elle l'avait énormément déçu : chaque pays, au lieu d'afficher son désir de participer à une communauté internationale, s'était au contraire imposé de rester clos derrière les barbelés de son Moi, jaloux de ses privilèges et de son essence unique. Les pavillons américain et soviétique, l'un rond, l'autre carré, rivalisaient de bêtise dans un tête-à-tête cyclopéen. La bonne surprise, pour lui, était venue du pavillon français, magnifique d'audace et d'équilibre. J'en conclus qu'il fallait aller à Bruxelles pour croire de nouveau en la France : malgré notre impuissance politique, l'invariable sottise de nos guerres coloniales, la résignation populaire, on pouvait donc encore espérer. J'avais besoin de ces encouragements, fussent-ils symboliques, tant ce début de printemps était stérile. La gauche avait capitalisé toutes mes espérances. Ce n'était malheureusement qu'une gauche idéalisée, une gauche rêvée, une poignée d'intellectuels et quelques milliers de militants infatigables (mais jusques à quand?), des moines qui prêchaient dans le désert. C'est vers ce petit noyau de résistance pourtant qu'allait toute ma confiance. Les éditoriaux de Bourdet restaient mon miel hebdomadaire et je voulais croire qu'à la longue tant d'acharnement en faveur de la vérité obtiendrait des résultats.

Le mercredi 20 avril, je me trouvais dans la cour de la Sorbonne. Il faisait beau; nous attendions, au soleil, l'heure d'une manifestation appelée contre la condamnation à mort de Taleb, un étudiant algérien. C'est alors que je vis arriver François, flanqué d'un type ombragé d'un chapeau de feutre. François me le présenta, c'était Ahmed D., candidat d'extrême droite lors de récentes élections partielles. La boutonnière de François était ornée de l'insigne du Front national des combattants de Le Pen. Quant à son nouveau camarade, il me fit savoir que tous les Français favorables à l'indépendance de l'Algérie méritaient de recevoir, vite fait, douze balles dans la peau. François, qui ne riait plus du tout, allongeait la liste des châtiments promis aux « défaitistes ».

Qu'est-ce qu'ils venaient foutre ici, ces deux-là? Du tourisme? De la provocation? N'ayant pas perdu ma passion de convaincre, j'entrepris de leur parler des articles de Beuve-Méry, que *le Monde* publiait alors. Mais François avait son siège fait : Beuve-Méry n'était qu'un « salaud », qu'un « maquereau » – et les « bradeurs » n'avaient qu'à bien se tenir. Avant de me quitter, François me dit de son compagnon : « Ça, c'est un mec! Condamné à mort par le FLN et le MNA, il risque de se faire descendre toutes les cinq minutes. Tel que tu le vois, il a son pétard dans sa poche. Avoue que vous voudriez bien en avoir des comme lui, à l'UGS! »

De leur côté, les camarades de l'UGS commençaient à collecter les adresses personnelles des « fascistes » connus, pour aller « leur défoncer la gueule », à l'occasion. Je considérais ces procédés de vendetta non seulement comme contradictoires avec une stratégie « de masse », mais par-dessus le marché je détestais ces méthodes policières. Que nous nous entraînions au combat de rue, pour nous défendre des agressions de l'extrême droite, j'en étais partisan. De là à faire des fiches sur nos adversaires pour les attendre un soir au coin de leur rue, ça non! Luc Brousé, un de nos camarades les plus actifs et les plus dévoués, représentant notre mouvement au sein du Comité antifasciste et aujourd'hui proche de François Mitterrand, me fit grief de mes scrupules « petits-bourgeois » (injure passe-partout). Il me prit à partie dans la cour de la Sorbonne. Les attentats individuels commis par l'extrême droite sur les militants de gauche se multipliaient. Brousé voulait y répondre, avec les mêmes moyens s'il le fallait. Il me demanda donc de convaincre un de mes amis, qui sympathisait à nos idées tout en ayant de nombreuses amitiés à droite, de nous livrer les adresses des « fafas » qu'il connaissait. Celui-ci les lui avait refusées; je dis à Brousé que je l'approuvais : « On ne donne pas un copain, même si c'est un salaud. » En disant cela, je pensais à François, qui avait été mon ami. Je savais bien sans y réfléchir que je ne pouvais pas le moucharder, malgré tout le mépris que m'inspiraient ses agitations politiques. Tous ceux qui étaient là s'ingénièrent à me faire la leçon. Celui-ci, catégorique, refusait de comprendre comment on pouvait avoir un copain fasciste. Celui-là avait des arguments moins fragiles : « Des camarades à nous sont menacés, certains sont attaqués. Il s'agit d'assurer leur sécurité, de les protéger. Les adresses sont utiles en ce sens qu'elles nous permettent de troubler la tranquillité des fascistes; à leurs coups, il faut cesser de tendre l'échine. La politique, ce n'est pas du martyre, c'est un combat... »

J'étais troublé par cette argumentation. Mais la guerre au chantage, les lettres de menace, les guets-apens, rien ne me répugnait plus – et puis ce combat à huis clos, à l'intérieur du quartier Latin, dans l'indifférence générale du reste du pays, n'était-ce pas dérisoire? Enfin, si je ne cédai pas à l'invitation du camarade, c'est que son raisonnement me semblait avoir trop d'analogie avec les apologistes de la torture en Algérie : il n'y avait pas de sales moyens quand la cause était juste, il ne fallait pas laisser à l'adversaire le monopole des procédures efficaces, etc. J'avais adopté cette réflexion de Huxley : « La fin ne peut justifier les moyens pour la raison simple et évidente que les moyens déterminent la nature des fins produites par eux. » La société qu'on prépare avec des moyens policiers, je sais de quel socialisme elle rayonnera! Je me défendais d'être idéaliste : l'observation de Huxley, l'Histoire en avait démontré le bien-fondé.

Peu de jours après cette controverse de déontologie politique, je faisais la connaissance de Kali, photographe professionnel et bagarreur de gauche (à moins que ce ne fût le contraire). Il me conta sa guerre contre les fascistes. Lors d'une réunion organisée par le mouvement Jeune Nation aux Sociétés savantes, Kali avait résolu de faire « quelque chose ». Lui et ses amis, trop peu nombreux pour prendre d'assaut la salle – protégée, au demeurant, par plusieurs cars de policiers –, avaient décidé d'attendre la fin du spectacle. C'est à une heure et demie du matin que la bataille avait eu lieu, non loin du métro Odéon. Kali s'était retrouvé opposé, dans un combat singulier, à un type qui faisait tourner son ceinturon au-dessus de sa tête en criant : « A bas les juifs! » Kali avait réussi à le mettre au tapis, puis à le piétiner en hurlant à son tour : « Avale ça, pour Buchenwald. » Le narrateur s'enivrait de son propre récit. Un autre détail de sa relation m'avait frappé. Avant la sortie du meeting, il buvait avec ses amis dans un bar; au moment de le quitter, il avait brisé son verre sur le comptoir et, gardant ce qu'il en restait à la main, il avait dit, avec une simplicité homérique : « Allons-y », devant les autres, devenus pâles. Kali nous occupa encore une demi-heure de ses autres exploits. Vrais ou faux (mais il y avait là-dedans plus de vrai que dans les récits de Tartarin car la réputation de Kali était établie sur de nombreux témoignages), ses récits rendaient bien compte du climat d'avant-guerre civile qui était alors celui du quartier Latin. Au cours de son récit, Kali avait tiré quelques clichés de son sac; il nous montra quelques photos de la manifestation contre l'exécution de Taleb. Puis : « Tenez, regardez cette photo : vous reconnaissez ce gars-là? C'est François X., un des meilleurs copains de Le Pen. » Il nous montrait une grande photographie de François, accompagné d'une demoiselle, le dos aux grilles du Luxembourg. François était donc repéré, bel et bien. On sentait dans l'air du quartier des remugles de vieilles conspirations; c'était Rome au moment de la conjuration de Catilina, c'était Berlin aux derniers jours de la République de Weimar... Il n'était bruit que d'affrontements, de conciliabules, de tractations. Personne ne se hasardait plus sur les chances du régime : *quelque chose* devait arriver; on ne savait quoi du reste. Un ami m'écrivait : « On a l'impression que rien ne va plus, qu'on est au fond d'un trou et qu'il va se passer quelque chose qui va nous remonter. » Pour commencer, le gouvernement Félix Gaillard, comme prévu, fut renversé.

La crise, une fois de plus. Mais qu'y avait-il à espérer désormais du Parlement? Pour ma part, j'attendais encore tout de la rue, et m'impatientais de n'y voir que des badauds. C'est pourtant de la rue que tout allait venir. Seulement, ce ne fut pas ce que j'attendais. Le mercredi 14 mai, au petit matin, nous apprenions que, la veille, la chaudière d'Alger avait explosé. Bigre! Sur le bruit que Pierre Pflimlin avait été pressenti par le président de la République pour dénouer la crise, les pieds-noirs, qui prenaient le député MRP pour un partisan de « l'abandon », s'étaient soulevés contre la métropole. Pourtant, ledit Pflimlin, dans son discours d'investiture, avait proféré cette sentence prudhommesque, propre à les rassurer : « Comme tout le peuple français, nous voulons la paix. Cette paix ne peut être que le couronnement de la victoire. » Les pieds-noirs pourtant, qui n'avaient confiance que dans les *durs*, type Soustelle, considéraient Pflimlin comme un libéral et décidèrent en cette occasion de montrer leur détermination. Une manifestation[1] eut donc lieu, puissante, au forum d'Alger le 13 mai, au moment où Pflimlin se présentait à l'investiture de l'Assemblée. Le service d'ordre était absent. Le ministre résidant était ailleurs[2] : la place fut laissée à l'émeute, d'autant plus facilement que, depuis deux ans, les extrémistes de l'Algérie française occupaient le haut du pavé avec la bénédiction des autorités républicaines, tandis que toute expression libérale était impitoyablement muselée et punie. Sûrs de trouver des complicités dans l'administration[3], de l'appui d'innombrables officiers, acquis à leur idéologie, les va-t-en-guerre de l'Algérie française avaient cette fois réussi leur coup. L'assaut du gouvernement général fut un jeu d'enfants. Un Comité de Salut public s'était constitué, à la tête duquel le général Massu lui-même, le grand maître de la répression en Algérie, avait été placé – un peu comme La Fayette, en 1789, déclarant : « Je suis leur chef, il faut bien que je les suive. » Avec une outrecuidance mémorable, le

1. En fait, deux manifestations avaient été prévues en même temps qu'une grève générale : l'une, officielle, devait rendre hommage à la mémoire de trois soldats français prisonniers, exécutés par le FLN; l'autre, décrétée par les anciens combattants, les étudiants, l'Union pour le salut et le renouveau de l'Algérie française (USRAF). Deux manifestations qui se relayèrent et se confondirent.

2. R. Lacoste était rentré à Paris, le 10 mai. Le Conseil national SFIO avait en effet voté, contre l'avis de G. Mollet, une résolution excluant la participation gouvernementale des socialistes « dans la situation actuelle ». C'était un succès incontestable de la minorité socialiste qui éloignait ainsi d'Alger le camarade Lacoste de plus en plus contesté. La composition du cabinet Pflimlin rendue publique le 12 mai substituait donc André Mutter à Robert Lacoste au ministère de l'Algérie. P. Pflimlin avait demandé à R. Lacoste de se rendre à Alger en attendant l'arrivée de son successeur. « M. Robert Lacoste a répondu par un refus net, ponctué d'une interjection d'une verdeur toute militaire » (*l'Année politique*, 1958, p. 54). C'est dans les couloirs de l'Assemblée que Lacoste *Pugilator* répliqua à qui s'inquiétait de ne pas le voir à Alger un sonore « Mon cul ! » dont *le Monde* se fit l'écho.

3. Certains membres de l'administration se distinguèrent au contraire par leur fidélité « républicaine », comme en témoigne la carrière de Paul Teitgen (voir les ouvrages de P. Vidal-Naquet cités).

général factieux osait télégraphier à Paris : « Vous rendons compte création Comité Salut public civil et militaire à Alger, sous ma présidence, moi, général Massu, en raison gravité situation et nécessité absolue maintien ordre, et ce, pour éviter toute effusion de sang, exigeons création à Paris d'un gouvernement de Salut public, seul capable de conserver l'Algérie, partie intégrante de la métropole. »

C'était tout de même osé! Qu'un général des armées de la République *exigeât* la formation d'un gouvernement qui eût ses faveurs, on n'avait encore jamais vu cela, de mémoire de Français. Le fait semblait à ce point scandaleux que, dans l'immédiat, il n'y eut pas une voix, dans toute la presse parisienne, pour encourager Massu. Le coup d'Alger était unanimement flétri, même par les plumes de la droite. En tout cas, la température s'éleva brusquement. Les Parisiens s'arrachaient les journaux devant des kiosques pris d'assaut. Un premier résultat politique de l'agitation des pieds-noirs fut l'investiture, dans la nuit du 13 au 14, de Pierre Pflimlin. Les députés communistes, témoignant de leur volonté de défense républicaine, avaient retenu leurs votes négatifs et s'étaient abstenus. D'emblée,.cependant, nous avions de la peine à faire crédit à un gouvernement chèvre et chou comme celui qui venait de se constituer. Car, pour s'opposer à l'émeute d'outre-mer, il nous semblait qu'il fallait choisir résolument une nouvelle politique algérienne, laquelle n'excluât pas *a priori* l'indépendance. Pflimlin n'avait pas l'étoffe d'un républicain de combat; rien ne le destinait au rôle héroïque qui chut sur ses épaules. Pourtant, le simili-coup d'Etat d'Alger avait à mes yeux ceci de positif, qu'une situation neuve était créée à laquelle les Français ne pourraient plus rester indifférents, que le pays allait enfin comprendre que l'indépendance de l'Algérie était la seule solution raisonnable, faute de laquelle la guerre multiplierait ses ravages encore pendant des lustres et des lustres; bref, je me disais que ce subit accès de fièvre allait hâter la guérison.

L'événement nous avait happés. Nous étions sur le qui-vive, guettant les nouvelles avec fébrilité. A la Sorbonne, ce jour-là, tout le monde était sur les nerfs; nous pensions vivre les premières heures de la guerre civile. A midi, un rassemblement improvisé emplit la cour. Quelques étudiants et quelques professeurs affirmèrent notre résolution de défendre jusqu'au bout les libertés républicaines contre les factieux d'Alger. A la fin de chaque intervention, nous reprenions : « Le-fascisme-ne-passera-pas! », « La-gauche-au-pouvoir! », « Front-populaire! »... Des communistes aux démocrates-chrétiens, l'union antifasciste s'était ressoudée. Foin des vieilles disputes, on reprenait la chanson ancienne : « Quand les blés sont sous la grêle... »

L'aventure qui se jouait à Alger fouettait nos résolutions. Nous étions retrempés dans notre volonté combattante. Oui, la gauche allait renouer avec son combat séculaire contre la tyrannie. Le sentiment même du danger nous exaltait. Pendant les cours, notre attention désertait. Je songeais à la guerre d'Espagne. La grande explication commençait enfin. Dans l'après-midi, la leçon d'Edouard Perroy fut interrompue par des cris montés de la cour; on s'y battait probablement. Perroy en appela à notre sang-froid; comme nous, il était conscient que l'avenir de la France allait se jouer ces prochains jours – et il nous le dit gravement, avant de reprendre son exposé. Plus tard, nous apprenions qu'un commando fasciste avait fait irruption, brûlé des tacts communistes, était reparti. Des groupes se formaient, animés, survoltés. Lors d'une nouvelle visite de nos adversaires, ce fut une bataille rangée. Eux disaient : « Massu-au-pouvoir! » et nous : « Le-fascisme-à-la porte! » Refoulés dans la rue de la Sorbonne, ils se consolèrent en brisant les vitres de la grande porte. L'échauffourée annonçait de chauds lendemains.

Les jours suivants, les émeutiers d'Alger semblèrent

marquer le pas. Passé la grande euphorie du mardi et les scènes burlesques de prétendue « fraternisation » entre Européens et musulmans, l'inquiétude s'emparait du balcon. Les généraux félons, Massu et Salan, faisaient de leur mieux pour canaliser un mouvement qui allait Dieu sait où, ils avaient l'air étourdis par l'aventure qui leur arrivait et semblaient au bout de leur latin. On rapportait dans la presse que Massu aurait dit : « Où allons-nous? Je n'en sais trop rien... » C'est alors que tout ce beau monde étoilé se mit à jouer son va-tout sur le nom de De Gaulle. Le matin du 15 mai le général Salan, devant le forum algérois tumultueux, lança un « Vive de Gaulle », que le gaulliste Léon Delbecque lui avait soufflé à l'oreille.

Retiré à Colombey, silencieux, méprisant, le général fut sollicité de tous côtés. Même des hommes jugés de gauche comme Pierre Emmanuel l'enjoignaient de se prononcer. De Gaulle parla donc. Mais le communiqué qu'il fit connaître à la presse fut aussi bref qu'équivoque. Le général se disait « prêt à assumer les pouvoirs de la République ». Pas un mot pour désapprouver la rébellion d'Alger. Du même coup, l'opinion métropolitaine se divisait, l'émeute d'Alger retrouvait ses chances.

La figure légendaire de De Gaulle devenait un merveilleux drapeau pour les conjurés d'Alger et d'Oran. Pflimlin prodiguait encore des efforts de résistance mais le danger s'était brusquement accru. Devant ce danger, seule l'union de la classe ouvrière et de toutes les organisations démocratiques, laissant de côté les divisions intempestives, pouvait faire face.

La tension ne cessa de monter. L'état d'urgence avait été voté pour une durée de trois mois, les manifestations et les rassemblements étaient interdits, le quartier Latin regorgeait de flics et de CRS. Des cars de police, des voitures-radio sillonnaient les rues de la capitale du matin au soir. Nous discutions à n'en plus dormir, nous dévorions tous les journaux : impossible de travailler à quelques semaines des examens. Tous les jours, à midi, dans la cour de la Sorbonne, des débats improvisés avaient lieu, parfois véhéments. Le 16 mai, les étudiants communistes prennent à partie les trotskistes qui distribuent un tract selon lequel la classe ouvrière doit s'unir à l'écart de tous les partis, tous aussi méprisables les uns que les autres. Les étudiants UGS s'interposent en hérauts de l'unité; on voit Gérard S., solide gaillard et puissant orateur, se débattre et recouvrir les autres voix de la sienne : « Nous attaquons les trotskistes idéologiquement, mais nous les défendons et les défendrons physiquement. »

Le soir du même jour, des mots d'ordre circulent de bouche en bouche, alarmistes : « Tenez-vous en liaison étroite avec les partis de votre quartier; il se peut que le Parlement soit attaqué. » Je n'y croyais pas encore, mais j'étais résolu, comme les autres, à être de la bataille. La République nous appelait, on saurait vaincre ou on saurait mourir. Un tel débat cornélien ne semblait pourtant pas devoir menacer les départements. Loin des facultés, on songeait surtout à faire des provisions de pâtes alimentaires, de bouteilles d'huile et de kilos de sucre, qui s'entassaient dans les caves auprès des appellations contrôlées. Au milieu de cette panique des ventres, Pflimlin tenait encore le coup. Quatre ligues d'extrême droite avaient été dissoutes. Des arrestations avaient lieu. Sommé par la droite de maintenir Lacoste *Pugilator* en Algérie, le président du Conseil ne s'était pas laissé fléchir. Une politique de fermeté se dessinait. J'appris que François, se sentant traqué, avait quitté son domicile.

Le gouvernement Pflimlin n'était pourtant qu'une chiffe de coton sous une armure de fer. Un débat à l'Assemblée fit vite la preuve que de ce Parlement-là il n'y avait plus lieu d'attendre beaucoup. A lire les comptes rendus, c'était à se demander même si le danger qui venait des généraux n'était pas qu'une peccadille au regard du danger qui venait des communistes. Ainsi, le vieux Paul Reynaud, qui avait été jadis mieux inspiré, s'écriait : « Nous demandons que la République soit défendue contre tout le monde, contre les grèves révolutionnaires aussi bien que contre les menées factieuses. »

Cet anticommunisme mal venu était malheureusement partagé par celui dont le devoir était de rassembler toutes les forces républicaines pour faire pièce au coup d'Etat. Pflimlin déclarait en effet : « Le péril [...] n'est pas d'un seul côté et ceux qui en France veulent défendre la liberté n'ont pas oublié le coup de Prague. C'est à la seule majorité républicaine et nationale que le gouvernement fait appel pour défendre les libertés républicaines et l'unité nationale. » Le président du Conseil voulait ne plus tenir compte des voix communistes. Il aurait pu se souvenir qu'en d'autres temps « le plus illustre des Français » n'avait pas dédaigné le concours des communistes pour rétablir la République et sauver l'unité nationale. Edouard Depreux regretta à la tribune que M. Pflimlin « cède à cette disposition non écrite de la Constitution qui veut bizarrement qu'on refuse les suffrages communistes lorsqu'ils votent avec la gauche, mais qu'on les accepte lorsqu'ils permettent à la droite de renverser les gouvernements ». Mollet cependant intriguait de son mieux pour éviter toute formule proche du Front populaire. L'extrême droite, de son côté, voyait poindre son jour de gloire. Tixier-Vignancour, sous les huées, conclut son discours d'un : « Vive la révolution d'Alger qui sauvera l'Algérie et la France ! »

Plus dangereusement, Jacques Soustelle, surveillé par les meilleurs limiers de la police parisienne, bien connus des lecteurs d'Hergé, avait trouvé le moyen de tromper leur infaillible vigilance et de gagner Alger, qui l'accueillit en triomphateur. Cet épisode rocambolesque jeta un peu plus de discrédit sur une police qu'on soupçonnait acquise au général de Gaulle, de peur d'imaginer pire.

Qu'y avait-il dans la tête des Français? A en juger par le ton des journaux, par les conversations surprises dans la rue, par les multiples voix de la foule, je me rendais compte que la volonté de résistance au coup de force fléchissait. Du moment que de Gaulle avait implicitement cautionné la rébellion d'Alger, le danger en semblait conjuré. La droite retrouvait le « péril rouge » au magasin des accessoires. Dans *l'Aurore*, Lazurick saluait la « vieille fraternité franco-musulmane » qui venait, à l'en croire, « de renaître ». Il prétendait surtout que, pour sauver la République, un seul moyen restait : « affirmer que jamais la France ne se laissera arracher l'Algérie ». C'était une façon de prendre le parti des conjurés d'Alger.

« De Gaulle? pas si mal, après tout! » Une lâcheté contagieuse reprenait ce refrain en chœur. L'appel au Soldat, pour retourner à ses oignons : la tentation était dans l'air. Le 19 mai, gagnant Paris, le général donna une conférence de presse au Palais d'Orsay. Je la jugeai scandaleuse. Explicitement, il déclara que l'armée à Alger « avait bien fait »; quant à lui, de Gaulle, il se tenait prêt à prendre la tête du gouvernement d'une République qui avait été minée par « le jeu des partis ». C'était donner un nouvel encouragement aux putschistes d'Alger; du moins de Gaulle semblait-il avoir abattu ses cartes. Afin de reprendre le pouvoir, il n'hésitait pas à approuver le coup d'Alger. Dès lors, l'extrême droite battit des mains et ce fut une triste comédie de voir les pires ennemis de l'homme du 18 Juin, polichinelles vichystes et collaborateurs notoires, se prononcer en faveur de De Gaulle[1].

A la Sorbonne, la résolution ne faiblissait pas. Les

1. Ce ne fut pas le cas de tous les anciens vichystes. C'est ainsi que Me Isorni, avocat du maréchal Pétain, déclara en la séance du 1er juin 1958 à l'Assemblée que son honneur ne lui permettait pas de voter la confiance. Tixier-Vignancour qui la vota, lui, expliqua pour son confrère, collègue et ami, que l' « avocat de Louis XVI ne pouvait pas accorder les pleins pouvoirs à Robespierre ».

attroupements dans la cour, autour des postes de radio portatifs, les nouvelles officieuses rapportées par tel ou tel, tout nous maintenait dans la fièvre qui nous avait pris le 14 mai. Le 20 mai, un meeting avait été prévu par l'UNEF, que soutenaient les syndicats universitaires, mais le ministre de l'Intérieur, à notre grande colère, l'interdit. Il était manifeste qu'aux violences et aux passions d'Alger, et à de Gaulle devenu leur emblème, le gouvernement refusait de répliquer par la fermeté; tout se passait, à nos yeux, comme s'il cherchait le compromis. Pas un mot, pas un ordre, pas une condamnation n'avaient encore été prononcés contre Massu, Soustelle et leur équipe. Au contraire, on bourrait de chaussures à clous le quartier Latin. C'était à croire qu'on nous préparait en douceur l'avènement du Soldat (ce qui se passait effectivement dans la coulisse). Il était patent, en tout cas, qu'il ne fallait avoir qu'une confiance extrêmement limitée dans un gouvernement si bienveillant à l'égard du complot et si rétif vis-à-vis des forces de résistance.

Le 21 mai, à midi, dans la cour de la Sorbonne, une vive discussion découvre les divisions de la gauche. Les UGS et les trotskistes reprochent aux communistes que leurs députés aient voté les pouvoirs spéciaux en Algérie, demandés par Pflimlin; que, sous prétexte de défendre la République, les communistes se compromettent avec les éléments colonialistes de l'Assemblée. Les mots fusent dans le brouhaha. Je vois le grand K., qui a une vraie tête de révolutionnaire d'Octobre, un ancien communiste devenu UGS, argumenter avec autorité. On en vient aux injures. Le débat est d'autant plus confus que nombre de communistes sont en désaccord avec la direction du PC et s'alignent sur les positions que leurs camarades qualifient de « gauchistes ». Les militants de la cellule philosophie ont même distribué un tract qui dit « Non aux pouvoirs spéciaux »; cela provoquera leur exclusion quelques jours plus tard.

Il me semblait pourtant que voter les pouvoirs spéciaux pour l'Algérie à Pflimlin, au moment où les pieds-noirs et l'armée défiaient la métropole, n'avait pas le même sens que les voter à Guy Mollet en 1956 : les députés communistes me paraissaient plus justifiés à le faire aujourd'hui. Au demeurant, l'appréciation politique au jour le jour me paraissait bien délicate, surtout si l'on ajoute au tableau tous les bruits qui la rendaient plus difficile encore. On disait ainsi que les communistes n'étaient pas si hostiles que ça au retour de De Gaulle, eu égard à ses conceptions de politique étrangère... A l'Assemblée, un député m'avait paru, ces jours durant, parfaitement digne : c'était Mendès France, encore une fois. Il avait fait une intervention sans ambiguïté contre le simili-coup d'Etat. Je m'abandonnais à imaginer ce qu'eût été la résistance au coup de force, si Mendès avait été à la place de Pflimlin. Hélas! je croyais trop vrai le mot que le député Legendre avait lancé à Pierre Mendès France à la fin de son intervention : « Tout le pays sera pour de Gaulle, car tout le pays est contre vous! »

La République avait besoin d'un Danton qui dît : « je veux », « il faut »; elle avait un Pflimlin qui disait : « je voudrais », « il faudrait ». La palinodie de ce juste milieu, démocrate et chrétien, commençait. A une question de Mendès sur l'armée d'Algérie, Pflimlin avait répondu qu'elle y assurait la légalité! La reculade du gouvernement était d'autant plus blâmable que les atouts, c'est lui qui les avait en main, non les factieux d'Alger. Mais pour relever leur défi, il était indispensable de s'appuyer sur les forces populaires. Or nous voyions que Pflimlin préférait laisser place à la dictature militaire plutôt que de courir le risque d'un nouveau Front populaire ou plutôt, ce qui revenait au même, il cherchait désespérément une illusoire troisième voie. Le danger, à ses yeux, ce n'était pas l'armée de pronunciamiento qui s'était rebellée contre le pouvoir civil; c'était l'unité retrouvée du mouvement ouvrier. Que pouvait-on encore attendre de ce mol républicain? Duchet, dans *France indépendante*, résumait l'attitude de la droite : « La République est en danger. » Bon. Mais plus loin : « Les communistes la menacent. » Cette crainte des communistes si peu opportune n'était qu'une manière de dire oui à Alger. Tout ce que la France comptait de réactionnaire ne jurait plus que par de Gaulle. Malheureusement, l'audience de celui-ci dépassait le cercle limité des anciens vichystes. François Mauriac, lui aussi, laissait pointer ses espérances dans le général. Mais remettre le sort du pays entre les mains d'un homme, sans qu'on sache rien de ses projets, était-ce pensable? Mauriac n'était plus des nôtres. C'est Sartre qu'il fallait lire : « Il faut à la France, écrivait-il dans *l'Express*, un Etat fort, c'est sûr; il faut restaurer l'autorité du gouvernement, ruiné par douze ans d'abandons et de compromissions, mais la meilleure manière d'achever sa ruine ce serait de le confier à *un* " homme fort " qui imposerait à tous ses règles... »

Pourtant, la presse étrangère, vu la faiblesse de notre président du Conseil, considérait dans son ensemble comme inévitable le retour de De Gaulle. J'en doutais de moins en moins : au fond, Pflimlin y paraissait tout disposé. Il y fallait seulement les formes. Ne pouvant encore capituler, Pflimlin rendait tous les jours un peu plus d'armes à ses adversaires supposés. A la radio, il lâchait le mot absurde, qui avait fait tant de malheurs : « Algérie française », et, de surcroît, laissait partir de nouveaux soldats du contingent en Algérie, comme si rien ne s'y était passé. Si c'était pour cela que les communistes avaient voté les pouvoirs spéciaux... Je ne décolérais pas contre ce fantoche, taillé dans la mémoire d'un Trochu et d'un Jules Favre : officiel défenseur de la République, nous avions bien l'impression qu'il préparait en douce la capitulation.

Le mardi 27 mai, la résistance fléchit. La CGT a lancé un ordre de grève générale, pour protester contre le nouveau coup de force, perpétré le 24, à Ajaccio cette fois – la Corse passant aux mains de la rébellion. Les autres syndicats ont refusé de suivre : ils gardent, disent-ils, leur « sang-froid ». Au vrai, l'unité avec les communistes les fait reculer. C'est alors, dans le mouvement ouvrier, le même jeu équivoque qu'à l'Assemblée nationale. Tout le monde proclame vouloir défendre la République, personne n'en prend vraiment les moyens. De Gaulle, lui, continue ses déclarations, tout se passe comme s'il doit prendre le pouvoir d'une heure à l'autre et comme si Pflimlin ne se distille plus le cerveau que pour trouver le prétexte « républicain » qui lui permettrait de laisser son fauteuil libre au Grand Homme. Le lendemain, le prétexte est trouvé : trois ministres « indépendants » sur quatre ont donné leur démission. La belle affaire! La grande majorité des députés indépendants s'était déjà montrée hostile à Pflimlin – ce qui n'empêchait pas le président du Conseil d'être soutenu par une écrasante majorité. N'importe! Ces démissions viennent à point, il peut à son tour démissionner sous prêtexte que l'union nationale est brisée.

Au point où les velléités de Pflimlin nous avaient conduits, sa démission était peut-être une dernière chance[1]. On songea un moment que le président de la République, René Coty – dont nous ignorions les tractations –, ferait appel à François Mitterrand, qu'une vraie résistance allait enfin prendre corps, soutenue par une gauche unanime. Les républicains modérés, les éternels ânes de Buridan, qui préconisaient la solution imaginaire dite pompeusement « républicaine et nationale », ceux-là étaient balayés. La place était nette. Ce

1. Le jugement que nous avions sur P. Pflimlin était d'une injustice aujourd'hui patente. Il avait avoué à l'Assemblée qu'il avait eu une entrevue dans la nuit (du 26 au 27 mai) avec le général de Gaulle, tout en démentant lui avoir donné des assurances. Ces tractations nocturnes étaient pour le moins suspectes et sa démission apparaissait comme une palinodie. En fait, sa décision avait été préparée, accélérée, voire forcée par le chef de l'Etat, René Coty, et par une bonne partie du milieu parlementaire.

serait les ultras ou la gauche. Les ultras avaient l'appui de l'armée, la complaisance de la bourgeoisie et la caution d'Hercule. Restait à savoir ce qu'était la volonté du peuple. Or on sut bien vite la vérité. Le président Coty, gardien constitutionnel des institutions républicaines, s'apprêtait – au mépris de la majorité de l'Assemblée – à appeler celui qui avait encouragé le complot. Cependant, le « Comité d'action et de défense républicaine », qui venait d'être créé, appelait la population parisienne à manifester son attachement à la démocratie, le 28 mai à dix-sept heures, de la Nation à la République. Tous les partis restés fidèles à la démocratie, des communistes aux démocrates-chrétiens, les trois syndicats ouvriers, l'UNEF, tout ce que le pays avait encore de souffle républicain avait battu la générale. Une foule énorme est au rendez-vous, joyeuse, vibrante, reprenant en chœur les vieux chants populaires. Cette masse, au coude à coude, me fait lâcher le mot de joie : « Enfin!... » Enfin, le peuple est « descendu ». Non, de Gaulle n'a pas encore pris pied dans les allées du pouvoir. Paris soulevé, Paris révolté, Paris insurgé a crié non à l'imposture.

Ouais. Nos illusions durèrent l'espace d'une soirée derrière les pancartes et les banderoles. Pendant que la foule défilait, on préparait derrière la scène la fin du scénario : l'avènement du Soldat. Le peuple, dix fois trahi, dix fois berné, enfin tiré de sa somnolence, n'avait battu le pavé des boulevards que pour suivre les funérailles des dernières illusions démocratiques. Tout en accordant cette kermesse aux masses, l'Elysée préparait en catimini le retour au pouvoir du général de Gaulle « dans les formes légales ».

Le lendemain de notre grrrande manifestation, les journaux de gauche rivalisaient de lyrisme, photos à l'appui. Ils étaient excusables : depuis quand avait-on vu à Paris pareil mouvement populaire? Mais les journaux de droite, qui ne rendaient compte qu'avec mépris de la manifestation, annonçaient en gros caractères à la une que Coty, malgré la volonté populaire (disais-je), faisait appel à celui que plébiscitaient les putschistes d'Alger et la minorité du Parlement. Coty, sans doute à juste titre, n'avait pas été impressionné par notre marche boulevardière, il pressentait que la majorité du pays voulait le retour à l'ordre, que de Gaulle en était désormais le plus sûr garant, qu'on lui saurait gré finalement d'éviter la guerre civile en passant le relais au Héros. La suite des événements prouva que Coty ne s'était pas trompé. Le 29 mai, la solution de gauche n'était plus de mise, puisque – d'elle-même – elle ne s'était pas encore imposée. Le défilé du 28, ç'avait été un baroud d'honneur, avec tambour et trompette, rien d'une journée révolutionnaire. Le « pays réel », lui, n'attendait plus rien de la République quatrième. Ma mère me rapportait qu'au marché de notre quartier communiste les gens disaient : « *Ils* en ont peur de De Gaulle! Vous pensez, avec lui, finis les combines, les ficelles, les copains... » Le mépris, justifié probablement, dans lequel on tenait couramment le personnel de la IVe République, accréditait le mythe du Général Exterminateur qui allait tout nettoyer. Je m'insurgeais contre cette confusion qui mêlait la gauche anticolonialiste, luttant depuis des années contre la politique officielle, et tous les habiles de la législature qui n'attendraient pas longtemps pour se rallier au Guide.

La gauche avait administré la preuve de son impuissance, mais rien ne me répugnait tant que de céder à une mystification. Je relisais dans Emmanuel Mounier : « La masse des hommes préfère la servitude dans la sécurité au risque dans l'indépendance, la vie matérielle et végétative à l'aventure humaine. Cependant la révolte sous le dressage, la résistance à l'oppression, le refus de l'avilissement sont le privilège inaliénable de la personne, sa dernière ressource quand le monde se dresse contre son règne. » Bravache, je n'étais pas près de m'incliner devant la lâcheté du plus grand nombre. La lettre de Coty à l'Assemblée me parut déshonorante :

usant de poncifs aussi éculés que ceux d'« unité nationale » et d'« Union sacrée », il demandait aux élus du peuple d'abdiquer devant l'insolence des colonialistes. La tragi-comédie du 13 Mai venait à bout du régime : de Gaulle, qui avait encouragé l'émeute d'Alger au moment où les généraux rebelles se demandaient à quelle sauce on allait les manger, de Gaulle qui avait soufflé sur les braises d'un feu en extinction, voilà qu'on en faisait la chance ultime de la concorde nationale.

Il y eut bien encore les jours suivants une grève des enseignants, un meeting à la Sorbonne, quelques mouvements de résistance : les jeux étaient faits. A cette évidence, des citoyens honnêtes, comme Beuve-Méry, se résignaient; d'autres, Claude Bourdet par exemple, criaient leur « Non jamais! » de toute leur force. Les deux hommes polémiquaient dans *le Monde.* Hubert Beuve-Méry concluait : « Il se peut que Claude Bourdet ait finalement raison. Il se peut qu'il ait aujourd'hui le plus grand tort, car ni la prudence ni l'intransigeance ne sont infaillibles. L'une ou l'autre peut le cas échéant ouvrir ou fermer la voie au salut. Nous ne tarderons pas être fixés. »

Le dimanche 1er juin, l'Assemblée se prononça sur l'investiture du général. Beaucoup de députés, ce jour-là, auraient bien voulu savoir lire l'avenir dans le vol des oiseaux ou dans le marc de café : ils devaient voter pour un homme, et ils ne savaient rien de ce qu'il voulait. Ceux qui siégeaient à gauche craignaient le jugement de l'Histoire : « Ah! si nous étions certains que de Gaulle sera un dictateur, soutenu par les ultras, avec quel enthousiasme nous voterions contre lui! » Mais autant ils redoutaient de laisser place à la dictature, autant ils avaient peur qu'en cas de guerre civile ils ne fussent également réprouvés par l'Histoire. Leurs hésitations étaient respectables, encore que, à la vérité, s'il y avait eu guerre civile, les coupables n'eussent pas été ceux qui auraient dit *non* à de Gaulle mais bel et bien ceux qui auraient soutenu les factieux d'Alger, directement ou indirectement, et parmi ceux-là de Gaulle tout le premier. Le drame, pour beaucoup de députés de gauche, venait de ce qu'un vote négatif, *ce jour-là*, 1er juin, ne semblait favoriser aucune solution de rechange. Le temps de la résistance populaire était terminé. L'épisode Pflimlin avait tout ruiné : à sa place, il eût fallu, non pas un gouvernement factice d'*union nationale*, mais un gouvernement véritablement jacobin, appuyé sur la gauche et les « masses », intransigeant avec l'émeute, exemplaire à l'égard de tous ceux qui voulaient l'encourager. Si de Gaulle n'était pas investi, se demandaient beaucoup, dans quel abîme serions-nous entraînés? De plus, si de Gaulle restait énigmatique, du moins avait-il la réputation d'être libéral; on lui prêtait, en matière de colonisation, des idées assez ouvertes, ce qui ajoutait encore au drame de conscience de maints députés. Il restait, contre de Gaulle, qu'il était coupable d'avoir fait rebondir la rébellion, qu'il refusait de définir la politique qu'il suivrait, qu'il y avait tout à craindre de son passé politique, de sa personnalité autoritaire et de ses idées nationalistes. La majorité des députés vota lâchement : ils n'eurent même pas le sursaut du Corps législatif, lors du 18 Brumaire. La force fut inutile, la reddition était acquise. 329 voix soutinrent la candidature de Gaulle contre 224. Parmi les ultimes résistants au pouvoir personnel, on comptait, outre les communistes, 49 socialistes (sur 95); Mollet, Lacoste et Lejeune n'avaient pu entraîner qu'une minorité en faveur du général – mais la scission était désormais inévitable! Un troisième noyau d'opposants s'était constitué autour de Mendès France[1] et de François Mitterrand[2] – on y

1. Pierre Mendès France : « Ici se pose pour moi – je n'hésite pas à le dire – un cas de conscience comme je n'en ai connu aucun depuis vingt-six ans que je siège dans cette Assemblée.

» Certes, la confiance et l'attachement personnel que nous inspire, dans la fidélité au souvenir du passé, le chef du gouvernement, pèsent lourd dans la balance. Mais l'autre plateau, hélas! est plus lourdement chargé encore.

» Il est trop vrai que les ennemis de la République, les factieux, en trouvait aussi, il est vrai, des ténors de l'Algérie française comme Bourgès-Maunoury. A l'annonce du résultat, les communistes crièrent : « Vive la République! » C'était le chant du cygne.

La fièvre politique retomba. L'ère de la honte commençait. Dans la situation présente, le plus déshonorant pour les Français, c'était qu'ils s'en étaient remis à un homme les yeux fermés. La démocratie n'avait jamais été un mot plus dérisoire à mes yeux. Je supportais ma honte avec les camarades, aux terrasses des cafés. Il faisait beau, nous parlions d'autre chose que de politique. Sur les quais, au parc de Sceaux, au jardin du Luxembourg, nous essayions d'oublier, en blaguant. La politique nous avait écœurés – et ça continuait : nous apprenions que Nagy, en Hongrie, avait été exécuté; et dire que les seuls alliés solides contre de Gaulle, ç'avait été les communistes! Non, tout cela était trop répugnant, nous avions besoin de vacances. Cet été-là, la

s'emparant du nom du général de Gaulle, ont tout d'abord dénaturé et altéré gravement le caractère de l'appel fait aujourd'hui à son arbitrage.

» Il est vrai aussi qu'une équivoque trop longue, en un temps où les jours et les heures comptent, subsiste malgré tout, sur les conditions et sur le sens d'une intervention qui n'aurait dû à aucun instant pouvoir être soupçonnée d'aucune tolérance, au profit des ennemis de la République et de la liberté.

» Car enfin, ce gouvernement, qui nous l'impose? Hélas! ce sont les mêmes hommes qui dans le passé ont fait échouer toutes les tentatives de règlement raisonnable et humain en AFN (*protestations à droite; applaudissements à l'extrême gauche et sur plusieurs bancs à gauche*), qui ont rendu la guerre inévitable, l'ont orientée vers la répression sans issue politique, ont joué sur les nerfs d'une population européenne affolée et exultent en ce moment puisqu'ils se flattent d'avoir porté le général de Gaulle au pouvoir. Ah! puissent-ils être déçus! je veux l'espérer pour la France et pour la gloire du général de Gaulle lui-même (*applaudissements sur certains bancs à gauche et à l'extrême gauche*) » (*Journal officiel*, première séance du 1er juin 1958 au lundi 2 juin 1958, p. 2578).

2. ... « En droit, le général de Gaulle tiendra ce soir ses pouvoirs de la représentation nationale; en fait, il les détient déjà du coup de force *(vifs applaudissements sur certains bancs à gauche et sur tous les bancs à l'extrême gauche)* » *(ibid.)*.

mode avait imposé aux femmes des robes brusquement raccourcies, qu'elles devaient porter en cerceau. Ce qui n'était pas toujours réussi, du moins il était plaisant de regarder les plus belles. C'était aussi d'un œil amusé que nous suivions les séquelles d'agitation politique. Le 13 Mai avait révélé des figures pittoresques, telle celle du général Chassin, qui lança le Mouvement populaire du 13 Mai. Ce titulaire de la francisque, lecteur de Mao Tsé-toung, comploteur du mois de mai, était bien représentatif de ces officiers d'armée coloniale, qui ne respiraient plus l'air de la métropole et s'imaginaient au temps des croisades. Dans une conférence de presse plutôt burlesque, il constata « que les enfants naissant aujourd'hui sont les mêmes que du temps de Napoléon ou de Vercingétorix », jugea idiot ce qu'avait écrit Karl Marx (« je ne l'ai d'ailleurs pas lu, car il est illisible »), fit une allusion prude aux *Liaisons dangereuses*, « roman licencieux », évoqua chaleureusement le « triangle Dieu-Famille-Patrie » et évoqua ses « prédécesseurs » : « Nous ne sommes pas nombreux, mais les apôtres n'étaient que douze... » A la recherche d'un autre exemple, il enchaîna par cette gaffe : « Quand Hitler a commencé – comparaison malheureuse, il est vrai –, ils n'étaient que sept. » Le pays paraissait victime d'un raz de marée de bêtise. A titre d'exemple encore, le général Weygand, vieille culotte de peau ravaudée, publiait, le 13 juin, dans *l'Echo d'Alger*, cette merveille : « Le 13 mai 1958, cette révision a été entreprise. Elle se poursuivra désormais inéluctablement. Tous les catholiques ont compris que cette date [anniversaire, au cours de l'année mariale de Lourdes, de la première apparition de Fatima] était un signe indiscutable : manifestement, la Vierge Marie a tenu à promouvoir elle-même le mouvement qui, sagement et résolument mené, conduira à la résurrection de la France, fille aînée de l'Eglise, dont la reine du ciel est aussi la reine et la patronne principale. » Eh oui, bonnes gens, nous en étions là.

Si de Gaulle, à tout prendre, ça ne pouvait pas être

pire que Mollet et successeurs, on ne peut pas dire que les premiers actes de son gouvernement provisoire nous ravirent. Et d'abord, quel gouvernement! où l'on retrouvait Guy Mollet, ministre d'Etat, Antoine Pinay, ministre des Finances, et quelques autres illustres représentants du « système » tant décrié pourtant. Quant au voyage de De Gaulle en Algérie, au début de juin, ce fut le début d'une longue carrière de sphinx. Le moindre propos, le moindre discours, le moindre slogan de place publique descendu des hauteurs gaulliennes, des bataillons d'exégètes les passaient par l'étamine, examinant à la loupe ce qui était dit, pas dit, redit. On sut ainsi qu'à Mostaganem, mais à Mostaganem seulement, il employa la formule que lui soufflait la foule : « Algérie française »... Il dit aussi à un autre moment : « L'Algérie doit démontrer qu'elle est une terre française pour aujourd'hui et pour toujours... » C'était affligeant. Car, passe encore que de Gaulle, qui n'était pas un ange mais un stratège, emplisse son gouvernement de parlementaires décrépits et qu'il utilise ses prédécesseurs pour faire une politique opposée à la leur. Mais, devant des centaines de milliers de témoins, promettre que l'Algérie resterait une terre française – toujours –, n'était-ce pas retomber dans les mêmes erreurs, s'enfermer dans la même impasse, ou – si les faits têtus le faisaient changer d'avis – se préparer bien des rancunes de la part de ceux qui l'auraient cru? Quand, au début de juillet, Soustelle – qui n'était pas encore du gouvernement – fut nommé ministre de l'Information, je n'avais plus de doute : que l'homme le plus aveugle sur l'Algérie, que celui qui fustigeait encore naguère publiquement les rares journaux qui maintenaient en leurs colonnes un souci de vérité, que cet homme-là fût chargé officiellement d' « informer » l'opinion, c'était la preuve, s'il en fallait encore, qu'il n'y avait plus rien à attendre de ce gouvernement.

Pourtant, au mois d'août, nous entendîmes venir d'Afrique un son de cloche nouveau. De Gaulle y allait présenter sa « Communauté française ». Or, en Guinée, devant Sékou Touré qui lui objectait la nécessité du droit à l'indépendance, de Gaulle répondit que cette indépendance, les Guinéens pourraient la prendre en votant *non* au référendum constitutionnel. Ainsi, à des peuples encore dociles, on osait parler d' « indépendance » –, mais, à un peuple qui se battait depuis quatre ans les armes à la main pour l'obtenir, on s'entêtait à la refuser, au prix d'une guerre affreuse. A Brazzaville, le 24 août, de Gaulle avait déclaré solennellement : « Cette communauté-là, je vais la proposer à tous, et à toutes ensemble, où qu'ils soient. On dit : " Nous avons droit à l'indépendance. " Mais certainement oui. D'ailleurs, l'indépendance, quiconque la voudra pourra la prendre aussitôt. La métropole ne s'y opposera pas. » Jamais Paris n'avait tenu pareil langage. Ce qui était pensable pour l'Afrique noire devait-il être interdit à l'Algérie? Parce qu'il devait être hissé au pouvoir par les hommes d'Alger, de Gaulle me paraissait condamné à cette contradiction. Raymond Aron posa la question dans *le Monde :* « Je n'arrive pas [...] à me convaincre que le général de Gaulle ignore les implications des propos qu'il a tenus à Brazzaville. Peut-on refuser indéfiniment aux musulmans d'Algérie ce que l'on accorde solennellement aux Noirs d'Afrique? »

Septembre fut le mois du référendum. La victoire du *oui* ne faisait pas de doute. Je m'irritais que derrière cette prévisible unanimité il y eût tant de divergences! Il y avait ceux qui voulaient que « ça change », « pour ne plus voir les mêmes guignols au Parlement » – or, parmi les pontifes de la IVe, tous les vieux guignols appelaient à voter *oui :* les Mollet, les Pinay, les Bidault, les faillis de l'Indochine, les incapables de l'Algérie. Il y avait ceux qui votaient *oui* pour la fin de la guerre et ceux qui votaient *oui* pour mener la guerre de reconquête jusqu'à la victoire. Ce référendum n'était qu'un vaste marché de dupes.

Le 4 septembre 1958 – date choisie car c'est le

4 septembre 1870 que les Parisiens proclamèrent la République après la défaite de Sedan –, de Gaulle présenta en grande pompe son projet de Constitution place de la République, à Paris. Dans son discours, il évoqua 1792, 1848 : cela me paraissait savoureux. André Malraux était sur l'estrade. Il fit son numéro devant un parterre d'invités, tandis qu'on tenait en respect, au fond de la place, les manifestants qui le conspuaient. « Le peuple de Paris, le voilà », s'exclama Malraux en désignant d'un geste l'assemblée des notables dodus et des gaullistes officiels qui faisaient la claque sur carte d'invitation.

Les partis politiques eurent à se prononcer. Le Congrès national SFIO se tint du 11 au 14 septembre. Mollet avait encore une forte majorité des délégués à sa botte. Mais quelques-uns de ses amis, et non des moindres, refusaient le *oui*. Surtout une minorité, conduite par Edouard Depreux, refusant d'entériner ce dernier choix de Mollet en faveur d'un régime dont les principes étaient si nettement contraires au passé et aux principes de leur parti, refusa de rester dans la SFIO. Près de 70 % des mandats se rallièrent au *oui* de Mollet. Le 15 septembre, Depreux annonçait la création du parti socialiste autonome; je m'en réjouissais : sa fusion avec l'UGS s'imposerait et nous aurions enfin un grand parti socialiste de gauche. Au cours des débats, Mollet avait eu l'effronterie de déclarer : « Il y a chez nous trop de camarades qui sont venus au parti après la Libération, mais qui ne connaissent rien à la pensée socialiste. » C'était un grand réconfort de savoir que l'action de Guy Mollet, de février 1956 à septembre 1958, avait été continûment inspirée par la « pensée socialiste. »

La campagne du référendum fut sans surprise. Seuls le parti communiste, de plus en plus isolé, les mendésistes, les minoritaires socialistes et notre UGS évidemment défendaient le *non*. En face, des socialistes aux fascistes, en passant par l'évêque de Limoges et l'évêque de Vannes (« nulle hésitation n'est permise [...], le devoir très net est de voter *oui*, et en masse »), ce ne fut qu'une seule voix en faveur du général. C'était la « famille nationale », la « résurrection de l'âme nationale », contre une « chapelle d'intellectuels superbes et décadents ». On imagine quelle merveille ce fut de voir tous les profiteurs, tous les corrompus, tous les collataires du régime défunt stigmatiser le « régime dégradant, failli et déshonoré de la IVe République ». En Algérie, l'armée s'était transformée en brigades de propagandistes électoraux. Le général Salan faisait de longues tournées pour porter la bonne parole en faveur du *oui*. Pas une voix, là-bas, qui pût exprimer un avis contraire. Un capitaine, officier en Algérie, en fut si indigné qu'il écrivit au *Monde :* « Lorsque la force militaire est employée à faire approuver par les citoyens le texte qui déterminera les nouvelles institutions du pays, je ne puis taire que cela me paraît contraire à la loi que je suis chargé de faire respecter. »

Le FLN répliqua à cette propagande effervescente par la formation d'un « gouvernement de la République algérienne en exil ». *L'Aurore* s'empressa d'y voir un « aveu d'impuissance ». Tout impuissant qu'il fût, le FLN avait déjà réussi à faire chavirer la IVe République, et à assurer aux autres colonies françaises la reconnaissance du droit à l'indépendance. Révisant alors un oral d'histoire ancienne, je constatais que, dans la guerre italique, Rome avait d'abord accordé le droit de cité à ceux qui ne l'avaient pas réclamé, les Etrusques, mais à la longue finit par l'accorder aux Samnites aussi, qui le demandaient, eux, le *pilum* à la main. Le tour des Samnites et des Algériens arrive toujours un jour.

Le 28 septembre, je votai *non* au projet de Constitution. Non, je n'approuvais pas une constitution assurant le pouvoir d'un seul, élu par 70 000 notables. Je disais *non* au principe de ce référendum, truqué de bout en bout; à ce projet rédigé par un groupe d'hommes qui n'avaient reçu aucun mandat de la nation et qui étaient entièrement manipulés par le Prince. En face de ce projet, il n'y avait nulle contre-proposition. C'était de Gaulle ou l'abîme – la formule allait être souvent éprouvée. Je disais non à cet homme, à ce Sauveur, qui ne nous disait rien de ses résolutions et de ses idées – qu'il fallait subodorer, espérer chacun conformes à ses espoirs! Non au culte de la personnalité, au bourrage de crâne organisé. Je disais non aux hommes et au coup d'Etat du 13 Mai. Non à la poursuite de la guerre. Près de 80 % des Français votèrent *oui*. Même l'électorat communiste n'avait pas su résister au mouvement qui portait la France vers le képi du général. Dans ma commune, communiste depuis 1935, où le PC disposait toujours de la majorité absolue –, les *oui* l'emportèrent à 61 %.

J'en déduisis que les Français, acclamant le pouvoir personnel, avaient renoncé à la démocratie. Comme en 1940. C'était un prodigieux retour à la magie. J.-W. Lapierre, que je lisais dans *Esprit*, écrivait en ethnologue : « La magie est une illusion pernicieuse de la conscience. Ce qu'on voudrait faire y est rêvé et non accompli, symbolisé et non réalisé. » De Gaulle m'apparaissait moins comme une *réalité* (une nouvelle politique) que comme le réceptacle sacré des multiples et contradictoires aspirations des Français. Ce que les parlementaires, les économistes, l'armée n'ont pu réaliser, le grand sorcier le ferait. « Lui seul pourra. » « Lui seul fera. »

Cet infantilisme politique, ce primitivisme des Français, je croyais en voir les causes profondes dans la crise interminable de la gauche française depuis 1947. C'est une des raisons d'être de la gauche, en effet, de tenir le peuple en éveil, de l'obliger à penser, de l'entraîner à se battre. Elle n'en faisait plus rien. Le parti communiste n'était que le maillon d'une vaste chaîne géopolitique dominée par l'URSS : sans crédibilité donc sur le plan national, éternel suspect, et ce n'était pas volé! Le PC, qui soutenait la répression soviétique mais non la déstalinisation khrouchtchévienne, se stérilisait lui-même. Les socialistes, en raison même du sectarisme communiste et de leurs mauvais démons, s'abandonnaient à des alliances de droite qui achevaient de ruiner leurs virtualités « révolutionnaires ».

Il était temps, pensais-je, avant de rêver à un hypothétique « régime sans classes », de restaurer la démocratie, des mœurs démocratiques, des habitudes démocratiques. Quand la gauche reprendrait le pouvoir (cela arriverait bien un jour), qu'alors elle ne gâche pas tout par ses chimères ou par sa routine, qu'elle prenne résolument au sérieux le mot de démocratie, qu'elle rende le pouvoir au peuple, ce serait déjà un grand programme.

Après le référendum, voilà les élections législatives. Nouvelle pilule! Le second tour eut lieu le dernier jour du mois de novembre. Nous étions quelques amis à attendre les résultats. Nous sortions du théâtre de la Huchette, où nous avions applaudi Ionesco. A la recherche d'un café doté d'une télévision, nous aperçûmes, dans un petit bistrot de la rue Saint-Jacques, Le Pen et ses camarades : ils fêtaient bruyamment son succès. Plus loin, nous nous sommes assis devant une télévision d'un café populaire. Deux types discutaient farouchement :

– Thorez, qu'est-ce qu'il a fait Thorez? C'est un fumier comme les autres!

– Ta gueule, répondait l'autre, ta gueule!

– Mais dis-moi donc ce qu'il a fait, Thorez!

Dans un coin, une mégère aussi pleine que les deux autres avait accroché à sa boutonnière une grande croix de Lorraine et levait son verre à la santé du général.

Médusés, nous suivions les résultats sur le petit écran. C'était pire que prévu. Le nombre des députés communistes tombait à 10!

Le lendemain je fis une visite à Dominique J., dans sa turne de la rue d'Ulm. Tout le monde là-dedans pensait à gauche. On essaya de se consoler en mettant sur l'électrophone un disque de « Chants révolutionnaires » que Dominique venait d'acheter. On beugla *la Carmagnole* et *l'Internationale*. Dans les semaines suivantes, c'est avec les chansonnettes de Brassens et de Léo Ferré, c'est avec les articles du *Canard enchaîné* que nous nous donnâmes l'illusion d'être restés libres.

« O nuit désastreuse! ô nuit effroyable, où retentit tout à coup, comme un éclat de tonnerre, cette étonnante nouvelle : Madame se meurt, Madame est morte! »

Si j'avais à donner une suite à ma chronique, je la prolongerais jusqu'en 1962. Ces nouvelles années, il serait peut-être conforme à l'art de l'oraison funèbre de les couler sous le titre : *la République est morte*. Depuis le second Empire, en effet – si l'on veut bien oublier la parenthèse de Vichy –, jamais la France n'avait connu pouvoir étatique aussi fort, pouvoir personnel aussi affirmé, opposition de gauche aussi affaiblie. La monarchie élective était même définitivement fondée par la révision constitutionnelle de 1962, qui faisait dorénavant du président de la République l'élu rééligible du suffrage universel.

Et pourtant, j'aurais quelque peine à utiliser pareil titre. S'il est vrai que la République gaullienne avait des principes contraires aux traditions républicaines, il fallut convenir que la grande affaire politique de notre génération – la décolonisation –, sur le mur de laquelle s'étaient brisées une République et une majorité (désunie) de gauche, ce fut à de Gaulle que revint le mérite immense de la régler. Non seulement l'affaire brûlante de l'Algérie mais, au-delà, la question de l'Afrique noire, avant même qu'elle se posât comme d'habitude par la bombe et le fusil. Nous pensions de Gaulle à tout jamais prisonnier de ceux qui l'avaient ramené au pouvoir; ce faisant, nous sous-estimions l'homme et nous prouvions notre manque d'imagination politique.

Je reste fondé à penser que les Français – et d'abord

les élus de la nation – qui ont dit non à de Gaulle en 1958 ont eu raison. Il y a des principes sur lesquels on ne transige pas[1]; c'était déjà vrai en 1940. Je constate seulement que la plupart de leurs pronostics – de nos pronostics – se sont révélés erronés. Je n'en tire pas la conclusion que les intellectuels ont généralement moins de flair que le peuple dans sa spontanéité : le bons sens politique des masses, notre XXᵉ siècle a saigné de ses bévues autant que des divagations des penseurs. Il me semble qu'on doit seulement retenir cette leçon modeste qu'entre toutes les disciplines la politique, comme disait Valéry de l'histoire, est « une petite science conjecturale ». Tant mieux pour la liberté.

1. Voir le texte de P. Mendès France cité p. 281.

L'idée de ce petit livre m'est venue en constatant que mon système de références n'était plus celui de mes étudiants. Ou, plus exactement, puisque mes étudiants sont d'âges très divers, en observant la réalité des générations : ce que je supposais connu de tous ne l'était en fait que des gens de mon âge. Je me suis donc appliqué à retrouver un peu de mes vingt ans pour en faire mieux sentir le contexte.

Les générations, certes, ne sont pas d'un bloc : les contradictions d'une société se retrouvent dans chaque strate démographique. Toutefois, les gens du même âge ont vécu les mêmes événements, ils ont eu la vingtaine dans un certain état de société, ils ont dû affronter souvent les mêmes difficultés : quelles que soient les divergences de leurs conditions, de leurs attitudes, de leurs itinéraires, ils arrivent très souvent à se comprendre à demi-mot, cependant que certaines allusions au temps de leurs vingt ans restent d'un mystère opaque pour leurs cadets.

Sans vouloir épuiser le sujet, je voudrais, en guise de conclusion, retenir deux traits qui me semblent caractériser la génération de 1958.

En premier lieu, nous avons été la dernière génération de la France poujadiste. L'archaïsme de notre pays nous affligeait. Il nous suffisait d'un voyage linguistique en Angleterre pour éprouver à notre retour la désuétude de notre paysage urbain. Personnellement, je vivais dans la proche banlieue dans un quartier complètement insalubre qui a été rasé dans les années soixante : entre les promenades de mon enfance à travers cette commune et celles que je puis y refaire aujourd'hui, je constate la brutalité de la mutation, tout autant que les Parisiens du XIIIe ou du XVe arrondissement. Les générations qui ont suivi ont eu à se plaindre de ce bouleversement urbain, de la construction des tours babéliennes, de la frénésie de la voiture qui a saccagé les anciennes sociabilités citadines, etc. Je ne dis pas que les hommes de quarante ans sont insensibles à ces ravages, disons pompidoliens – puisque Georges Pompidou a assumé explicitement les dévastations de la ville. Il reste que pour ceux qui ont connu le temps où les taudis étaient la règle, où les locataires d'un même immeuble étaient condamnés à prendre leur tour devant la seule unité de ce qu'en termes bien mal appropriés on appelle les lieux d'aisance, quand ce n'était pas, le broc à la main, devant la fontaine publique, les « dégâts du progrès » ne mobilisent pas la même attention[1]. Quand le discours des écologistes, dont j'approuve personnellement les intentions, prend des tournures nostalgiques, il ne faut pas s'étonner s'ils n'ont pas l'oreille de ceux qui ont connu les horreurs quotidiennes d'autrefois, à la campagne comme à la ville. Je ne cherche pas à minimiser le malheur qu'on éprouve aujourd'hui à vivre dans certaines HLM; je constate seulement qu'en d'autres temps l'espoir d'obtenir une HLM était rarement satisfait. Qu'on se souvienne que le plus grand nombre des familles françaises lors de nos vingt ans, ne disposaient d'aucun des appareils ménagers dont elles sont pourvues aujourd'hui et n'avaient pas à leur disposition de cabinet de toilette – pour ne pas parler des salles de bains (on se lavait dans la cuisine ou aux bains-douches municipaux). Dans cette

1. Notons qu'en 1977 le progrès dans ce domaine laissait encore beaucoup à désirer : près de 20 % des résidences de l'Ile-de-France restaient sans W-C privés (*le Monde*, 1er novembre 1977).

société du manque et de la misère visible (et ce n'était pas seulement dans nos maisons, c'était aussi à l'Université, dans les usines et dans les champs), l'idée du progrès s'enracinait d'autant plus fortement que la machine économique était relancée à vive allure : la société de consommation n'existait pas encore mais on y aspirait.

La répétition des guerres coloniales complétait le tableau de la France poujadiste, crispée sur le passé. J'ai présenté dans mon récit quelques échantillons de cet aveuglement colonialiste, je n'y insiste pas. Mais l'attachement pathologique à l'Algérie (je ne parle pas du peuple pied-noir légitimement attaché à sa terre), l'entêtement des gouvernements à refuser l'idée même d'une *évolution* de l'Algérie vers l'indépendance illustrait dans un autre domaine et, selon l'expression de Bernanos, le crépuscule des vieux. Nous nous sentions, nous génération numériquement très faible, écrasés sous le poids de la gérontocratie passéiste et colonialiste.

Le second trait que je relève concerne la politique. Toutes les générations prennent avec les ans des leçons de relativisme dans ce domaine. De cette vieille France, dont les retards et les misères nous paraissaient insupportables, nous pensions que la gauche seule pourrait changer le visage. Mendès France nous était apparu comme le symbole et le chef opérateur de cette modernisation nécessaire, l'homme de la « République moderne ». Nous croyions en l'Etat (Sartre, cité plus haut, disait lui-même en 1958 qu'il nous fallait un Etat fort) comme nous croyions au Progrès : mobiliser les masses dans un vaste travail planifié de reconstruction et de redistribution, sous la houlette d'une gauche efficace, cela s'imposait tout comme la liquidation des séquelles coloniales. On comprendra à ce sentiment de quel soutien pouvait encore bénéficier le mythe stalinien jusqu'en 1956 : Staline, c'étaient les plans quinquennaux, la rationalité mise au service du développement et du bonheur général. Or, la gauche, prise dans son ensemble, s'est révélée absolument incapable aussi bien d'en finir avec la guerre d'Algérie que d'assumer la « révolution tranquille » de la société. Cette incapacité tenait aux divisions historiques qui l'écartelaient mais aussi aux faiblesses intrinsèques de nos deux grands partis « ouvriers » : qui a vécu l'automne 1956 à l'âge des grandes ferveurs militantes reste à tout jamais marqué par le double choc de « Suez » et de « Budapest ». Référence historique fondamentale pour une génération, quelles que soient les conclusions qu'on en tire pour son usage personnel.

La suite des événements acheva de déranger nos certitudes. Ce que nous attendions de la gauche : la fin des guerres coloniales, le redressement intérieur et extérieur d'un pays soumis et quémandant à son protecteur américain, la modernisation, c'est finalement sous le régime gaulliste que cela s'est fait. Paradoxe douloureux et pour beaucoup inadmissible. Car, en même temps, les structures politiques du pays appelaient toutes les critiques des démocrates. Nous étions passés d'un régime parlementaire impuissant à un despotisme éclairé et efficient. C'était une régression en même temps qu'une avancée. Nous n'avions pas fini d'être troublés, et les *non* entêtés que nous opposions aux référendums gaullistes ne résolvaient rien.

Entrer dans la modernité sous la bannière de celui qui nous paraissait le plus archaïque des chefs d'Etat; voir enfin s'accomplir la décolonisation grâce au plus autoritaire des régimes que la France ait connus, Vichy mis à part, depuis Badinguet – oui, c'étaient là, entre autres, de beaux sujets de méditation pour chacun de nous.

Le paysage s'est modifié, le général est mort, la crise économique n'a fait que multiplier les « désillusions du progrès »... Nous voici loin de nos vingt ans – et pourtant leur empreinte reste sur nous indélébile.

Nugola Vecchia
été 1977

Postface à la deuxième édition

La première édition de ce livre date du printemps 1978 : c'était une sorte de « Vingt ans après ». En relisant ces pages aujourd'hui, j'ai conscience qu'on peut être surpris par leur ton polémique. Pourtant je ne me sens pas tenu de le regretter. A partir du moment où je ne donnais pas à publier le matériau brut (mais quel éditeur aurait accepté de faire imprimer mes carnets, ce fatras!), je devais, pour être vrai, en restituer la tonalité, ce frémissement quotidien devant l'actualité et jusqu'au pathos du militant. Quitte à substituer à la figure de l'imbécile heureux celui de l'imbécile malheureux. Le « malheur » politique, quand on ne le subit pas de plein fouet, quand il ne s'abat pas sur vous directement sous la forme de la tyrannie, de la guerre ou de la guerre civile, ce malheur-là, il est ordinaire d'en prendre son parti : il ne fait pleurer que d'un œil. Mon Dieu, pourrions-nous dire en parodiant Chamfort, délivrez-moi du malheur privé, je me charge du reste.

... Reste que ces trois années, 1956, 1957, 1958, sont des années de tempête permanente : le vent calmé, elles n'ont pas laissé le paysage intact; à bien des égards, nous vivons dans les reconstructions plus ou moins fragiles qu'elles ont rendues nécessaires. Voilà la justification que je concède à ce récit purement politique, où l'on chercherait en vain le portrait fouillé d'une génération. A tout le moins, mon témoignage n'est pas d'un isolé : le temps qui passe ne doit pas éroder la mémoire en même temps que nos sentiments. De Lacoste *Pugilator* à Fabius *Cunctator*, toute l'eau coulée sous les ponts en près de vingt années, je l'ai mise dans mon vin; pour autant, je n'oublie pas les indignations juvéniles qui ont compté dans l'éducation politique de bon nombre de gens qui ont aujourd'hui entre 45 et 55 ans. Même s'ils en ont tiré des conclusions divergentes, ce dégoût initial et conjoint, chez maints intellectuels, face à la SFIO et au PCF, reste une donnée de notre histoire récente.

Un reproche qu'on m'a fait est que, pour attentif que j'aie été à balancer mes accusations – ainsi sur les poujadistes, les pieds-noirs, voire les communistes –, j'aurais, sur le parti socialiste, manqué à l'obligation de nuance, qu'on attend d'un historien. Il ne faut pas être grand clerc pour en comprendre la raison : on a toujours moins d'indulgence pour les défaillances de sa propre famille. Car, malgré que j'en aie, cette gauche non communiste reste ma famille et ma sévérité est à proportion de mon attachement. Du reste, les excès mal tempérés de ma hargne, je leur ai laissé libre cours comme un trait d'époque. Ce que la haine du « national-molletisme » a déposé chez certains, je ne voudrais en donner que cette preuve anecdotique : dans une lettre, adressée par un ami écrivain me disant avoir partagé toutes mes réactions, celui-ci, plutôt buveur d'eau, me confie : « t'ai-je dit que j'ai bu du champagne le soir de la mort de Guy Mollet? » De ces libations funèbres, on pensera ce qu'on voudra, mais elles prouvent, au moins, aux fidèles de l'ancien maire d'Arras, saisis d'une horreur sacrée en découvrant mon « accumulation d'insultes », que si fureur il y a dans ma chronique, c'est que fureur il y avait chez des milliers de jeunes Français contre leur Secrétaire général.

Un pareil état d'esprit, du reste, n'était pas localisé dans une seule génération. J'en veux pour preuve cette autre lettre, datée du 13 avril 1978, écrite par un ancien ministre socialiste, Edouard Depreux, dont le témoignage ne me paraît pas insignifiant :

« Mon cher ami,

» Un grand merci! Dès réception de vos chroniques, nous nous sommes [ma femme et moi] littéralement rués sur elles, en interrompant la lecture d'un volumineux bouquin sur Louis XI, et vous ne sauriez imaginer le régal que cela a été pour nous.

» Comme je l'ai dit hier au téléphone à Daniel Mayer, j'ai été frappé qu'en dépit d'une différence d'âge, de responsabilités et de formation, mes réactions sur presque tous les événements de 1956, 57 et 58 aient été, je ne dirais pas seulement proches, mais identiques. Bien sûr, pour vous la SFIO était symbolisée par la trinité Mollet-Lacoste-Lejeune, pour moi elle restait le parti de Jaurès, Léon Blum et Jean Longuet que je ne désespérais pas de rénover de l'intérieur. Peut-être y ai-je cru trop longtemps. C'était notamment l'avis de mes enfants – Jacques a quitté avec éclat la SFIO lorsque Naegelen a truqué les élections en Algérie et Geneviève n'y a jamais adhéré, alors que le jour même de la fondation du PSA, elle est devenue une militante très active. Il est probable que si j'avais eu leur âge, et à plus forte raison le vôtre, je n'aurais pas pris ma carte de ce parti.

» Mais mes efforts de rénovation intérieure étaient-ils totalement chimériques? et le parti méritait-il d'être définitivement gouverné par Guy Mollet? Vous pensez bien que je me suis posé la question. [...]

» La démocratie n'y fonctionnait pas de manière parfaite; les grandes fédérations Nord, Pas-de-Calais, Bouches-du-Rhône, Haute-Vienne, et ce qu'on ne sait pas suffisamment Sénégal, y jouaient un rôle capital, faussé par une sorte de " centralisme démocratique ". La fédération de la Seine était empoisonnée par l'atmosphère nettement nauséabonde qui fonctionnait à Puteaux. Daniel Mayer a non sans malice fait observer plusieurs fois qu'André Philip, lui et moi, si nous ne recueillions pas dans les congrès la majorité des voix, obtenions néanmoins la majorité des applaudissements.

» Vous avez remarqué que j'avais obtenu contre Guy Mollet un vote hostile à la participation en 1958 et que, d'autre part, 49 députés socialistes ont voté comme Daniel Mayer, Verdier et moi contre l'investiture à de Gaulle, alors que 42 ont voté pour avec Guy Mollet. En surveillant bien le fonctionnement de la démocratie interne et en ne limitant pas nos efforts à la préparation des congrès, comme cela avait été notre faiblesse, mais en y travaillant toute l'année, nous pouvions raisonnablement espérer conquérir la majorité, même en contractant avec Defferre une alliance tactique (et qui aurait de toute évidence été précaire) ou uniquement par une espèce d'hostilité viscérale pour Mollet.

» En cas de victoire, nous aurions immédiatement procédé de manière spectaculaire à l'exclusion de Lacoste et Lejeune en donnant à cette mesure de salubrité le maximum de publicité. Puis nous aurions sollicité l'adhésion de Mendès France que j'avais de bonnes raisons de croire, dans ces conditions, très possible. Il aurait fallu bien entendu ne pas lui confier un rôle déterminant dans la direction du parti, mais faire de lui le candidat à la direction du gouvernement. Tout était prévu. Nous n'aurions pas retenu Guy Mollet qui, ulcéré par la perte de la majorité et le renouvellement du personnel dirigeant aurait proposé sa démission. Bien sûr, Naegelen aurait été écarté d'une manière ou d'une autre et nous aurions, en prenant le moins de mesures disciplinaires possible procédé à la renaissance d'un véritable socialisme. Les événements ne l'ont pas permis et il est vain de réécrire l'histoire. Le fait que j'ai patienté si longtemps a accru ma méfiance pour la gauche officielle et ses partis traditionnels. Concevez que j'ai quelques raisons pour cela.

» Il me paraît évident que si nous avions réussi à rénover le parti de l'intérieur nous aurions contribué à le débarrasser de toutes ses scories. Cela aurait représenté un double avantage : 1) l'expérience prouve que ceux qui partent sont handicapés au profit de ceux qui restent; 2) et surtout, nous aurions clairement démontré que nous ne voulions pas créer un petit parti socialiste de gauche en face des deux autres partis, mais faire disparaître complètement le national-molletisme qui s'était à jamais disqualifié, et créer à côté du parti communiste un grand parti ouvert selon l'expression que nous employions sur nos banderoles " socialistes, à tous les socialistes, rien qu'aux socialistes ". Or il était clair que les colonialistes n'étaient pas ou n'étaient plus socialistes. Vous avez d'ailleurs remarqué leur disparition, non seulement au quartier Latin, aux universités, dans les manifestations, aux sociétés savantes, à la Mutualité, etc. N'étaient en réalité présents que deux partis : le PC et la gauche nouvelle comprenant les minoritaires socialistes. Nous avons essayé de faire le même travail au PSU mais avec un handicap : le risque de marginalisme auquel nous condamnait la persistance d'abord théorique de la SFIO. [...] »

Cette histoire douloureuse de la Gauche, nous n'avons pas fini d'en lire de nouveaux chapitres : je n'en dirai pas plus. C'est le sujet d'un autre livre. Pour en rester à ces trois années qui nous occupent – à ces Trois piteuses –, je voudrais présenter deux autres témoignages en raison des horizons d'où ils me sont venus et qui étaient éloignés du mien. Le premier est de François Goguel, ancien président du Conseil constitutionnel, dont les convictions gaullistes sont notoires. Il m'écrivait le 24 avril 1978 :

« [...] Histoire subjective ? Peut-être. Mais certainement pas trop, en ce sens qu'elle ne se prétend pas objective et qu'elle constitue, me semble-t-il, un document de tout premier ordre sur la façon dont les événements de ces années ont été perçus et compris par beaucoup de ceux de votre génération, et probablement par les meilleurs. La chronique que je pourrais écrire sur le même thème recouperait la vôtre sur certains points, s'en éloignerait sur d'autres. Mais la vôtre est bien précieuse, [...] En mai 1958, j'ai très vite pensé que la République ne pourrait être sauvée que si elle faisait appel à de Gaulle et si celui-ci acceptait de se conformer aux rites de l'investiture. Dans la mesure où je l'ai pu j'ai agi dans ce sens – d'un côté pour que la nécessité de cet appel fût comprise, de l'autre pour que la nécessité d'accepter de se rendre au Palais-Bourbon pour lire une déclaration d'investiture fût admise. Notre état d'esprit du moment n'était pas le même, mais notre jugement rétrospectif doit être à peu près le même. Une République se mourait en 56-58, mais la République n'est pas morte. [...] »

Pour finir, c'est un historien polonais, Krzysztof Pomian, qui sera mon dernier témoin. Lui a vécu, à Varsovie, le grand espoir de la déstalinisation. Depuis la « normalisation » qui a suivi, il a pris le chemin de l'exil et vit aujourd'hui parmi nous :

« [...] Dans les années dont vous parlez, je n'ai fait qu'un bref séjour en France. Mais j'y avais beaucoup d'amis, étudiants comme moi, je lisais la presse, je suivais attentivement les événements. Ce qui m'a le plus frappé dans votre livre – et qui en fait une grande réussite – c'est que vous êtes parvenu à restituer le climat de l'époque et surtout : la manière dont ont vécu l'histoire et dont ont réagi à ce qui se passait certains parmi ceux qui avaient alors vingt ans. Certes, les différences étaient grandes entre un étudiant parisien, issu d'un milieu chrétien, et un étudiant varsovien, issu d'un milieu communiste. Et pourtant, combien les similitudes sont nombreuses. En vous lisant, je me revoyais dans d'autres amphis que les vôtres, pendant d'autres réunions, ou d'autres manifs en 1956-57, notre intermède de liberté était très court. Je n'ai pas trouvé dans votre livre une seule fausse note : ni idéalisation, ni noircissement; tels nous étions, me semble-t-il, avec nos illusions nos espoirs, nos déceptions, nos erreurs. Plus j'y pense, plus j'ai le sentiment que toute notre génération est à jamais marquée par l'expérience de ces années. [...] »

Sans chercher dans ces témoignages, choisis entre bien d'autres semblables, des excuses à mes hyperboles et à mes iniquités, je les produis comme des preuves : si j'ai alors bavé, écumé, suffoqué, il s'en faut que j'aie été un cas particulier, mes nouveaux lecteurs, plus jeunes, doivent en être convaincus. Au demeurant, la passion politique n'est toujours que d'un petit nombre : c'est précisément l'atonie générale de la nation, occupée à ses soucis quotidiens, qui m'enrageait, – en quoi je dépassais sans doute la permission d'être naïf.

Paris, septembre 1984

ANNEXES

1956

Au 1er janvier 1956, la France compte 43441600 habitants. Les moins de vingt ans représentent 31,5 % du total, les plus de soixante-cinq ans, 11,5 %. Le taux de natalité est à peu près de 18 ‰, le taux de mortalité de 12 ‰, l'accroissement naturel de la population est donc de 6 ‰. Par comparaison, en 1976, la natalité était descendue à 13,6 ‰, la mortalité à 10,5 ‰ et le taux d'accroissement naturel à 3,1 ‰.

L'accès aux études supérieures est alors un privilège. Lors de l'année universitaire 1955-1956, la France ne compte que 180000 étudiants environ (contre près de 900000 en 1973-1974). En 1956, 2877 licences de lettres ont été délivrées (contre 23000 en 1973).

En librairie, il faut signaler :

Louis Aragon, *le Roman inachevé*; Gallimard, Michel Butor, *l'Emploi du temps*, Ed. de Minuit; Albert Camus, *la Chute*, Gallimard; Jean Cayrol, *le Déménagement*, Ed. du Seuil; E.-M. Cioran, *la Tentation d'exister*, Gallimard; Jean Dutourd, *les Taxis de la Marne*, Gallimard; Lucien Goldmann, *le Dieu caché*, Gallimard; Pierre Hervé, *la Révolution et les Fétiches*, La Table Ronde; Franz Kafka, *Lettres à Milena*, Gallimard; Emmanuel Mounier, *Mounier et sa génération*, Ed. du Seuil; Monique Nathan, *Virginia Woolf par elle-même*, Ed. du Seuil; André Parinaud, *l'Affaire Minou Drouet*, Julliard; Françoise Sagan, *Un certain sourire*, Julliard; Nathalie Sarraute, *l'Ere du soupçon*, Gallimard; Victor Segalen, *les Immémoriaux*, Plon; Kateb Yacine, *Nedjma*, Ed. du Seuil.

Le prix Goncourt est attribué à Romain Gary pour *les Racines du ciel*, Gallimard.

Cette année-là meurt Bertolt Brecht, le 14 août. Le dramaturge allemand, dont le TNP notamment montera quelques-unes des pièces les plus célèbres pour le public français, s'impose alors à la critique comme un modèle.

Sur les planches parisiennes, l'événement est l'adaptation par A. Camus du roman de W. Faulkner, *Requiem pour une nonne*.

Au cinéma, deux films français feront date :

Et Dieu créa la femme, de Vadim

« Rien n'est moins hypocrite que le film de Vadim et que Brigitte Bardot, petit sphinx chevelu échappé d'une toile de Leonor Fini. Que ceux qui en doutent aillent l'entendre, courant pieds nus dans les vignes après un certain Socrate à longues oreilles, s'écrier : « Quel cornichon, ce lapin! » (Jacques Doniol-Valcroze). Le mythe BB est lancé.

Un condamné à mort s'est échappé, de R. Bresson

Avis enthousiaste d'André Bazin, pape de la critique cinématographique (*les Cahiers du cinéma, France-Observateur...*) : « On a qualifié Bresson de Monsieur Teste du cinéma; il en est plutôt le saint Jean de la Croix, acharné à créer autour du sujet cette nuit du sens où la vérité pourra luire de tout son éclat. »

L'année, d'ailleurs, est féconde :
Beau fixe sur New York (Stanley Donen/Gene Kelly); *Il Bidone* (Federico Fellini); *la Cinquième Victime* (Fritz Lang); *Dossier secret*, alias *Monsieur Arkadin* (Orson Welles); *Fièvre sur Anhatan* (Josef von Sternberg); *la Fureur de vivre* (Nicholas Ray); *Lola Montès* (Max Ophuls); *la Mère* (Marc Donskoï); *Senso* (Luchino Visconti); *Sept Ans de réflexion* (Billy Wilder); *les Sept Samouraïs* (Akira Kurosawa); *Sourires d'une nuit d'été* (Ingmar Bergman); *la Prisonnière du désert* (John Ford); *la Traversée de Paris* (Claude Autant-Lara).

Le 26 août meurt le célèbre sexologue américain Alfred C. Kinsey :

Dans une oraison funèbre publiée par *France-Observateur*, Daniel Guérin chante les vertus libératrices de l'œuvre de Kinsey : « Admirons [...] que la société américaine, capitaliste et puritaine, ait pu engendrer sa propre négation en produisant une telle œuvre, et sachons gré à Kinsey, au moment de lui dire adieu, d'avoir rendu le goût de vivre à tant d'opprimés sexuels et apporté une contribution aussi marquante à l'émancipation humaine. »

*Chronologie**

Janvier

2 Elections législatives. Les communistes gagnent 50 sièges. Une surprise : la poussée poujadiste (52 sièges).

19 Bagarres à Montpellier entre étudiants français et étudiants algériens.

Février

1er Guy Mollet investi président du Conseil; le général Catroux, ministre résidant en Algérie.

2 Jacques Soustelle quitte Alger sous les applaudissements de la population européenne.

6 G. Mollet à Alger, graves manifestations d'hostilité; Robert Lacoste nommé ministre résidant à la place du général Catroux.

7 Pierre Hervé, exclu du PCF.

14 Ouverture du XXe Congrès du parti communiste de l'URSS. Rapport « secret » de Khrouchtchev, le 25 février.

28 Les congés payés étendus à trois semaines.

Mars

2 L'indépendance du Maroc est reconnue par la France.

7 Ouverture du procès sur l' « affaire des fuites ».

9 *L'Express*, quotidien depuis octobre 1955, redevient hebdomadaire.

12 L'Assemblée nationale vote la loi sur les pouvoirs spéciaux pour l'Algérie (455 voix contre 76).

* Les chronologies, p. 257, p. 269, p. 275, ont été établies au moyen :
– des chronologies annuelles du *Monde*,
– des trois volumes de *l'Année politique* (1956, 1957, 1958).
– du livre *la Torture dans la République*, de Pierre Vidal-Naquet (Ed. de Minuit). On trouvera dans ce dernier ouvrage, dont la version française a paru en 1972, une remarquable bibliographie sur la guerre d'Algérie.

14 Christian Pineau, ministre des Affaires étrangères, rencontre Nasser au Caire.
20 L'indépendance de la Tunisie est reconnue par la France.
29 Réhabilitation de l'ancien ministre hongrois Lazslo Rajk, exécuté en 1949.

Avril

4 Désertion en Algérie de l'aspirant Maillot, qui disparaît avec un camion d'armes.
11 Le Conseil des ministres décide le rappel des disponibles et la dissolution de l'Assemblée algérienne.
17 Rainier III, prince de Monaco, épouse Grace Kelly.
18 Un nouveau quotidien, *le Temps de Paris*. Lancé pour concurrencer *le Monde*, il ne tiendra que jusqu'au 3 juillet.
Khrouchtchev et Boulganine à Londres.
22 Ralliement de Ferhat 'Abbās au FLN.

Mai

4 Khrouchtchev reçoit à Moscou une délégation de la SFIO.
15 G. Mollet et Ch. Pineau en URSS.
18 Palestro : 19 soldats français massacrés et mutilés.
20 Fin de l'affaire des fuites. Baranès acquitté, succès de Me Tixier-Vignancour.
22 Pierre Mendès France, ministre d'Etat, quitte le gouvernement.

Juin

2 Visite de Tito en URSS.
4 Procès des « amants maudits ». Denise Labbé est condamnée, pour le meurtre de sa fille, aux travaux forcés; son amant, Jacques Algarron, à vingt ans de bagne.

> « En somme, le crime d'Algarron, c'est d'avoir abusé Denise Labbé, lui, le beau parleur, lui, l'homme qui sait le sens des mots et la relativité des mots, c'est d'avoir *saoulé de mots* jusqu'au délire, jusqu'au coma, la fille sans défense et sans moyens de s'exprimer [...] qui voyait dans ce langage la clé de tous les paradis » (Henri-François Rey).

5 La confiance est accordée au gouvernement Mollet par 271 voix contre 59 et 200 abstentions (dont les communistes).
18 L'évacuation par les Anglais de la zone du canal de Suez est marquée au Caire par des grandes fêtes, auxquelles assiste Chepilov.
19 Première exécution, à Alger, de musulmans membres du FLN.
20 Début de la bataille d'Alger.
28 Emeutes de Poznan.

Juillet
5 Grève générale des musulmans dans le département d'Alger.
18 Du 18 au 21, Congrès national du PCF au Havre.

« Il est très vrai de dire qu'au lendemain du rapport Khrouchtchev nous avons tressailli d'espérance.
On attendait du parti communiste français une autocritique probe; une désolidarisation d'avec le crime qui le disculpât; pas un reniement, mais un nouveau et solennel départ; quelque chose comme le parti communiste fondé une seconde fois... Au lieu qu'au Havre, nous n'avons vu qu'entêtement dans l'erreur; persévérance dans le mensonge; absurde prétention de ne s'être jamais trompé; bref, chez des pontifes plus que jamais pontifiant, une incapacité sénile à se déprendre de soi-même pour se hausser au niveau de l'événement et toutes les ruses puériles d'un orgueil sacerdotal aux abois » (Aimé Césaire).

La science marxiste de Maurice Thorez, théoricien de la paupérisation absolue du prolétariat :
« Le travailleur de Paris mange moins de viande que sous le second Empire » (*Cahiers du communisme*, mars/juillet 1955).

26 Les Etats-Unis et la Grande-Bretagne ayant refusé leur concours à la construction du barrage d'Assouan, le président de la République égyptienne, le colonel Nasser, proclame la nationalisation du canal de Suez.

Août

2 L'Assemblée nationale condamne la nationalisation du canal de Suez par 422 voix contre 160.
Les Etats-Unis, la Grande-Bretagne et la France affirment le caractère international du canal et invitent les 24 principaux usagers à une conférence. Refus de l'Egypte et de la Grèce.

3 G. Mollet et Ch. Pineau proclament leur volonté de s'opposer « jusqu'au bout » aux prétentions de Nasser.

4 Gomulka est réintégré dans le parti communiste polonais.

12 Nasser propose la réunion de 45 pays en vue d'une révision de la convention de 1888 sur Suez.

16 Ouverture à Londres de la conférence des Vingt-Deux.
Grève de protestation dans les pays musulmans.

17 Interdiction du parti communiste de l'Allemagne de l'Ouest.

23 Fin de la conférence de Londres. 17 pays approuvent le plan Dulles et désignent un Comité des Cinq, pour transmettre leurs propositions à Nasser.
Khrouchtchev déclare qu'en cas d'agression en Egypte des volontaires soviétiques y combattraient.

Septembre

1er Pierre Commin, au nom de la SFIO, entre en contact à Rome avec trois leaders FLN : Khider, Kiouane et Yazid.

9 Nasser rejette le plan Dulles présenté par le Comité des Cinq.

10 Lancement de l'emprunt national 1956 pour couvrir les dépenses exceptionnelles en Algérie.

12 La Compagnie universelle du canal de Suez « autorise » ses pilotes à quitter leurs postes.

15 Arrivée au Caire de pilotes soviétiques.
André Vial, président de l'Association de la jeunesse catholique française, démissionne.

18 Réhabilitation de Kostov en Bulgarie.

19 Khrouchtchev à Belgrade.

27 Tito en Crimée.
Début des procès de Poznan.

28 Pour la première fois en Europe continentale, production d'électricité d'origine nucléaire à Marcoule.

30 Premiers attentats FLN à la bombe dans des cafés d'Alger : un mort, 62 blessés.

Octobre

1er La grève scolaire ordonnée par le FLN est largement suivie dans l'Algérois.
L'Association des usagers du canal de Suez constituée.
2 39 soldats tués dans l'Atlas saharien.
6 Funérailles nationales de Rajk à Budapest.
11 Congrès radical-socialiste à Lyon. André Morice et 13 autres députés créent un parti dissident de même appellation.
14 Réintégration d'Imre Nagy dans le Parti des travailleurs hongrois.
16 L'*Athos*, transportant une cargaison d'armes destinées au FLN, est arraisonné au large des côtes oranaises.
19 Gomulka réintégré par le Comité central du parti ouvrier unifié polonais.
Krouchtchev et une délégation soviétique arrivent à Varsovie.
Le maréchal Rokossovski, vieux stalinien, n'est pas réélu au bureau politique.
21 Le sultan du Maroc reçoit à Rabat cinq dirigeants du FLN.
22 L'avion qui transporte les dirigeants du FLN de Rabat à Tunis est dérouté sur Alger. Arrestation de Ben Bella et de ses compagnons. Le sultan et Bourguiba rappellent leurs ambassadeurs à Paris. A Meknès, plusieurs dizaines de Français sont massacrés. Alain Savary, secrétaire d'Etat aux Affaires tunisiennes et marocaines, donne sa démission.
23 Insurrection populaire à Budapest. Gerö fait appel aux troupes soviétiques. Nagy devient président du Conseil.
25 Kádár remplace Gerö au poste de premier secrétaire du parti hongrois.
27 Nagy forme un nouveau gouvernement de Front national.
28 Libération par les autorités polonaises du cardinal Wyszinsky.
29 Les troupes israéliennes pénètrent en Egypte.
30 Ultimatum franco-britannique à Israël et à l'Egypte. Violente opposition des travaillistes en Angleterre.
Le Conseil de sécurité condamne Israël et demande un cessez-le-feu immédiat.
L'armée hongroise libère le cardinal Mindszenty.
31 Rejet de l'utilmatum franco-britannique par l'Egypte.
Les avions français et anglais bombardent les aérodromes égyptiens.

Novembre

1er L'Egypte rompt ses relations avec la Grande-Bretagne et la France.

Nagy proclame la neutralité de la Hongrie.

2 Session extraordinaire de l'ONU. Adoption par 64 voix contre 5 de la résolution américaine recommandant le cessez-le-feu immédiat en Egypte.

3 Les Egyptiens bloquent le canal de Suez en y coulant plusieurs bateaux.

4 Retour des troupes soviétiques. Occupation de Budapest. Nagy se réfugie à l'ambassade de Yougoslavie. Kádár forme un nouveau gouvernement. Manifestations en Europe contre l'intervention soviétique.

L'Assemblée générale de l'ONU demande le retrait immédiat des troupes soviétiques de Hongrie. Elle décide la formation d'une police internationale, pour le Proche-Orient.

5 Le maréchal Boulganine met en demeure la France, la Grande-Bretagne et Israël d'arrêter leurs opérations en Egypte.

6 La France, la Grande-Bretagne et Israël s'exécutent.

8 Le corps de débarquement occupe le canal de Suez sur 24 kilomètres au sud de Port-Saïd.

Les combats se poursuivent à Budapest, où la grève reste générale.

13 Radio-Budapest diffuse une déclaration de Kádár selon laquelle les principaux responsables « de la politique hostile aux intérêts du peuple travailleur » pratiquée par la « clique Rákosi-Gerö » ne pourront à l'avenir remplir aucune fonction ni dans le parti ni dans le gouvernement.

Echec de la « Journée d'action contre le fascisme » organisée par la CGT.

15 Inscription de la question algérienne à l'ONU. Protestation contre cette décision du ministre des Affaires étrangères d'Afrique du Sud.

21 Réunion à Ivry du Comité central du parti communiste. Thorez affirme que « l'intervention de l'armée soviétique a représenté une démarche naturelle et nécessaire ».

22 Le gouvernement égyptien décide de transformer toutes les écoles françaises et anglaises en écoles égyptiennes.

G. Mollet lance à la radio un appel aux automobilistes pour obtenir d'eux un rationnement volontaire de l'essence.

Les délégués ouvriers, venus à Budapest de tout le pays

pour y tenir une assemblée générale ouvrière, que le gouvernement fait interdire dans la matinée, lancent un ordre de grève générale de 48 heures.
Disparition de Nagy.

23 Radio-Budapest annonce la fin de la grève générale : le gouvernement reconnaît l'autorité des Conseils ouvriers dans les usines.

24 Protestation yougoslave contre l'enlèvement de Nagy.

25 G. Mollet à Moulins déclare que, « sur le plan militaire, les opérations [d'Algérie] pourront bientôt être considérées comme terminées ».

26 A la radio, Kádár déclare que l'affaire Nagy est « historiquement dépassée ».

27 Protestation du Conseil ouvrier de Budapest contre le discours de Kádár.

27-28 Recrudescence du terrorisme en Algérie : important engagement à Tébessa et dans l'Ouest oranais; attaque d'un autocar dans la banlieue d'Alger.

29 L'ordre de grève lancé par l'Union générale des commerçants algériens (UGCA) en protestation contre les arrestations effectuées le 1er novembre, est suivi par la quasi-totalité des commerçants musulmans d'Alger.

Décembre

4 Début de l'évacuation de Port-Saïd par les troupes franco-britanniques.

6 P. Commin, secrétaire général de la SFIO par intérim, faisant le bilan de l'action gouvernementale au Moyen-Orient et en Algérie, déclare à Chaville qu'il est « pleinement satisfait ».

9 Le Conseil ouvrier hongrois publie un communiqué expliquant sa décision de lancer un ordre de grève générale de 48 heures. Ce communiqué, diffusé par la radio autrichienne, déclare que la grève a été décidée « pour protester contre l'activité, dirigée contre le peuple et les ouvriers, du gouvernement Kádár, appuyé par les Soviets ».
Radio-Budapest annonce que la loi martiale est proclamée et que le Conseil central ouvrier de Budapest est dissous, ainsi que tous les autres conseils ouvriers régionaux.

11 Grève générale en Hongrie. La délégation hongroise quitte la session de l'Assemblée de l'ONU.

12 La grève générale se poursuit en Hongrie.
Condamnation de la politique soviétique en Hongrie par l'ONU.

13 Fin de la grève générale en Hongrie.

14 Fin du système stakhanoviste dans l'industrie hongroise annoncée. Relèvement des salaires.
19 Mise en liberté provisoire d'André Mandouze et de trois autres inculpés poursuivis comme lui pour entreprise de démoralisation de l'armée et de la nation.
21 Saisie à Toulouse de *l'Espoir*, journal des libéraux d'Algérie.
24 Recrudescence du terrorisme (Constantine, Algérois, Blida).
28 Assassinat à Alger de Froger, président de l'Interfédération des maires d'Algérie.
29 Les obsèques de Froger sont marquées par de violents incidents racistes : 6 musulmans sont tués et 58 blessés.

1957

Ce sera une « année ordinaire », comme diront les commentateurs, la guerre d'Algérie étant devenue, elle aussi, chose ordinaire.

Un des événements de l'année, en France, a lieu dans le monde de la presse. Cino del Duca, qui édite déjà 7 hebdomadaires – *Festival, Ciné-Révélation, Nous Deux, Modes de Paris, la Vie en fleur, Intimité, Secrets de femmes* –, se lance directement dans la politique en rachetant *Franc-Tireur*, quotidien issu de la Résistance, de tendance socialiste, lequel devient *Paris-Journal*. Le tableau des tirages de la presse quotidienne à Paris est alors le suivant

France-Soir	1 350 000
Le Parisien libéré	880 000
Le Figaro	500 000
L'Aurore	480 000
L'Humanité	210 000
Le Monde	205 000
Paris-Presse	165 000
La Croix	150 000
Libération	110 000
Franc-Tireur/Paris-Journal	95 000

La télévision – qui n'a qu'une seule chaîne – n'a encore qu'une diffusion modeste puisque, au 31 décembre 1957, on ne compte en France que 683 000 postes récepteurs (en 1975 : 15 500 000); un peu plus de 6 % des ménages en sont équipés.

Dans le domaine littéraire, l'événement de l'année est l'attribution du prix Nobel à Albert Camus. Roger Stéphane, dans un méchant article de *France-Observateur*, rappelle qu'en d'autres temps l'Académie suédoise avait préféré Sully Prudhomme à Tolstoï. Cette fois, c'est Malraux l'oublié...

L'éditeur des deux années 1957-1958 est assurément Jérôme Lindon, directeur des Editions de Minuit, dont le double mérite est alors de lancer le « nouveau roman » (Butor, Simon, Robbe-Grillet et Cie), tout en publiant les grands livres de la résistance à la guerre d'Algérie.

Un témoignage de l'appelé en Algérie – particulièrement remarqué – est publié par Robert Bonnaud dans *Esprit* –, texte qui devait être repris plus tard dans *Itinéraire* (Ed. de Minuit) :

Un témoignage accablant

Je me souviens du jour où la compagnie, d'une patrouille matinale, leur[1] ramena deux Algériens, rencontrés dans la steppe, que le capitaine, je ne sais pourquoi, avait trouvés suspects. Ils s'en occupèrent aussitôt, sans même prendre la peine de préparer l' « électricité ». Poings velus armés de lourdes chevalières, avant-bras charnus, pieds chaussés de pataugas : ils visaient le bas-ventre, le foie, l'estomac, le visage. Quand le sang coula, quand le sol du gourbi en fut trempé, les malheureux, agenouillés, durent lécher le terrible mélange de leur propre terre et de leur propre substance. C'est dans cette position qu'ils reçurent, pour terminer (les tortionnaires étaient en nage), un grand coup de pied en pleine figure. On leur fit pendant une heure encore déplacer d'énormes pierres, sans autre but que de les épuiser et d'aggraver les saignements. Et le soir même ils furent libérés.

Histoire absurde, sadisme gratuit? Non. Dans ce pays, l'énorme majorité des suspects, et aussi de ceux qui ne le sont pas, aident réellement les patriotes, ne serait-ce que par leur silence. On ne court pas grand risque, par des tortures et des brimades intempestives, de se mettre à dos la population : le peuple algérien a perdu confiance en notre faux libéralisme et nos promesses menteuses. Si les innombrables tortionnaires qui mènent en Algérie la soi-disant Pacification font un métier déshonorant, ce n'est pas parce qu'ils tourmentent stupidement une bucolique population de braves paysans amis de la France; c'est parce qu'ils essaient de terroriser un peuple admirable, las de l'oppression française et quasiment unanime aujourd'hui dans son désir de liberté.

Extrait de l'article de Robert Bonnaud
« La paix des Nementchas », *Esprit*, avril 1957.

1. Il s'agit des gendarmes de Guentis.

Les ouvrages marquants de 1957 :

Daniel Anselme, *la Permission*, Julliard (roman sur la guerre d'Algérie); Raymond Aron, *Espoir et Peur du siècle*, Calmann-Lévy; Georges Bataille, *l'Erotisme*, Ed. de Minuit; Maurice Blanchot, *le Dernier Homme*, Gallimard; Michel Butor, *la Modification*, Ed. de Minuit (prix Renaudot); Albert Camus, *l'Exil et le Royaume*, Gallimard; Louis-Ferdinand Céline, *D'un château l'autre*, Gallimard; Maurice Clavel, *Une fille pour l'été*, Julliard; Ilia Ehrenbourg, *le Dégel*, Gallimard; Etiemble, *le Péché vraiment capital*, Gallimard; A. Koestler et A. Camus, *Réflexions sur la peine capitale*, Calmann-Lévy; Pierre-Henri Simon, *Contre la torture*, Ed. du Seuil; Boris Pasternak, *le Docteur Jivago*, Gallimard; Alain Robbe-Grillet, *la Jalousie*, Ed. de Minuit; Maximilien Rubel, *Karl Marx, essai de biographie intellectuelle*, Rivière; Saint-John Perse, *Amers*, Gallimard; Nathalie Sarraute, *Tropismes*, Ed. de Minuit; David Shoenbrun, *Ainsi va la France*, Julliard; Philippe Sollers, *le Défi*, Ed. du Seuil; P. Teilhard de Chardin, *le Milieu divin*, Ed. du Seuil; Roger Vailland, *la Loi*, Gallimard (qui obtient le prix Goncourt).

Au théâtre, il faut surtout signaler :

Fin de partie (Samuel Beckett); *Henri IV* au TNP; le succès d'Ionesco à la Huchette (*la Leçon* et *la Cantatrice chauve*); *le Journal d'Anne Frank*, au théâtre Montparnasse; le succès personnel de Jacques Duby, consacré grand comédien, dans *l'Œuf* de Félicien Marceau, à l'Athénée.

Les films à ne pas manquer en 1957 :

Les Amants crucifiés (Kenji Mizoguchi); *Ariane* (Billy Wilder); *la Blonde et Moi* (Frank Tashlin); *Cote 465* (Anthony Mann); *la Dernière Chasse* (Richard Brooks); *Femmes entre elles* (Michelangelo Antonioni); *Guerre et Paix* (King Vidor); *l'Invraisemblable Vérité* (Fritz Lang); *la Nuit des forains* (Ingmar Bergman); *Sept Hommes à abattre* (Bud Boetticher); *Un homme dans la foule* (Elia Kazan); *Un roi à New York* (Charles Chaplin); *Un vrai cinglé de cinéma* (Frank Tashlin); *la Vie criminelle d'Archibald de la Cruz* (Luis Buñuel).

A la fin de l'année, Mmes Roubéjansky et Cocéa présentent au théâtre des Arts *la Reine de Césarée* de Brasillach. Des anciens résistants et des militants de gauche manifestent dans la salle. Sartre écrit un grand article dans *France-Observateur* : « Quand la police frappe trois coups... » Marcabru, pris à partie, réplique dans *Arts* (décembre).

Miles Davis, soutenu par Kenny Clarke à la batterie, émerveille les fans de jazz à l'Olympia.

Dans le monde de la chansonnette, le père Duval à la guitare emplit le Vel' d'Hiv'. Pour imiter le célèbre jésuite, les dominicains lancent le RP Cocagnac, mais avec moins de succès. Quant aux profanes, ils s'attendrissent toujours sur Trenet qui refuse de vieillir; Brassens a déjà atteint la gloire (*la première fille qu'on a pris' dans ses bras*), Montand, Léo Ferré, Juliette Gréco, Gilbert Bécaud, les Frères Jacques, florilège de nos vingt ans...

Les Français rêvent de la société de consommation, mais ni le mot ni la chose n'existent encore. 17 % seulement des foyers français disposent d'un réfrigérateur (contre près de 90 % en 1974). Plus de 70 % des ménages ne disposent d'aucun appareil ménager (4 % en décembre 1975). Toutefois, l'essor de l'automobile est très net : plus du quart des ménages français en ont une.

La guerre des bustes fait rage aux Etats-Unis, Jane Russel (circonférence 98 cm) est battue par la nouvelle coqueluche Jayne Mansfield (105 cm). Pendant ce temps, l'UNESCO nous apprend que le Portugal compte encore 44 % d'illettrés – c'est un record en Europe.

Chronologie

Janvier

6 30 jours d'arrêts de rigueur au général Faure, adjoint au commandant de la division d'Alger, accusé d'entretenir des relations avec un « comité extrémiste ».

7 Le général Massu chargé du maintien de l'ordre de l'agglomération algéroise.

8 Attentat « ultra » à Alger contre le général Salan; le commandant Rodier est tué.

22 L'Assemblée nationale se déclare en faveur du Marché commun par 322 voix contre 207.

26 Nombreuses arrestations d'intellectuels en Hongrie.

28 Ordre de grève générale de 8 jours lancé par le FLN à l'occasion des débats à l'ONU.

Février

6 Nomination officielle du général Speidel au commandement des forces terrestres alliées du Centre-Europe.

25 Arrestation à Alger de Mohammed Larbi Ben M'Midi, membre du comité de coordination FLN. Il sera découvert mort quelques jours plus tard dans sa cellule.

Mars

23 « Suicide » de Me Ali Boumendjel.

24 Signature des traités de Rome sur l'Euratom et le Marché commun.

28 En protestation contre les méthodes de l'armée en Algérie, le général Paris de Bollardière demande à être relevé de son commandement. Il sera frappé de 60 jours d'arrêts de forteresse.
Guy Mollet obtient la confiance de l'Assemblée nationale sur sa politique algérienne, par 221 voix contre 118.

Dans un article de *France-Observateur*, Maurice Chavardès, rendant compte d'ouvrages de R. Guillain et de R. Dumont, écrit : « L'épopée agricole de la Chine [...] apparaît à l'observateur attentif, en tout état de cause, comme un défi lancé au monde occidental : l'agriculteur chinois a *maintenant* un niveau de vie *supérieur* à celui du paysan grec, portugais ou espagnol. »
Le mythe de la Chine est bien parti.

Avril

5 Institution par le gouvernement d'une « Commission de sauvegarde des droits et libertés individuels ».

8 Arrivée à Paris de la reine d'Angleterre, en visite pour trois jours.
Le canal de Suez est rendu à la navigation.

14 Louis Pradel remplace Herriot à la mairie de Lyon.

22 Arrestation en Hongrie de l'écrivain Tibor Déry; l'Union des écrivains hongrois est dissoute.

23 Le Dr Schweitzer lance un appel contre les expériences nucléaires. Joliot-Curie en dénonce publiquement les dangers.

Mai

20 Ibn Séoud se déclare partisan d'une aide arabe plus intense aux « rebelles » algériens.

21 Mise en minorité du gouvernement Mollet sur ses projets financiers.

23 Mendès France quitte la première vice-présidence du parti radical.

29 Massacre de Melouza (Kabylie).

Juin

10 Attentat au casino de la Corniche, dans la banlieue d'Alger. 8 morts, nombreux blessés.

11 Arrestation de Maurice Audin.

12 Explosion de la fusée intercontinentale Atlas, lancée à Cap Canaveral.
Investiture de Bourgès-Maunoury par l'Assemblée nationale.
Arrestation d'Henri Alleg.

21 Assassinat de Maurice Audin.

27-30 Congrès SFIO à Toulouse favorable au maintien de la politique Mollet-Lacoste en Algérie.

Juillet

2 John Kennedy, sénateur démocrate, dépose une résolution engageant le gouvernement américain à intervenir en faveur de l'indépendance de l'Algérie.

4 Le FLN réitère sa revendication d'indépendance algérienne, dont la reconnaissance doit être une condition préalable à toute négociation.

9 L'Assemblée nationale autorise la ratification des traités de Rome.

11 Du 11 au 15, procès de Djamila Bouhired.

15 Discours de Khrouchtchev à Ostrava (Tchécoslovaquie), où il est dit que « l'URSS va rattraper le niveau de vie des Etats-Unis » et que « bien beurré » le marxisme-léninisme aura « un meilleur goût ».

19 Déraillement du Paris-Côte d'Azur. 19 morts, 79 blessés.

20 Anquetil vainqueur du Tour de France.

Août

13 Agitation ouvrière en Pologne. 5000 employés des tramways en grève.

Septembre

2 Appel de Messali Hadj au peuple algérien pour que cessent les attentats en métropole.

4 Le gouverneur Faubus refuse d'assurer l'intégration raciale dans les écoles de Little Rock (Arkansas). Début d'incidents graves.

7 Déraillement du Paris-Nîmes. 26 morts, 31 blessés.

12 Démission de Paul Teitgen, secrétaire général chargé de la police à la préfecture d'Alger.

13 Projet de loi-cadre pour l'Algérie approuvé en Conseil des ministres : principe du collège électoral unique, institution d'organes fédératifs à Alger – mais l'Algérie reste partie intégrante de la France.

14 Condamnation à l'ONU par 60 voix contre 10 de l'intervention soviétique en Hongrie.

19 Un Mirage III dépasse la vitesse record de 2000 km/heure.

24 Arrestation dans la Casbah du chef FLN de la zone d'Alger, Yacef Saadi.

30 La loi-cadre est repoussée par le Parlement. Chute du gouvernement Bourgès-Maunoury.

Octobre

2 Démission de R. Delavignette de la Commission de sauvegarde des droits et libertés individuels. Démission suivie peu de temps après de celles de Maurice Garçon et

Pierret-Gérard. Lacoste et Morice inspectent le barrage électrifié de la frontière algéro-tunisienne destiné à entraver les mouvements des combattants algériens.
3 Troubles à Varsovie après la suspension de l'hebdomadaire *Pro Prostu*.
4 Réussite du spoutnik, premier satellite artificiel, lancé de Russie.
8 Explosion d'un dépôt de bombes dans la Casbah d'Alger. 24 morts.
17 Prix Nobel de littérature attribué à Camus.
20 L'UDSR se prononce en faveur d'un Etat algérien autonome et fédéré dans la République française.
29 Echec de Guy Mollet devant l'Assemblée. 29e jour de la crise. Mort de Nikos Kazantzakis.

Novembre

6 Félix Gaillard est investi par l'Assemblée nationale par 337 voix contre 173. Robert Lacoste conserve toujours son poste.
13 Tibor Déry condamné à neuf ans de prison.
24 Cinquante-quatrième congrès radical. La politique algérienne de Félix Gaillard est désavouée; pourtant, c'est un bureau « antimendésiste » qui est élu.
29 La loi-cadre pour l'Algérie votée à l'Assemblée nationale. (Elle ne sera jamais appliquée.)

Décembre

6 Echec du premier satellite artificiel américain.
8 Fondation de l'Union de la gauche socialiste.
13 Publication du rapport de synthèse de la Commission de sauvegarde des droits et des libertés individuels.
19 Condamnation par le tribunal correctionnel de la Seine du pharmacien Feuillet, inventeur du Stalinon, à l'origine d'une centaine de morts et de nombreux cas d'infirmité.

1958

La France compte alors 44 500 000 habitants. Charles de Gaulle, grande vedette internationale de l'année, en est devenu le général-président. Le franc a été dévalué – une fois de plus –, mais cette fois on repart sur une nouvelle base monétaire : le franc « lourd » ou le nouveau franc (NF). Vingt ans plus tard, une majorité de Français ne se seront pas encore adaptés mentalement à la division par cent et continueront à parler de « francs » quand il ne s'agit plus que de « centimes » – d'où un certain malentendu pour les touristes interpellés sur les trottoirs par des jeunes chevelus par le rituel : « T'as pas *cent* balles ? »

A propos de prix et de salaires, quelques points de repère

Un ouvrier qualifié à Paris gagne environ	50 000 F	par mois*
Un manœuvre...	37 000 F	–
Un pain baguette coûte	32 F	–
Un poulet nantais...	675 F	
Un kg de pommes...	188 F	
Un journal quotidien...	20 F	–
Un affranchissement postal...	20 F	–
Un paquet de Gauloises...	95 F	–
Une place de cinéma...	160 F	–
Une coupe de cheveux...	225 F	–

A propos de prix, le Goncourt a été attribué par distraction à M. Francis Walder pour *Saint-Germain ou la Négociation*. Les trois autres lauréats littéraires de l'année étaient plus éclatants : Edouard Glissant, Prix Renaudot pour *la Lézarde*, Ed du Seuil; Françoise Mallet-Joris, pour *l'Empire céleste*, Grasset, et Bertrand Poirot-Delpech, pour *le Grand Dadais*, Denoël.

* En francs du début de 1958 – des centimes d'aujourd'hui.

Autres ouvrages marquants :

Henri Alleg, *la Question*, Ed. de Minuit; Louis Aragon, *la Semaine sainte*, Gallimard; Jorge Luis Borges, *Histoire universelle de l'infamie*, Ed. du Rocher; Simone de Beauvoir, *Mémoires d'une jeune fille rangée*, Gallimard; Albert Camus, *Actuelles III. Chronique algérienne 1939-1958*, Gallimard, et *Discours de Suède*, Gallimard; Marguerite Duras, *Moderato Cantabile*, Ed. de Minuit; Françoise Giroud, *la Nouvelle Vague. Portraits de la jeunesse*, Gallimard; Henri Lefebvre, *Critique de la vie quotidienne*, l'Arche; Claude Lévi-Strauss, *Anthropologie structurale*, Plon; François Mauriac, *Bloc-notes, 1952-1957*, Flammarion; Robert Musil, *l'Homme sans qualités*, Ed. du Seuil, t. I et II; Cesare Pavese, *le Métier de vivre*, Gallimard; Christiane Rochefort, *le Repos du guerrier*, Grasset; Pierre Vidal-Naquet, *l'Affaire Audin*, Ed. de Minuit.

Au théâtre, l'événement de l'année a lieu au TNP, où Vilar monte *Ubu roi*. Grand succès de Georges Wilson dans le rôle d'Ubu et de Rosy Varte qui campe une savoureuse Mère Ubu.

Au cinéma, c'est un médiocre film de Marcel Carné, *les Tricheurs*, qui défraie la chronique. Le cinéma français connaît une assez bonne année cependant grâce à Louis Malle, *Ascenseur pour l'échafaud*, *le Beau Serge* de Claude Chabrol, et *Mon oncle* de Jacques Tati. On se réjouit surtout de revoir sur les écrans français *la Grande Illusion* de Jean Renoir, qui date de 1937.

Quelques grands films de l'année :

Aparajito (S. Ray); *l'Esclave libre* (Raoul Walsh); *Kanal* (Andrzej Wajda); *les Nuits blanches* (Luchino Visconti); *Rêves de femmes* (Ingmar Bergman); *la Soif du mal* (Orson Welles); *le Septième Sceau* (Ingmar Bergman); *Sueurs froides* (Alfred Hitchcock).

Chronologie

Janvier

28 Le gouvernement français dissout l'Union générale des étudiants musulmans algériens (UGEMA).

31 L'Assemblée nationale vote définitivement la loi-cadre sur l'Algérie.

Février

8 Bombardement de Sakhiet-Sidi-Youssef, en territoire tunisien, par l'aviation française. 69 civils tués, 130 blessés. Le gouvernement de Tunisie exige l'évacuation de toutes les bases militaires françaises en Tunisie, y compris Bizerte.

11 Débat sur l'affaire de Sakhiet à l'Assemblée. F. Gaillard, refusant de condamner publiquement le raid, obtient la confiance par 335 voix contre 179.

12 Décès de Marcel Cachin.

13-21 Le Conseil de sécurité est saisi de l'affaire de Sakhiet par la Tunisie. Note française au gouvernement tunisien – Paris et Tunis acceptent finalement une offre anglo-américaine de « bons offices »

19 La création en Algérie d'une zone interdite à la frontière tunisienne est décidée en Conseil des ministres.

Mars

2 Discours de Duchet, Debré, Soustelle, Morice et Bidault réclamant un gouvernement de Salut public.

9 Daniel Mayer nouveau président de la Ligue des droits de l'homme.

13 Violente manifestation de la police parisienne devant le Palais-Bourbon.

21 Mort de Paul Rivet, fondateur du Musée de l'homme.

27 Saisie de *la Question* d'Henri Alleg.

Avril

15 Session extraordinaire de l'Assemblée. Félix Gaillard expose les résultats des « bons offices ». Préconise d'adhérer à leurs propositions. L'Assemblée lui refuse la confiance. Troisième crise parlementaire de la législature.

22- Septième congrès de la Ligue des communistes yougos-
27 laves; l'URSS absente.

26 Manifestations ultras à Alger.

Mai

2 Robert Lacoste donne une interview à Jean Daniel dans *l'Express*. Il déclare à propos de Sakhiet : « Nous, nous avons une diplomatie qui est constituée par des cons. Il n'y a pas d'autre mot, ce sont des cons. Pendant que nous travaillons ici, ils ne font que des conneries. »

5- Le Congrès du parti communiste chinois dénonce violem-
23 ment le régime de Tito.

9 R. Coty fait appel à P. Pflimlin pour constituer le gouvernement.

12 Discours de Lacoste à Périgueux. Il évoque l'éventualité d'un Diên Biên Phu diplomatique en Algérie.
Gomulka en visite à Budapest : il condamne le révisionnisme.

13 A Alger des manifestants conduits par P. Lagaillarde s'emparent du gouvernement général. Un Comité de Salut public est créé sous la direction du général Massu. Un appel au général de Gaulle est lancé.
A Paris, l'Assemblée nationale investit P. Pflimlin; les communistes s'abstiennent (274 voix contre 129).

14 Message de R. Coty à l'armée d'Algérie.
Conférence de presse du général Massu, qui déclare avoir dû canaliser un mouvement déclenché à son insu.

15 Le général de Gaulle se déclare « prêt à assumer les pouvoirs de la République ».
Le général Salan se déclare solidaire des manifestants d'Alger et fait acclamer le nom du général de Gaulle.

16 L'état d'urgence est voté à Paris pour une durée de trois mois. Nouvelle manifestation à Alger. Dans toute l'Algérie l'armée s'empare du pouvoir. Formation des « comités de Salut public ».
Le gouvernement dissout quatre mouvements d'extrême droite : le Front d'action nationale, la Phalange française Jeune Nation et le Parti patriotique révolutionnaire.

17 A Paris, un Comité pour la défense de la République est créé sur l'initiative de la fédération de la Seine de la SFIO

Arrivée à Alger de J. Soustelle.

19 Conférence de presse du général de Gaulle.

20 Par 473 voix contre 93, l'Assemblée renouvelle les pouvoirs spéciaux en Algérie au gouvernement Pflimlin.

24 Un comité de Salut public s'installe à Ajaccio.

25 Institution de la censure préventive des journaux.

26 P. Pflimlin rencontre le général de Gaulle tard dans la nuit à Saint-Cloud.

27 Troisième déclaration du gèneral de Gaulle annonçant qu'il a « entamé le processus régulier nécessaire à l'établissement d'un gouvernement républicain ».

28 Démission du gouvernement Pflimlin en raison du retrait des ministres modérés.

29 Message du président Coty demandant aux parlementaires d'investir le général de Gaulle comme chef de gouvernement.

Juin

1er Investiture du général de Gaulle par 329 voix contre 224. Vote des « pleins pouvoirs » par 322 voix contre 232. Suppression de la censure.

Une question de principe

« Le peuple français nous croit libres; nous ne le sommes plus. Ma dignité m'interdit de céder à cette pression des factions et de la rue. Et le général de Gaulle, qui a toujours sauvegardé jalousement sa fierté et son indépendance, plus encore lorsqu'il parlait au nom de la nation, ne saurait être surpris que j'élève ici ma protestation contre l'affront dont nous sommes l'objet et que même nos erreurs d'hier ne justifient pas, car notre mandat nous interdit d'abdiquer devant la force, notre mandat nous fait un devoir de revenir vers la démocratie si nous nous en sommes éloignés et non de nous en éloigner plus encore (*applaudissements à l'extrême gauche et sur plusieurs bancs à gauche*) » (Pierre Mendès France, *Journal officiel*, séance du 1er et du 2 juin 1958).

4 Du 4 au 7, premier voyage du général de Gaulle en Algérie.
9 Le général Salan nommé délégué général en Algérie.
16 Exécution d'Imre Nagy, du général Malèter et de deux autres anciens communistes hongrois.
24 Mort de Pierre Commin, secrétaire général par intérim de la SFIO.
25 André Malraux déclare qu'aucun acte de torture ne s'est produit (à sa connaissance) depuis la venue à Alger du général de Gaulle.

Juillet

1er-3 Deuxième voyage du général de Gaulle en Algérie, contacts avec l'armée.
7 Fondation à Paris de l'Union des forces démocratiques (UFD), sur l'initiative de la Ligue des droits de l'homme.
19 Le Luxembourgeois Charly Gaul gagne le Tour de France.

Août

13 La Commission de sauvegarde des droits et libertés individuels en Algérie est reconstituée sous la présidence de Maurice Patin.
15 Mort de Frédéric Joliot-Curie.
20-26 Voyage du général de Gaulle en Afrique française. A Brazzaville, il proclame le droit à l'indépendance des peuples d'outre-mer. Il précise que, lors du prochain référendum, les Africains devront choisir entre la communauté avec la France et l'indépendance dans la sécession.
22 Mort de Roger Martin du Gard.
25-27 Attentats nationalistes algériens contre les dépôts d'essence à Toulouse, à Marseille, à Narbonne et à Rouen.

Septembre

4 Le général de Gaulle présente le projet de la nouvelle Constitution, place de la République.
11-14 Après le MRP, la SFIO décide – en son congrès national – de défendre le *oui* au référendum (2 687 mandats contre 1 176).
15 Jacques Soustelle échappe à un attentat du FLN.
19 Formation au Caire du gouvernement provisoire de la République algérienne, présidé par Ferhat 'Abbās.
19-21 L'Union de la gauche socialiste (UGS), en son premier congrès national à Lyon, se prononce pour le *non* au référendum.
20 Le comité directeur de l'UDSR se prononce pour le *non*. R. Pleven et ses amis quittent F. Mitterrand.

24 Création de l'Union pour la Nouvelle République (UNR) sous la présidence de J. Soustelle.

28 Référendum constitutionnel. Près de 80 % de *oui* en métropole, 95 % en Algérie (!). Les territoires d'outre-mer votent *oui*, sauf la Guinée de Sékou Touré.

29 La Cour suprême des Etats-Unis décide l'intégration raciale immédiate.

Octobre

2 La République guinéenne est proclamée à Conakry.

2-5 Nouveau gage du général de Gaulle en Algérie. Annonce du « plan de Constantine » de développement économique et de réformes sociales en Algérie.

7 Décret étendant les pouvoirs spéciaux à la métropole.

9 Mort de Pie XII.

20 Quatre prisonniers français sont libérés par le FLN à Tunis.

23-25 Conférence de presse du général de Gaulle qui propose au FLN « la paix des braves ». L'offre de négociations à Paris de la fin des hostilités est rejetée le 25 par le FLN au Caire.

23 Boris Pasternak doit refuser le prix Nobel de littérature en raison de l'hostilité des dirigeants soviétiques.

29 Angelo Giuseppe Roncalli, élu pape, prend le nom de Jean XXIII.

Novembre

8 Nouvel échec d'une fusée « lunaire » américaine lancée à Cap Canaveral.

23-30 Elections législatives. 387 députés sortants sont battus. Les socialistes sont réduits à 40 sièges, les communistes à 10. Echecs de : P. Mendès France, E. Faure, J. Laniel, R. Lacoste, A. Morice, J. Duclos, F. Mitterrand, G. Defferre...

Décembre

21 Election du premier président de la Ve République. Le général de Gaulle l'emporte avec 78,5 % des suffrages, devant Georges Marrane, communiste, 13,1 %, et le doyen Chatelet, 8,4 %.

INDEX